# LA PRAXIS DU COMMUN
# DANS LA PRODUCTION DE LA CONNAISSANCE

(Afrique, Amérique du Sud et Europe)

**Collection « Inter-National »**
*dirigée par Denis Rolland, Joëlle Chassin*
*Françoise Dekowski et Marie-Hélène Touzalin*

Cette collection a pour vocation de présenter les études les plus récentes sur les institutions, les politiques publiques et les forces politiques et culturelles à l'œuvre aujourd'hui. Au croisement des disciplines juridiques, des sciences politiques, des relations internationales, de l'histoire et de l'anthropologie, elle se propose, dans une perspective pluridisciplinaire, d'éclairer les enjeux de la scène mondiale et européenne.

**Dernières parutions**

José GOHY, *Un itinéraire au ministère de la Coopération 1962-2009*, 2021.
Victoria MARTÍN DE LA TORRE, *L'Europe, un saut dans l'inconnu. Les fondateurs de l'Union européenne (1948-1957)*, 2021.
Nathan PELTIER, *Ethique et justice internationale*, 2021.
Mark CORCORAL, *Cyber-attaques : l'Amérique désigne ses ennemis,* 2021.
Philippe MARCHESIN, *La politique française de coopération. Je t'aide, moi non plus,* 2021.
Maurizio COPPOLA, *Construire l'italianité. Traditions populaires et identité nationale (1800-1932)*, 2021.
Maria Luiza TUCCI CARNEIRO, *Dix mythes sur les Juifs*, 2021.
Marc CHAUX, *La politique étrangère de Jimmy Carter (1977-1981). De la Moralpolitik à la fin des illusions,* 2021.
Simon LATENDRESSE, *Ethnographie des sans-papiers au Pakistan. Les ombres de la frontière afghane*, 2021.
Frédéric BOURDIER, *Temps de guerre, temps de révolte chez les populations autochtones du Cambodge. Première assise populaire khmère rouge à Ratanakiri (1967-1971)*, 2020.
Enzo FASQUELLE, *Les intérimaires du risque : sécurités privées en Afrique de l'Ouest*, 2020.
Michel FABREGUET et Danièle HENKY (dir.), *Les « héros du retrait » dans les mémoires et les représentations de l'Europe contemporaine. Histoire et fictions,* 2020.
Diana MKRTCHYAN (dir.), *Journal d'une classe. Arménie 1988*, 2020.
Jean-Luc MATHIEU, *L'institution du Défenseur des droits*, 2020.

Composition de l'ouvrage
**Lúcia Ozório**

# LA PRAXIS DU COMMUN DANS LA PRODUCTION DE LA CONNAISSANCE

## (Afrique, Amérique du Sud et Europe)

Préface de Benyounès Bellagnech

L'Harmattan

Aux éditions L'Harmattan, Lúcia Ozório a déjà publié :

*La favela de Mangueira et ses histoires de vies en commun. Travailler avec les périphéries*, collection Histoire de vie et formation, 2016, 210 p.

*Penser les périphéries : une expérience brésilienne. Pour un nouveau type de politique publique de construction du commun*, collection Recherches Amériques latines, 2014, 172 p.


**5-7, rue de l'École-Polytechnique, 75005 Paris**

http://www.editions-harmattan.fr

ISBN : 978-2-343-22235-6
EAN : 9782343222356

À FRANÇOIS LÉGER

**SOMMAIRE**

# PRÉFACE

*Benyounès Bellagnech*

Ce livre intègre l'expérience à la production de la connaissance par le biais du commun. À mon avis, il s'agit d'une approche essentielle car la connaissance a besoin de l'expérience et du commun qui l'enrichissent. Malheureusement les chercheurs oublient souvent leurs expériences, immanentes à leur champ de travail. Ils oublient aussi de prendre en compte le travail du commun sur ces champs.

Lúcia Ozório relève quatre de ses expériences qui lui ont beaucoup apporté pour faire ce livre : les communautés pauvres au Brésil, le mouvement institutionnaliste, la psychologie communautaire et le mouvement de la recherche biographique. Ce sont des expériences qui l'ont « inquiétée » – elle cite Foucault[1] – et qui inquiètent le monde. Il est sûr que ce livre stimule de nouvelles approches théoriques et pratiques de la production de la connaissance.

C'est un livre-expérimentation qui fait contraste avec les livres-vérité qui délimitent les champs de savoirs-pouvoirs se considérant comme organiques, nobles, majeurs, pleins des révérences à la soi-disant science. Il porte un rejet aussi bien de la colonisation de la connaissance que de la politique de délimitation des champs de savoirs qui prescrivent des vérités ultimes et globales. C'est une expérimentation qui, tout en ayant conscience de ses limites, se veut effective, c'est-à-dire capable d'intervenir dans le présent.

Bienvenue à cette initiative qui permet une *communisation* des pratiques et des discours où la problématique communautaire dans la production de la connaissance est une force motrice. La psychologie communautaire, en tant que champ de connaissance, comme bien d'autres qui ont coopéré à

[1] Foucault, M., *Dits et Écrits*, vol. IV, Paris, Gallimard, 1994.

ce livre, peut certainement enrichir ses bases théoriques et pratiques et démontrer qu'il est possible de n'avoir aucune prétention à une unité discursive. L'initiative de ce livre est provocatrice dans ce monde si belligérant qui vide le potentiel créateur du commun.

Dans l'introduction, solide, nous percevons l'effort de cette composition – c'est la dénomination poïétique que Lúcia Ozório donne à cet ouvrage – qui contribue à une importante compréhension du concept de communauté comme praxis du commun – telle qu'elle définit communauté, s'inspirant de Michel Hardt et Antonio Negri[1].

Cette compréhension de la problématique communautaire laisse entrevoir une pratique transformatrice liée à une pratique collective. Il fut un temps où le concept de communauté me dérangeait en tant que lecteur – un Marocain qui vit en France depuis de très nombreuses années – avec les influences de la culture française, une culture transversalisée par la culture républicaine jacobine, dans laquelle la notion de communauté peut aussi renvoyer au communautarisme – qui est une fermeture sur soi, dans une identité culturelle, religieuse, territoriale ou linguistique. D'un point de vue politique, cette perspective encourage les propagandes idéologiques de droite et d'extrême droite en France en particulier et en Europe en général. Lúcia Ozório établit une rupture conceptuelle avec cette vision idéologique dominante – qui représente un obstacle à la recherche sur la problématique communautaire – en utilisant le concept de communauté comme praxis du commun. La communauté est ainsi comprise dans un sens dynamique et historique, travaillée par un commun qui se fait quotidiennement.

La « composition » est différente de la « direction » d'un livre. C'est un travail qui demande de l'expérience, cela veut dire que le compositeur non seulement prend en compte ses propres expériences mais aussi l'expérience même de faire le livre comme quelque chose d'indispensable, qui se construit, comme dit Ozório, au fur et à mesure que le livre est en train de se faire. Pas de programmation, mais le processus, davantage

---

[1] Hardt, M. et Negri, A., *Commonwealth*, Paris, Gallimard, 2013.

d'ouverture à l'inconnu qui traverse la production de la connaissance. Il ne faut pas oublier les drames et les trames qui traversent l'expérience de faire un livre, la vie elle-même qui le traverse.

Composer est un acte d'amour, ce nouvel amour[1] qui se fait dans cette singulière praxis de faire un livre. Il s'agit de l'amour de l'altérité, des différences qui travaillent la problématique communautaire dans la production de la connaissance. La composition est tellement différente de la direction plus engagée dans les régimes de vérité de l'institution académique.

Il est important de dire que je me sens impliqué dans cet ouvrage. Ozório et moi faisions partie d'une communauté ouverte aux différences. Nous avons participé au mouvement institutionnaliste. Nous nous sentions encouragés par ce mouvement qui cherchait à analyser et à intervenir dans le capital, ce vorace, avec tant de visages, qui pense qu'il peut neutraliser la puissance des différences. L'université Paris 8, cette *formidable machine à penser autrement* a été notre *dé-territoire* de *communisation* de forces qui cartographiaient, méconnaissant les murs. Nous avons lutté ensemble de nombreuses fois contre certains propriétaires de savoirs universitaires et leurs pédagogies autoritaires.

Dans le mouvement institutionnaliste, l'analyse institutionnelle, une de nos références, a contribué à ce que nous puissions avoir une compréhension des processus instituants qui pulsent dans les *groupes, organisations et institutions*, en paraphrasant le titre de l'œuvre de Georges Lapassade[2], un des initiateurs de ce mouvement en France, au Brésil[3], même dans le monde.

Ce mouvement essayait de répondre dans le présent, dans l'ici et maintenant du terrain de recherche aux urgences de la diversité. Disons que nous faisions des alliances avec des

---

[1] Hardt, M. et Negri, A., *ibid.*

[2] Lapassade, G., *Groupes, organisations, institutions*. Paris: Gauthier-Villars, 1967, 3e édition, 1974 ; Lapassade, G. *Grupos, Organizações e Instituições*. Rio de Janeiro : Vozes, 2e édition, 2016.

[3] Ozorio, L. (dir.), *L'Analyse Institutionnelle au Brésil, Collection Transduction.* Saint Denis, vol. 5, juin 2005. Préface : Rémi Hess.

processus qui s'ouvraient aux manifestations concrètes de la critique sociale.

Le concept d'implication est un autre légat de l'analyse institutionnelle qui contribue à une compréhension élargie de la richesse du terrain de recherche, y compris de la pratique du chercheur. René Lourau, ce sociologue « à plein temps », un autre artisan de ce mouvement dans le monde, a réalisé une œuvre vaste sur ce concept, en analysant les institutions qui le traversent. Ses ouvrages, *L'État Inconscient*[1] et *Implication, Transduction*[2], tous les deux, il me semble, non traduits au Brésil, contribuent à bousculer le terrain de recherche, à ne pas ignorer les conditions de production de la soi-disant science. Combien de fois reproduisons-nous dans notre pratique l'ordre que nous critiquons ? Ce concept qui relève de l'éthique nous pose une question essentielle : à qui ou à quoi servons-nous ?

L'analyse institutionnelle travaille pour intervenir dans ce qui résiste aux transformations. Ce livre aussi.

Dans la rédaction de cette préface, Lúcia Ozório et moi sommes impliqués. Nous avons mis une condition pour que je l'écrive : que nous travaillions ensemble. Nous avons beaucoup parlé des textes, du livre lui-même, pour que je puisse le faire. Je suis un chercheur, institutionnaliste, philosophe qui vit dans la chair la problématique du commun percé par ma condition interculturelle, une expérience, je peux le dire, souvent douloureuse. En tant que Marocain vivant en France, cette condition m'a incité à accepter l'invitation à composer ce texte.

Il faut faire des paris sur la transversalité interculturelle de la production de la connaissance. Le transculturel est une des conditions du commun. Dans ce livre de nombreuses cultures sont présentes. Ce sont des textes avec une bibliographie transculturelle, d'auteurs, de cultures et de langues diverses. Les débats qu'ils suscitent m'ont amené, si je puis m'exprimer ainsi, à vivre cette fluctuation continue des hiccéités que porte la culture. Ce sont des débats importants, qui ne cherchent pas à fixer des limites précises ou des conclusions judicieuses sur le terrain de la production de la connaissance.

---

[1] Lourau, R., *L'État inconscient*, Paris, Éditions de Minuit, 1978.

[2] Lourau, R., *Implication, Transduction*, Paris, éd. Anthropos, 1997.

Pour ceux qui veulent faire croire à la fin de l'histoire, en ces temps où le sens de la communauté se limite presque à la territorialisation des identités essentialisées, avec *les microtribunaux* et les fascismes proliférants, il est possible de ne pas céder à la dialectique du « moins pire » : ou moi ou la catastrophe. Ce sont de nouvelles lignes qui se dessinent entre la théorie et la pratique qui interviennent à la frontière fondamentaliste entre le dire et le sensible. Ou à celle de la spécialité disciplinaire. Le livre travaille une *communisation* de savoirs et de pratiques avec une diversité de thèmes liés à la problématique communautaire.

Lúcia Ozório me disait qu'il a fallu du temps pour composer ce livre, racontant les alliances qu'elle tissait ici et là, les mauvaises rencontres qu'elle a affrontées. Cette composition mériterait une narration. Plusieurs in/disjonctions ont traversé ce travail. Mais nous savons que le commun a son temps. Il faut le respecter. Les alternatives aux modèles dominants de production académique demandent leur temps d'expérimentation. Quoi qu'il en soit, il faut remarquer que ce livre réussit à *communise*r la connaissance entre trois continents : Afrique du Nord, Amérique du Sud, Europe.

Il coupe en diagonale les champs de la connaissance. C'est une praxis qui travaille avec la polysémie du commun sans le vider de sa constitution éthico-politico-désirante. Ce souci rappelle celui d'Antonio Negri[1] dans son livre *Fabrique de porcelaine* quand il réussit à montrer de façon absolument inventive le goût du commun pour l'hétérogénéité. Negri attire l'attention sur l'importance de la praxis du commun dans le monde contemporain. À ce propos, Ozório[2] a écrit :

> Le *commun* dans sa puissance, en tant que construction requiert le souci que la porcelaine exige. C'est un matériel fin, délicat qui invite à une intimité unique avec ceux qui ont des rapports avec lui. Dans sa délicatesse, il invite à la liberté des mouvements, car il faut investir dans une sensibilité avec les

---

[1] Negri, A., *Fabrique de porcelaine*, Paris, Éditions Stock, 2006.

[2] Ozório, L., *La favela de Mangueira et ses histoires de vie en commun. Travailler avec les périphéries*, Paris, L'Harmattan, 2016, p. 50.

différences dans ce monde contemporain. Le commun exige le même soin qu'exige un travail avec la porcelaine.

Cette *communisation* des pratiques et des discours travaille pour de nouvelles intelligences, de nouveaux affects, de nouveaux modes de vies, de nouvelles subjectivités.

Ceux qui participent à ce livre travaillent dans cette fabrique. Ils montrent des dissonances, des concordances, des éléments divers qui font penser qu'un livre qui ouvre des débats sur le commun ne peut pas balayer l'hétérogénéité, immanente, qui le constitue. Ceux qui écrivent les textes montrent qu'il n'y a pas de neutralité pour ceux qui s'intéressent aux *in*-disciplines, aux trans-productions qui veulent interroger le présent, qui privilégient l'activation de lignes de fuite et des lignes de dissidences qui règnent sur le terrain de la recherche universitaire. L'ordre et la formalisation qui y règnent ont besoin d'être revisités, nécessitent une intervention.

Il serait inapproprié de parler d'influences théoriques du livre, car il n'y a aucun engagement à la rigueur exégétique. À mon avis, délibérément. Il est important de se laisser entraîner par la cadence du rythme du commun qui intensifie la lecture de chaque texte. Et du livre lui-même. Dans cette lecture, une cartographie inachevée se dessine, il faut relever ici l'un des points d'extrême importance que souligne L. Ozório dans son introduction : sans ontologie, il n'y a pas de *communisation.* Nous avons des pistes pour comprendre le processus de *communisation*, les conditions ontologiques de sa production, y compris de la production de la connaissance. La *communisation* qui se dessine dans cet ouvrage est en devenir.

Même si nous ne pouvons pas conclure que nous sommes à la hauteur du pouvoir productif du commun, comme dit Ozório, qu'il est difficile de le construire, d'actualiser sa puissance, il est nécessaire de reconnaître les tremblements sourds, les fissures, les dysfonctionnements qui secouent les systèmes institués et qui expriment les différences et les résistances à ces systèmes.

Une relation extrêmement singulière entre résistance et commun est à l'œuvre dans ces pages. Le tissu ontologique du commun s'oppose, résiste, reconstruit contre la totalité.

Les compagnons discursifs de ce livre à plusieurs tonalités glissent entre les zones grises de cette *communisation* et inventent des espaces de luminosité dans leurs formes de problématisations. Dans leurs interférences dans des jeux de vérités, il y a cette parcelle du possible qui ne nous laisse pas sombrer dans l'épuisement.

Il n'y a pas de hiérarchies ici, rien ne nous empêche de commencer où nous voulons ; pourtant Lúcia Ozório a choisi comme premier texte *Fonction Estamira,* écrit par Edson Luiz André de Sousa, qui traite d'un film documentaire de Marcos Prado, dont l'avant-première a eu lieu en 2006.

À mon avis, c'est un choix extraordinaire !!!

Je ne vais pas commenter le texte en soi. Comme pour tous les autres textes, j'invite les lecteurs à participer à cette *communisation/conspiration*. La communisation nous invite à respirer (conspirer) ensemble.

Ce choix mérite une réflexion. Estamira, différente, intense, femme – vit... Cette femme – la femme – résiste, malgré les biopouvoirs contemporains qui veulent l'épuiser, faisant la séparation absolue de *zoé* et *bios*. Estamira, une femme de 63 ans, diagnostiquée schizophrène par le contrôle psychiatrique, vit depuis plus de vingt ans dans le dépotoir de *Jardim Gramacho*, dans une banlieue de Rio de Janeiro. Quand elle et ses compagnons trient les ordures, ils vivent l'extrême d'une vie nue, comme dirait Agamben[1]. Le biopouvoir s'intéresse à la survie, pas à la mort, pas à la vie. Mais elle découvre, elle crée. Elle est une vie, affirmerait Negri (*ibid.*)[2]. Elle crie le multiple, elle devient, diraient Deleuze et Guattari[3].

Estamira dans ce livre amène la puissance de la vie dans la production de la connaissance. La puissance qu'Estamira incarne réalise une production qui donne une priorité aux rapports intimes avec la vie, pas avec la survie. La biopolitique, dans cette production, relève de la puissance de la vie, pas du pouvoir sur la vie.

---

1 Agamben G., *Homo Sacer, le pouvoir souverain et la vie nue*, Seuil, 1997.

2 Negri A., *idem.*

3 Deleuze, G. et Guattari, F., *Mille Plateaux*, Paris, Les Éditions de Minuit, 1980.

Parce qu'il faut constater que, souvent, les recherches scientifiques sont au service de la servitude volontaire, comme dirait La Boétie[1].

Un événement douloureux a poussé René Lourau[2] à se plonger dans le concept d'implication : Hiroshima et Nagasaki. Comme il l'affirmait, après cette abominable page de l'histoire, les chercheurs ont eu besoin d'inverser la soi-disant neutralité humaine. Il était obsédé par une critique du rationalisme scientifique mortifère qui reproduit le pouvoir dans le monde.

Estamira nous invite à sortir stratégiquement de cet état de léthargie. Malgré les conditions terribles auxquelles elle et ses compagnons, les travailleurs de cette décharge à Gramacho, étaient exposés, elle montre avec sa survie difficile qu'il est possible de résister, que parfois, dans l'extrême de la violation de la vie, la vie elle-même, immanente, pulse.

Estamira en tant que différence s'exprime à travers la puissance de son histoire de vie. Elle nous enseigne à faire des paris sur la rébellion du désir. Son herméneutique résonne, libère des forces qui circulent, qui se communiquent à travers ce livre. Nous savons que ceux qui sont enveloppés par les vieilles formes de l'*homme institutionnalisé* seront enterrés avec elles.

Voilà une vie, voilà une différence, pur événement (Deleuze[3] !!!)

Voilà une composition qui donne une place à la vie : ce livre. La production de la connaissance, souvent reproductrice des formes de vie de faible intensité, a besoin d'affirmer la vie. Ce champ a besoin de faire des paris sur la puissance estamirienne. Les champs de recherches sont encore très soumis à la consommation de services et de biens. Ils ont besoin de cette puissance narrative. Et il ne faut pas oublier l'expérience que toute vie porte. Estamira, différence, lutte pour le commun. Son savoir a sa vérité.

Bonne lecture à tous.

---

[1] De La Boetie, É, *Le discours de la servitude volontaire*, Paris, Éditions Payot, 1976.

[2] Lourau, R., *Le journal de recherche. Matériaux pour une théorie de l'implication*, Paris, Éd. Méridiens-Klincksieck, 1988

[3] Deleuze, G., *Crítica e Clínica*, São Paulo, Ed. 34, 1997.

## INTRODUCTION

# La problématique communautaire dans la production de la connaissance : le commun comme réservoir d'hétérogenèse

*Lúcia Ozório*

Nous voulons ouvrir des débats sur la problématique communautaire dans la production de la connaissance. Comment se lancer dans cette aventure ? Nous avons un rhizome, avec tellement de pointes... Nous en avons choisi une : le commun, ce réservoir d'hétérogenèse, comme dit Negri[1]. Cette proposition n'est pas négligeable dans ce monde si violent qui veut subsumer le commun à l'homogénéité et vider la puissance de la différence qu'il porte. Les contrôles contemporains cherchent à homogénéiser et éliminer la différence.

Comment *resignifier* la différence, considérée comme négative ?

Nous soulignerons quelques points dans cette discussion : la compréhension de la problématique communautaire comme praxis du commun prenant en compte le fait que la production de la connaissance a besoin du commun. Ce concept rejoint le pluriel et le singulier si nécessaires dans ce champ et y affirme l'ontologie avec ses charges éthiques. La praxis du commun est un dispositif de la biopolitique, dont la clef de voûte est la production de subjectivités (Foucault ; Deleuze ; Deleuze et Guattari ; 1980 ; Negri ; Hardt et Negri ; Ozorio[2]).

---

[1] Negri, A., *Fabrique de porcelaine, Pour une nouvelle grammaire du politique*, Paris, Éditions Stock, 2006.

[2] Foucault, M., *Microfísica do poder*, Rio de Janeiro, Editora Graal, 1982 ; Deleuze, G., *Différence et Répétition*, P.U.F., Paris, 1969 ; Deleuze, G. et Guattari, F., *Anti-Œdipe : Capitalism and Schizophrenia*. New York, Viking

La biopolitique ouvre une compréhension de la connaissance comme un champ de résistances qui la font bouger, qui la font déconstruire des colonisations de penser, d'être et d'agir dans le monde. Le commun comme différence positive, comme pure subjectivité, travaille pour que de nouvelles subjectivités jaillissent de ce champ. Tout un travail ontologique, un effort collectif qui ouvre des voies à la puissance de création, habite ce champ-là. Le commun travaille pour que la subjectivité ne se perde pas dans ce contexte postmoderne soumis au capital, explore davantage la connaissance.

Quatre expériences m'ont inspirée pour la composition de cet ouvrage.

Tout d'abord mon travail avec les communautés pauvres, à Rio de Janeiro, au Brésil, depuis 1990 (Ozório)[1]. Ensuite, mon appartenance au mouvement institutionnaliste dans les années 90, ma participation au mouvement de la recherche biographique depuis 2001 et au Groupe de Travail en Psychologie communautaire de l'Association Nationale de Recherche, master, doctorat et post-doctorat en Psychologie (ANPEPP) depuis 2007.

Avec les communautés pauvres, ces *espaces de l'approximatif* comme dirait Milton Santos[2], j'ai expérimenté la communauté comme praxis du commun. Un processus aux énergies multiples, avec d'autres visions, avec d'autres modes d'être, avec d'autres subjectivités en gestation permanente, et qui permet d'entrevoir d'autres stratagèmes vitaux inséparables des forces du commun. Les expériences avec les communautés pauvres sont d'incessantes sources d'inspiration, aidant à comprendre la logique de l'instabilité des catégories d'analyse et ses implications dans la production de la connaissance.

---

Press, 1977 ; Deleuze, G. ; Guattari, F., Mille Plateaux. Paris : Les Éditions de Minuit, 1980 ; Negri, A., *ibid.* ; Hardt M. et Negri A., Commonwealth. Paris, Gallimard, 2013 ; Ozório L., *La favela de Mangueira et ses histoires de vie en commun. Travailler avec les périphéries*, Paris, L'Harmattan, 2016.

[1] Ozório L., *Penser Les Périphéries. Une expérience Brésilienne. Pour un nouveau type de politique publique de construction du commun*, Paris, L'Harmattan, 2014.

[2] Santos, M., *A Natureza do Espaço. Técnica e Tempo – Razão e Emoção*, São Paulo, Editora Hucitec, 1997.

Le mouvement institutionnaliste avait la poésie/puissance de mai 68 comme une de mes sources d'inspiration, il entraînait un retour au politique de l'université. Paris 8, un des berceaux de ce mouvement, comme une *formidable machine à penser autrement*, stimulait des alliances avec les périphéries dans le monde. Les étudiants d'Afrique, d'Amérique latine, comme moi, rencontraient à Paris 8, une sorte de communication entre hétérogènes qui agençaient de nouveaux diagrammes de forces universitaires. Un communisme immanent travaillait les différences culturelles, produisant une transculturalité qui soufflait partout. À ce moment, à Paris 8, les différentes cultures conspiraient, rappelant Rabelais. « *Où a mur y a, et devant, et derrière, y a force murmure, envie et conspiration mutuelles.* » Cette phrase ouvre le livre d'analyse institutionnelle écrit par René Lourau, un des artisans du mouvement institutionnaliste.

Le mouvement de la recherche biographique, avec ses multiples cartographies présente des singularités à explorer. L'une d'elles, qu'il faut souligner, est la sensibilité du dispositif « histoire de vie » qui introduit d'une façon géniale la narration de la vie, dans son devenir, comme art formateur de la connaissance et de l'existence (Delory-Momberger ; 2009 ; Delory-Momberger et Niewiadomsky ; Pineau ; Pineau et Marie-Michèle, 2011 ; Pineau et Le Grand, 2013)[1]. L'histoire de vie a la capacité d'accompagner la recherche de tous ceux qui cherchent d'autres façons de vivre pour trouver d'autres sens dans ce monde. C'est un dispositif qui ouvre une page importante pour la compréhension de l'histoire du sujet et du monde.

L'histoire de vie *en commun* est le dispositif de travail que j'utilise dans mes recherches et qui contribue davantage à ce que

---

[1] Delory-Momberger, Ch., *Biographie et éducation : figures de l'individu-projet*, Paris, Anthropos, 2003. Delory-Momberger, Ch., *La Condition biographique. Essais sur le récit de soi dans la modernité avancée.* Paris, Téraèdre, 2009. Delory-Momberger, Ch. et Niewiadomsky, Ch., *Vivre/Survivre, Récits de résistance*, Paris, Téraèdre, 2009. Pineau, G., *Les histoires de vie*, Paris, PUF, 2002. Pineau, G. et Marie-Michèle, Ch., *Produire sa vie : auto-formation et autobiographie*, Téraèdre, 2011. Pineau, G. et Le Grand, J. L., *Les histoires de vie*, Paris, Que sais-je ?, 2013.

j'explore les vertus nomades du *commun* pour comprendre la problématique communautaire. Nos vécus et nos expériences sont importants comme modes d'individuation, de singularisation, et cela nous le faisons toujours en commun. Le travail du commun qui hybride la narration des histoires de vie, agence des processus de subjectivation connectant les flux les plus hétérogènes dont l'individu est seulement l'une des résultantes. C'est une production intensive qui déborde l'individu de toutes parts (Ozório, 2014 ; 2016 ; 2019)[1]. La vie et ses multiples histoires ne nous laissent pas perdre de vue le monde. La vie pulse dans le monde.

Avec le Groupe de Travail en Psychologie communautaire de l'ANPEPP, Brésil, nous sommes en train d'expérimenter et de nous inquiéter de la force de l'*in*-discipline sur le terrain de production de la connaissance, dans notre compréhension, un terrain problématique, de non-appartenance, un terrain communautaire. L'exercice, communautaire, de la psychologie est plus engagé dans les mutations. Nous adressons des critiques aux approches qui sont pour l'identitarisme qui contrôle les singularités. Nous savons que la psychologie a présenté de nombreux refus de la décentralisation, avec des pratiques et des discours qui reproduisent des centralismes, des sortes de certitudes fondées sur la raison illuministe qui prétend expurger le chaos.

Le partage de ces expériences me rappelle Deleuze. À la question « Comment ne pas perdre le monde ? », il répond : « [...] on nous en a dépossédés[2] » (Deleuze, 2003).

Comment ne pas perdre le monde dans la production de la connaissance ? Continuons avec Deleuze :

> [...] susciter des événements même petits, ou faire naître de nouveaux espace-temps, même de surface ou de volumes réduits, [...]. C'est au niveau de chaque tentative que se juge la capacité de résistance ou au contraire la soumission à un contrôle (Deleuze, *ibid.*)[3].

---

[1] Ozorio L., *id.*, 2014 ; *id.*, 2016 ; *id.*, "Communautés de récits » *in* Delory - Momberger, Ch. (dir.), *Vocabulaire des Histoires de Vie et de la Recherche Biographique*, Éditions Érès, 2019, p. 403-406.

[2] Deleuze, G., *Pourparlers, 1972-1990*, Paris, Les Éditions de Minuit, 2003.

[3] *Ibid.*, p. 239.

## L'expérimentation d'une *communisation* des pratiques et des discours

Une façon de susciter des événements dans la production de la connaissance est de lui apporter le commun qui l'ouvre aux nouvelles forces et formes qui la parcourent.

Le commun comme puissance désirante/productive présente se révèle comme un engagement quotidien, dont la praxis, comme force et circulation de nécessités singulières et des désirs, se construit dans la vie, inspirée de migrations et métissages qui le constituent.

Nous parions beaucoup plus sur les façons de faire/penser le commun dans le présent, sur nos conditions dans le monde, le monde lui-même avec ses ouvertures et fermetures, avec des trames et des drames qui se réalisent à travers différentes intensités de forces qui se rencontrent et qui s'actualisent à travers diverses dé-formes.

Nous ne sommes pas à la hauteur de la puissance du travail du commun. Nous avons encore beaucoup à faire pour accéder à sa puissance de création. Nous osons une expérimentation, qui se réalise au fur et à mesure de l'expérience de ce livre. L'expérience a une qualité d'« inquiétation » comme dit Foucault (1994)[1] qui se considère plus comme quelqu'un qui expérimente que comme celui qui théorise. Il ne s'agit pas du projet phénoménologique qui cherche à éclairer la signification de l'expérience quotidienne pour retrouver dans ce que je suis, le sujet fondateur. L'expérience arrache le sujet de lui-même, à travers elle, le sujet vit un processus de dé-subjectivation.

Nous n'avons pas organisé ce livre, nous l'avons composé. La composition arrache l'auteur de lui-même, lui fait vivre un processus de *communisation.*

Toute composition dénote une façon singulière d'expérimenter. Composer exige de la diversité et de la multiplicité, rappelant Deleuze et Guattari[2], exige une

---

[1] Foucault M., *Dits et Écrits*, vol. IV, Paris, Gallimard, 1994.

[2] Deleuze, G. et Guattari, F., 1980, *ibid.*

multivocalité[1] ; exige une rythmanalyse, une attention particulière aux rythmes/temps du commun. Cette composition invite à parier sur les pulsations du commun[2]. Les multiversalités, les vérités relatives, et non pas l'universalité, ni les références qui emprisonnent, ni l'uniformité, délimitent la problématique communautaire, notre problématique.

Nous expérimentons une *communisation* de pratiques et de discours, sachant que cet état de crise permanente dans la construction du commun stimule des processus minoritaires qui sont en train de produire de nouvelles cartographies de la pensée et de l'action. Cette expérience est tentée de suivre son devenir minoritaire. Mais ne confondons pas minoritaire et minorité. La majorité

> [...] suppose un état de domination, non pas l'inverse [...] la majorité dans l'univers suppose déjà donnés le droit ou le pouvoir de l'homme. C'est en ce sens que les femmes, les enfants et aussi les animaux, les végétaux, les molécules sont minoritaires. [...] il ne faut pourtant pas confondre « minoritaire » en tant que devenir ou processus, et « minorité » comme ensemble ou état [...][3].

La majorité est le consensus qui dévore les différences, qui anticipe, manipule notre discours et notre expérience. Dans ce livre, le commun, immanent, travaille avec les forces désirantes/productives de la connaissance. Ce sont des pratiques et des discours divers qui s'inquiètent de l'historicité actuelle que demande le commun, et dans lesquels nous pouvons entrevoir les frontières où habitent les hybrides.

Certains appelleraient cela communisme, même si Badiou[4] suggère que le communisme c'est une hypothèse, un théorème à prouver. Il ne s'agit pas là de faire revivre l'idée communiste du début du XX^e^ siècle conçue comme vision violente et négative du pouvoir et de l'État. Une vision saturée par la prise de

---

[1] Ozório L., 2014, *ibid.*

[2] Negri, A. *Traversées de l'Empire*, Paris, Éditions de l'Herne, 2011.
Ozório L. "Por uma nova compreensão de cidade: o poder comum de agir e as histórias de vida de Mangueira", *Revista Lugar Comum*, n° 49, 2017.

[3] Deleuze et Guattari F., *ibid.*, p. 356.

[4] Badiou, A., *L'Hypothèse communiste*, Paris, Nouvelles Éditions Lignes, 2009.

pouvoir[1]. L'État en Russie et en Chine est devenu omnipuissant, le commun a été organisé et falsifié, et un capitalisme bureaucratique et centralisé s'est institué[2].

Ce livre veut stimuler la praxis d'un *communisme* de puissances, immanent, sur le terrain de production de la connaissance, donnant des visibilités à des pratiques et des discours qui expriment le difficile apprentissage d'expérimenter et de nommer le monde, comme l'a bien exprimé Paulo Freire[3].

Negri[4], inspiré de Marx, affirme que « [...] *sans ontologie historique il n'y a pas de communisme* [...] ». Le communisme est une construction, une ontologie. Il ne s'agit pas, à travers l'exercice d'un pouvoir commun d'agir/d'écrire, de lutter pour d'autres formes étatiques[5], ces formes de la reproduction du pouvoir. Le commun, au contraire, s'ouvre à la praxis qui fait des alliances avec la multiplicité de mondes possibles. Il est création de monde, prolifération ontologique et axiologique de toutes les valeurs. La potentialisation de forces et formes résistantes pleines de variations chemine entre la valeur de la liberté et la valeur de l'égalité, cadencées par la multiplicité et la diversité.

Dès le début, nous avons compris le désir d'expérimenter cette *communisation* plus comme une stratégie politique que comme une présomption d'ériger ou de renforcer un ou des domaines de savoir/pouvoir. Le *commun* comme réservoir d'hétérogenèse refuse la version originelle ou téléologique de communauté, critiquant l'idée d'un communautarisme qui ségrègue, qui veut la fusion identificatrice[6].

Apporter cette compréhension dans la production de la connaissance est un effort théorico-pratique qui relève de la diversité, de la multiplicité et rejette l'hypertrophie de la

---

[1] Badiou, A. et Zizek S., *L'Idée du Communisme*, France, Nouvelles Éditions Lignes, 2011.

[2] Negri, A., « La construction du commun : un nouveau communisme », in Badiou, A. et Zizek S., *L'Idée du Communisme*, *op. cit.*, p. 203.

[3] Freire, P., *Pédagogie des Opprimés*, Paris, Maspero, 1974.

[4] Negri, A., *ibid*, p. 203.

[5] Lourau R., *L'État inconscient*, Paris, Éditions de Minuit, 1978.

[6] Ozorio L., *ibid.*

différence, affectionnée par la modernité liquide[1]. Cette compréhension ne peut avoir lieu que dans la communauté, et comme communauté, ainsi que le dit J. L. Nancy[2]. Une communauté de pratiques et de discours dans laquelle il y a des zones qui résistent au règne des pouvoirs disciplinaires est-elle possible ? Lourau[3], préoccupé par les pouvoirs scientifiques et ses réserves de marché, s'est demandé, après Foucault, si théoriser ne serait pas, plus ou moins, créer un dispositif panoptique.

Le tissu ontologique du commun donne de la visibilité à ce qui s'oppose, qui résiste à ces pouvoirs, stimulant de nouvelles résonances, de nouveaux antagonismes, de nouvelles formes de coopération qui démontrent que des déplacements sont en cours. La construction d'une cartographie en commun permet de comprendre ce que Blanchot (1983) a nommé une « *communauté d'absence*[4] » qui intensifie le processus de partage des incomplétudes, des silences, des lacunes, des résistances.

Dans ce champ éminemment politique, plein de conflits, où s'inscrit notre travail, une réinvention permanente, en devenir, exige une praxis singulière : la résistance et l'implication.

Nous assumons notre implication dans la composition de ce livre. René Lourau (1997)[5] a invité les chercheurs à se pencher sur eux-mêmes pour analyser leurs implications éthiques, politiques et désirantes dans leur travail. Il savait que la division et la reproduction sociales qui séparent notre société se reproduisent sur le terrain de la production de la connaissance. Selon lui, il ne suffit pas d'y analyser les tensions provoquées par celles-ci, il faut les combattre. Il faut s'y impliquer.

Chaque composition est un ensemble multilinéaire dont les lignes vont plus loin qu'on ne l'imagine. Et... nous savons que tout est dangereux, surtout quand nous voulons provoquer, même de manière précaire, des impasses, des problèmes, de

---

[1] Bauman Z., *La vie liquide*, Paris, Fayard-Pluriel, 2013.

[2] Nancy, J. L., *La communauté affrontée*, Paris, Galilée, 2001.

[3] Lourau, R., *Le journal de recherche, Matériaux pour une théorie de l'implication*, Paris, Ed. Méridiens-Klincksieck, 1988, p. 250.

[4] Blanchot, M., *La Communauté Inavouable*, Paris, Éditions de Minuit, 1983.

[5] Lourau, R., *Implication, Transduction*, Paris, Éd. Anthropos, 1997.

nouvelles impulsions de la pensée et la pratique qui nous permettent de revivre avec la pleine force de notre désir.

Deleuze et Guattari[1] nous incitent à « crier » le multiple. Il faut le faire, parce que celui-ci n'est pas, et n'a pas été, donné : il se fait. La production de la connaissance « crie » le multiple, exige une praxis qui stimule de nouveaux sauts de la pensée. Se baigner dans la mer de l'immanence du commun exige un effort permanent pour affirmer des connexions entre ce *trop* qui habite ce terrain. L'implication du travailleur/chercheur avec son terrain de recherche l'implique avec ce *trop* qui y habite, ce qui dérange ses certitudes[2], ce qui provoque la peur, attire le contrôle mais aussi invite à oser, à faire des paris sur la vie.

Foucault disait qu'il nous faut « [...] avoir un peu plus de pitié pour le réel[3] [...] ». Dans ce sens, nous cherchons à refléter le réel prenant en compte une confrontation d'interprétations, dans l'exercice d'une puissance collective qui connecte, qui affecte, qui contamine. De plus, nous sommes en train d'apprendre à n'avoir pas peur de cela. Nous savons que l'herméneutique est limitée devant la richesse du réel. La tâche de la réinterprétation du monde ne peut se produire qu'à travers plusieurs types de connaissances, elle demande un travail *en commun*, permanent, transversalisé par le contexte où elle se produit.

Le réel, divers, multiple, mobilise des savoirs, langages, images, codes, affects, réseaux de communications qui ont besoin d'être travaillés par le commun. Qui sait, tout cela pourrait contribuer à l'appropriation de celui-ci comme un projet politique/désirant de la production de la connaissance. Nous n'avons pas besoin d'une nouvelle théorie de la révolution, nous avons besoin de révolutionner, y compris cette production, avec la praxis du commun.

Nous, auteurs de ces textes, sommes des chercheurs de plusieurs endroits du monde, de plusieurs quotidiens de la vie. Nous appartenons à trois continents : Amérique du Sud ; Afrique du Nord ; Europe. C'est une production de la

---

[1] Deleuze, G. et Guattari, F., *ibid.*

[2] Lourau, R., *Le lapsus des intellectuels*, Toulouse, Éd. Privat, 1981.

[3] Foucault M., *Nietzsch, Freud e Marx*. Theatrum Philosoficum. Publicações Anagrama, Lda., 1980, p. 40.

connaissance transfrontière. Production hybride, communisée. Cette confession d'humilité peut stimuler le lecteur pour s'impliquer dans l'une de nos préoccupations : toucher la pluralité dans la compréhension de la problématique communautaire comme praxis du commun dans la production de la connaissance sachant qu'elle réclame des *resignifications* continues et nécessaires, qu'elle exige des décentralisations. L'homogénéité entrave et corrompt la praxis du commun.

Nous avons composé des alliances entre des pratiques et des discours, sachant que le commun se construit par les alliances. L'alliance comme la conçoivent Deleuze et Guattari[1] se fait entre des hétérogènes. Dans cette compréhension, ces auteurs différencient l'alliance de la filiation. La filiation est de l'ordre de l'imaginaire, des correspondances, des modèles, des copies, des descendances, de l'évolution. Le pouvoir disciplinaire dans la production de la connaissance est fait de filiations. L'alliance est de l'ordre du devenir, de la déterritorialisation des formes, des lignes de fuite. Les alliances se font entre les différences.

Les textes traversent les champs de la psychologie communautaire, de l'anthropologie, de la sociologie notamment de l'analyse institutionnelle, de la philosophie, de la schizo-analyse, de la sociopoétique, de l'éducation, de la santé, de l'éducation populaire et santé, de la psychanalyse, de l'art, des études culturelles, des études de la recherche biographique, du savoir populaire.

L'hybridisme et ses mutations dans ce livre travaillent les alliances entre ces textes et des connexions inattendues entre leurs différences. C'est un travail *vif*, celui du commun, hétérogène, qui ne renforce pas des champs d'appartenance. Dans ce travail, une critique a un *scientisme* qui ratifie des savoirs « valides » se fait, celui qui n'accepte pas des savoirs qu'il considère comme mineurs, car plusieurs d'entre eux n'ont pas besoin de la méthode scientifique (Ravatin, 1997 ; Blanchot, 1983 ; Simondon, 1989)[2].

---

[1] Deleuze, G. et Guattari, F., *ibid.*, p. 291-292.

[2] Ravatin J., *Théorie des champs de cohérence*, Nîmes, Lacour Editeur, 1997. Blanchot, M. ; *ibid.* Simondon, G., *L'individuation psychique et collective*, Paris, Aubier, 1989.

Ces cartographies, qui sait, peuvent nous vitaminer. Nous savons qu'expérimenter le commun nous expose aux vicissitudes de concordances et non-concordances aux systèmes institués, pouvant provoquer la rupture avec des modes de subjectivation de tutelle et cooptation. Car nous savons que nous sommes sous la tutelle du capital mais nous n'acceptons pas cette tutelle.

Les textes choisis sont arrivés cadencés par le tissu ontologique du commun qui faisait un appel à telle ou telle production. Cette expérimentation invite à une réflexion importante sur la *communisation* de la production de la connaissance comme une réalité que nous ne pouvons pas supprimer. Elle porte une problématisation de la crise actuelle sur ce champ, plein de noblesses, organicités qui intoxiquent les pratiques et les discours. Nous entrevoyons la nécessité d'une redéfinition du communisme comme horizon irréversible de l'action humaine et de la pratique théorique.

## Le commun, ce réservoir d'hétérogenèse : pouvons-nous nous sauver de la barbarie ?

Hardt et Negri dans *Commonwealth*[1] comprennent le commun comme une forme d'amour révolutionnaire. Le commun, cette forme d'amour, pour eux, est un concept essentiel pour la philosophie et la politique. Comme ils le disent « [...] *c'est l'amour qui manque*[2]... ». Cette compréhension de l'amour critique les formes corrompues d'amour identitaire. L'amour de la propriété privée, emprisonné par la famille, le fétichisme de la marchandise, l'État et ses politiques inégalitaires sont critiqués. Negri (2007) s'inspire de la philosophie de Spinoza, en Anomalie sauvage[3]. L'amour apparaît comme constituant de la puissance révolutionnaire, à partir de la multiplication du désir (cupiditas) et de la force de le

---

[1] Hardt, M. et Negri A., *ibid.*

[2] *Ibid.* p. 274.

[3] Negri, A., *L'Anomalie Sauvage. Puissance et Pouvoir chez Spinoza*, Paris, Éditions Amsterdam, 2007.

développer. Dans plusieurs de ses œuvres, ce thème est récurrent.

Dans nos débats, le commun, ce nouvel amour, est essentiel pour la production de la connaissance, en crise, clamant pour de nouvelles coordonnées d'énonciation. Le commun est la poïèsis de l'amour d'autrui. C'est un acte de résistance à ce mode de production de la connaissance, capitaliste, postmoderne qui essaie de vider la puissance de la différence.

Cette problématisation trouve dans ces bases une éthique de l'action politique démocratique autour du commun. Il est nécessaire d'y mettre en marche une politique dérangeante de formes institutionnalisées, pleines de colonialisme, une politique qui travaille pour une nouvelle femme, un nouvel homme, une nouvelle société, pour le commun dans les formes de vies, biens, affects, images, connaissances. Il est indispensable d'y travailler pour de nouveaux modes de subjectivation. C'est la « politique du trouble », pas de la copie[1].

Pourquoi ne pas faire des paris sur la création d'un terrain commun élargi, basé sur l'altérité ? La *communisation* que nous proposons est une production intensive, pleine, qui déborde le rationalisme institutionnalisé. Des agencements collectifs la traversent.

Foucault[2] se réfère à une archéologie du savoir, une archéologie qui fait des analyses des discours, de leurs conditions d'apparition, de cumul, d'enchaînement. Il s'intéresse aux « choses dites », à ces *ensembles* qui apparaissent à travers le temps, comme la médecine, il s'intéresse à leurs règles de transformation, à leurs discontinuités.

Boaventura de Sousa Santos[3] ne fait pas de distinction entre savoir et connaissance, en se référant aux connaissances qui sont nées sur des terrains de luttes et à une écologie de savoirs. Il adresse des critiques à la pensée eurocentrique et ses lignes abyssales qui produisent des colonialismes, qui méconnaissent

---

1 Lazzarato, M., « Le concept de travail immatériel : la grande entreprise », Paris, *Futur Antérieur*, n° 10, 1992.

2 Foucault, M., *L'archéologie du savoir*, Gallimard, 1969.

3 Santos, B de S., *O fim do império cognitivo: a afirmação das epistemologias do Sul*, Belo Horizonte, Editora Autêntica, 2019.

les formes de sociabilités qui existent de l'autre côté de ces lignes. L'auteur propose les épistémologies du Sud qui font plus qu'une critique interne à la science occidentale moderne. Il formule « [...] des alternatives épistémologiques qui peuvent fortifier les luttes contre le capitalisme, le colonialisme et le patriarcat [...][1] ».

Ces auteurs ont des contributions différentes, dont nous sommes conscients. Elles enrichissent les débats sur une pensée périphérique qui ronge et dérange les scènes du rationalisme.

Notre proposition, différente, porte le commun qui frappe à la porte de la production de la connaissance, déconstruisant ses continuités, l'ouvrant à plusieurs compositions qui peuvent y jaillir, faisant des paris sur leurs multiplicités et leurs métissages.

Nous reprenons une interrogation de Negri : « *la liberté, la singularité, la puissance se donnent comme différences radicales d'avec le pouvoir*[2] ? »

Cette *communisation*, sorte de coopération que nous proposons entre des pratiques et des discours, différents, laisse entrevoir une espèce de nouvelle vigueur, d'autres formes et forces qui n'arrêtent pas de s'actualiser de plusieurs façons – leurs attractions, leurs échanges – et dans ce processus, de rendre puissantes les différences. C'est un processus qui ne se juge pas sur son résultat final mais sur la qualité de son parcours et sur sa puissance. Avec l'hétérogénéité, nous avons la liberté d'improviser les langages les plus divers. Comme un réseau d'agencement, elle porte une continuité ouverte qui s'oppose aux densifications du contrôle.

Il est important de prendre en compte ici une compréhension du *commun* travaillée par Negri qui s'inspire de Marx dans *Grundisse*[3] : « le *commun différencie*[4] ». Ce qui nous autorise à parler d'une rupture pratique, une rupture avec d'éventuelles confusions et indifférenciations ambigües. Dans le *commun,* il y a les forces et formes hégémoniques mais aussi les forces et

---

[1] Santos, *ibid.*, p. 24.

[2] Negri, A., *ibid.*, p. 24.

[3] Marx, K., *Grundisse*. Trad. Italienne, Florence, La Nuova Italia, 1997.

[4] Negri, A., *5 lições sobre Império*, Rio de Janeiro, DP&A editora, 2003, p. 226.

formes de la non-conformité qui cherchent des visibilités dans le processus. C'est un travail *vif*, il y a le pouvoir, mais comme un travail *vif*, il est plein de puissance.

Ces analyses portent une éthique de la libération de la différence. C'est une éthique qui affirme le commun comme une réalisation qui tient ensemble le singulier et le pluriel. C'est le retour de la différence, la garantie du devenir.

L'hétérogenèse[1] que le commun porte enlève la différence de son état de malédiction, faisant des paris sur une pensée du multiple, une pensée qui accepte la diversité, une pensée affirmative qui a comme dispositif la disjonction. Une autre voie est prise, cette fois, créée à l'envers des pouvoirs des vérités établies, une voie qui intervient dans l'exil de l'étrangeté. C'est une voie qui marque l'intensité de la différence, sa puissance dans le processus de production de la connaissance.

Il y a la rupture avec l'idée d'un modèle générateur ou structural qui se reproduit à l'infini, selon la logique de la reproduction. Nous sommes au-delà des considérations dialectiques concernant le dépassement du conflit par la synthèse et le pouvoir de la représentation. Penser à la différence ne concerne pas le retrait et l'acceptation, mais l'affirmation d'une puissance créative, multiple, hétérogène et violente capable d'éveiller tout ce qui est caché et silencieux à venir.

Cette voie se tourne vers l'expérimentation ancrée dans le réel. L'hétérogenèse est une production incessante d'événements et de possibilités de création qui forcent la pensée.

Ces analyses ne prennent pas en compte les universaux. Elles cèdent la place à l'opération *n-1* comme diraient Deleuze et Guattari[2], celle qui soustrait l'Un de la multiplicité d'être constituée.

Nous essayons de répondre à la violence de l'isolement du social du politique existant dans la production de la

---

[1] Deleuze, G., *Différence et Répétition*, Paris, Presses Universitaires de France, 2013.
[2] Deleuze G. et Guattari F., *ibid.*

connaissance, faisant une affirmation politique de la puissance de la différence, son rôle décisif pour donner des visibilités à des modes de résister dans la contemporanéité.

Cela, qui sait, peut nous sauver de la barbarie.

## Le commun comme hétérogenèse et la production de subjectivités

Comment faire pour que les subjectivités ne se dissolvent pas dans ce contexte capitaliste postmoderne ? Comment faire pour que les subjectivités s'expriment comme des éléments créatifs du commun ?

Nous allons reprendre ce que nous avons dit au début : la production de subjectivité comprise par la perspective biopolitique prend en compte des modes de résister dans le monde contemporain. Il est important de dire que cette perspective prend en compte la biopuissance, cela veut dire qu'elle ne prend pas en compte des interprétations matérialistes ou vitalistes de la vie (Negri, 2006, p. 46) et qu'elle soutient une activité du *commun* : la production de subjectivités.

Nous reprenons les analyses de Negri sur la biopolitique dans laquelle la différence en tant que puissance, en tant que singularité, prend une place importante. Dans la modernité cette puissance ressort comme rupture d'avec la catégorie de pouvoir, remarquant la crise de ce concept. La puissance comme « ouverture positive » cadence des résistances qui confirment l'importance de la praxis du commun.

Pour Negri la puissance précède ontologiquement le pouvoir. Nous débattons un thème politique et nous sommes face à un problème ontologique. Cet auteur s'inspire de M. Foucault et G. Deleuze pour approfondir ce débat qui contribue à rompre avec les grilles de la pensée. Comme il le dit : « [...] *C'est entre Foucault et Deleuze que le passage de la marge au centre du bloc du biopouvoir a précisément eu lieu et que la résistance est devenue une force ontologique*[1] ».

---

[1] Negri A., 2006, *ibid.*, p. 35.

Chez Foucault nous trouvons une compréhension d'une biopolitique active qui met en évidence la production de subjectivités, comme processus de transformation des sujets dans leurs rapports avec le pouvoir et avec eux-mêmes. « *Le pouvoir est un champ de pouvoir* » (Negri, 2006)[1]. Cet auteur s'intéresse à l'analyse généalogique de Foucault dont il s'inspire pour comprendre la subjectivité comme « *une réinvention de la liberté à l'intérieur des conditions postmodernes de la domination et de l'assujettissement* »[2]. Cet espace biopolitique qui se crée porte une liberté comme condition de possibilité et d'effet.

Avec Deleuze, Negri approfondit les diverses phases du rapport entre le biopouvoir et la réalité biopolitique – l'époque des disciplines et celle du contrôle. Le capital exige beaucoup de ceux qui le produisent. Il affecte leurs désirs, rêves, volonté, il produit des crises, formate des modes de sentir, de vivre. Negri[3] rétablit *« [...] la détermination ontologique de la résistance à l'intérieur de la grille historique de la subsomption réelle* », s'inspirant de G. Deleuze. Comme il le dit, Deleuze fait une tentative de réinvention de la subjectivité comme exaltation de la différence contre la répétition et l'affirmation de la singularité contre l'abstraction universelle – il se réfère à l'œuvre *Différence et Répétition*[4], et aussi au travail que Deleuze a écrit sur les notions d'expression et de puissance chez Spinoza[5] et dans l'œuvre *L'Anti-Œdipe* que Deleuze a écrite avec Guattari (Deleuze et Guattari, 1972)[6], qui travaille un changement positif de la libido freudienne.

Pour Negri, il faut qu'il y ait une virtualité ou une possibilité réelle de transformer cette nouvelle subjectivité en résistance, dans un processus d'antagonisme. La subjectivité, active, est sur l'horizon biopolitique où l'existence est prise « dans l'intensité

---

[1] Negri A., *ibid.*, p. 42.
[2] *Ibid.*, p. 129.
[3] *Ibid.*, p. 35
[4] Deleuze G., 2013, *ibid.*
[5] Deleuze, G. Spinoza, Philosophie pratique, Paris, Les Éditions de Minuit, 1981.
[6] Deleuze G. et Guattari F. Anti-Oedipus: Capitalism and Schizophrenia, New York, Viking Press, 1977.

de l'expérience phénoménologique [...][1] » et peut du point de vue épistémologique être récupérée « [...] en tant que créatrice de différence ontologique ; mais [...] comprise comme [...] singulière et différente, et [...] absolument différentielle en elle-même[2] ».

Ainsi « *le problème ontologique s'enracine dans le rapport entre la différence et la créativité*[3] ». C'est la résistance qui permet la relation entre la différence et la créativité. Et si ces deux dernières sont ontologiques, « [...] *la résistance le sera également*[4] ».

Il faut saisir la nature ontologique du passage de la différence à la créativité au sein de la résistance. Dans ce passage, il est nécessaire d'intervenir dans l'emprisonnement de la différence par l'identitarisme ou par le corporatisme, des formes du pouvoir.

La créativité est un moment où la puissance de la différence, intense, s'exprime. Le singulier prend sa place et tout se passe à chaque moment de la temporalité qui cadence ce passage.

Il faut relever cette compréhension de la résistance. La différence, créative, en tant que résistance porte le refus de la violence des pouvoirs. La résistance précède le pouvoir, elle est la première ontologiquement. Le *commun* est le produit de ces différences qui se connectent de façon mutante. Ou, il peut, lui-même, être une différence, résistance. La détermination ontologique de la résistance fait comprendre que c'est dans cette circulation de pouvoir que des processus de subjectivation et d'insubordination peuvent arriver.

L'horizon éthique de cette discussion laisse entrevoir un *communisme* de puissances, comme nous le disions, qui travaillent pour de nouveaux processus de subjectivation, si nécessaires dans la production de la connaissance. Les visibilités portées aux singularités, permettent de faire penser que « *le commun ne naît qu'à partir des singularités*[5] », et qu'il devient comme différence affirmative, pure subjectivité.

---

1 Negri A., 2006, *ibid.*, p. 128.

2 *Ibid.*, p. 128.

3 *Ibid.*, p. 131.

4 *Ibid.*, p. 131.

5 Negri, A., *ibid.*, p. 132.

Cette compréhension affirme une crise dans la contemporanéité. Le commun comme « travail vif » exprime la lutte pour que la subjectivité ne se liquéfie pas dans ce contexte postmoderne. Comme présupposé ontologique il s'ouvre aux discontinuités et puissances du processus réel.

Hardt et Negri[1] se référant à une radicalisation de l'amour dans le *commun* le comprennent comme une solution de rechange effective dans la société capitaliste, à partir de la multiplication de formes de créations et de la force de les développer. Cet amour en tant qu'événement politique est en rupture avec ce qui existe, il crée du nouveau, parce que ce qui compte en amour « [...] c'est la production de subjectivité et la rencontre de singularités qui composent de nouveaux assemblages et constituent de nouvelles formes du commun [...][2] ».

Ce sont des subjectivités hétérogénétiques, distantes de l'équilibre, métastables, qui se font et se refont à partir des ruptures de sens, incorporant des compositions de forces. Elles peuvent se circonscrire au-delà de la conscience, se forger dans le chaos, porter des lignes de virtualité jamais déterminée et en constant devenir.

Ces subjectivités, qui peuvent jaillir dans la production de la connaissance avec la praxis du commun, résistent, dans la violence actuelle dont cette production est un analyseur. Elles affirment le rôle décisif du commun.

Nous invitons les lecteurs et lectrices à se laisser parcourir par les intensités des différences produites par les textes. Ces intensités peuvent donner des indices des déplacements du commun qui cadencent les pratiques et les discours qui composent ce livre où on ne veut pas savoir « *qui parle* », pas même « quel rôle nous occupons quand nous parlons ». Ou « *de quoi* » nous parlons. Il fallait peut-être, comme a dit Guattari, rappelé par Pelbart (2013), être attentif.ve à « *ce qui parle à travers nous*[3] ».

Parce que l'amour révolutionnaire signifie qu'il faut résister parce que nous désirons. Parce que nous voulons. La production

---

[1] Hardt, M. et Negri, A., 2013, *ibid.*

[2] *Ibid.*, p. 274.

[3] Pelbart P.P., *O avesso do nihilismo. Cartografias do esgotamento*, São Paulo, N-1 edições, 2013, p. 21.

de la connaissance est pleine de contingences. Il n'est pas possible de contrôler le devenir. Nous pouvons accepter que les mutations existent. Que nous pouvons transformer la société et nous-mêmes !!! La béatitude de Spinoza... pourquoi pas ? Une grande félicité est de faire tout ce que nous pouvons, en commun. Cela signifie la conquête politique de la multiplication de la vie, la révolution démocratique elle-même. Cet amour réalise le nouage qui tient ensemble singulier et pluriel, comme condition du collectif.

Pourquoi ne pas concevoir la production de la connaissance comme une émergence, à partir de ce champ – de sa base, de ses terrains de recherche – des projets, des actions, des voies, des subjectivités ? Pourquoi ne pas expérimenter la montée de la puissance dans sa capacité expressive à travers le commun ?

# FONCTION : ESTAMIRA[1]

***Edson Luiz André de Souza***

« [...] *moi, je suis des os sonores*
*parmi les ordures,*
*seule, au milieu de l'épave* [...] »
Anelito de Oliveira[2]

*Estamira*, le film de Marcos Prado[3], nous mène vers une expérience limite. Le spectateur est capturé par le film dans une sorte de suspension qui risque de le submerger dans la radicalité des images. Toute cette limite nous lance dans la tension entre la forme et sa dissolution. C'est sans doute la tension que produit l'art : la forme qui recoupe le monde pour nous indiquer le visible dans sa puissance d'énigme.

*Estamira* nous surprend par ses excès : la misère, la douleur, la négligence, la violence, les abus sexuels, les tonnes d'ordures qui arrivent tous les jours à la décharge de *Jardim Gramacho*, dans la banlieue de Rio. Toutefois, cet excès est en partie contrôlé par la détermination d'Estamira, une femme de 63 ans, diagnostiquée comme schizophrène, qui vit depuis plus de vingt ans dans ce dépotoir où elle fait le tri de ce qui peut lui servir. Elle parle, elle crie, elle pense, elle démontre, elle agit, elle regarde, elle discute. Sa voix est le fil conducteur du récit de ce documentaire et révèle, à travers l'expression de la souffrance,

---

[1] Ce texte a été originalement publié dans la *Revista Estudos de Psicanálise*, Belo Horizonte, vol. 30, 2007. Il est publié dans ce livre avec le consentement de l´éditeur.

[2] Fragment du poème « *Além da pele* ». Ce poème se trouve dans le recueil organisé par Claudio Daniel et Frederico Barbosa, *« Na virada do século – poesia de invenção no Brasil* », Landy Editora, São Paulo, 2002, p. 42. Anelito de Oliveira, poète et journaliste, vit à Belo Horizonte.

[3] *Estamira*, réalisation : Marcos Prado. Production Marcos Prado et José Padilha. Rio de Janeiro, Productions Zazen, 2006. 1 DVD.

le pouvoir de résistance de la vie, malgré l'hostilité de cet environnement de déchets et d'ordures. C'est en cela que ce film parle de limite. Mario Peixoto, dans un de ses poèmes sur la mer, nous donne une image troublante et malheureusement si actuelle : « Il y a ceux qui préfèrent ne pas voir. La vision des choses est trop profonde face à un contact si léger[1] ». Dans la salle de projection, nous pouvons, confortablement, écouter et voir la vie en train de résister à travers les mots qui sortent de l'invisibilité et de l'oubli toute cette puissance. Assis devant l'écran, nous constatons notre cécité, notre mépris pour les misérables, pour ce qui est écœurant et abject, à travers des sensations qui ne sont rien d'autre que de voir apparaître tout ce que nous produisons dans les mains et les bouches d'autrui.

## Témoignage

*Estamira,* le film, semble fondé sur le témoignage d'une expérience. Il y a un grand effort de transmission. Comme le dit le personnage : « En plus d'être moi-même, Estamira, ma mission est de montrer la vérité, capturer le mensonge et le lancer à la face du monde ». La parole prend, alors, une dimension de salut et de force critique. Elle surgit pour révéler un pouvoir analytique riche d'une réalité cruelle et injuste. Sur ce point, la vie d'Estamira vient prouver, littéralement, ce que Milton Santos affirme être le rôle des pauvres dans notre contexte social :

> La pauvreté est une situation de manque, mais aussi de lutte, un état vivant, de vie active où la prise de conscience est possible. Les misérables sont ceux qui se considèrent comme vaincus. Mais les pauvres, eux, ne capitulent jamais. Ils découvrent, chaque jour, de nouvelles formes de travail et de lutte[2].

Nous pouvons voir dans le film la sensibilité d'une femme qui transforme les déchets du monde. Ces déchets vont prendre

[1] Peixoto, M., *Poemas de permeio com o mar*, Aeroplano Editora, Rio de Janeiro, 2002, p. 63.
[2] Santos, M., *Por uma outra globalização – do pensamento único à consciência universal*, Editora Record, Rio de Janeiro, 2000, p. 132.

une autre signification quand ils passent par ses mains, par sa pensée, par son discours. Elle va jusqu'à élaborer le statut de ces déchets quand elle dit que, dans la décharge où elle travaille, « parfois ce n'est que des ordures, parfois c'est de la négligence. Déchets et négligence ». C'est justement là qu'Estamira nous indique une fonction du regard, puisque c'est de sa position singulière qu'on peut récupérer un statut pour tout ce qui a été jeté et éliminé. Avec les ordures, en fait, viennent beaucoup de pensées et d'images d'une société du gaspillage, de la consommation compulsive, de la désaffection, de la négligence. Estamira se consacre, patiemment, à une analyse de ce panorama dans un discours qui contient une série de thèses sur la vie. Elle a une pensée riche d'images, de définitions, de métaphores. Elle fait d'importantes distinctions entre travail et sacrifice, entre être méchant et être pervers, entre la maladie mentale et la perturbation, entre l'homme impair et la femme paire, entre « les malins et les malins à l'envers », entre l'au-delà et « l'au-delà des au-delà ». À mon avis, elle produit une théorie rigoureuse et authentique sur le tissu social que Marcos Prado a très bien su réunir, organiser en images et présenter dans son film.

## Indignation

Estamira n'a pas de problème pour dire ce qu'elle pense. Sa révolte et son délire se mélangent, de façon assez lucide, en même temps qu'elle montre certaines caractéristiques du symptôme social de notre temps. La bureaucratisation du savoir se fait présente quand elle se plaint des médecins « copistes d'ordonnances ». Elle interroge, en fait, les automatismes des prescriptions. Il est possible de repérer dans le film un moment où elle s'adresse au service médical et fait son rapport sur l'accueil. Son discours montre que nous vivons dans un temps qui ignore toute singularité. Estamira identifie cela avec précision quand elle montre son indignation devant les médicaments qui lui sont prescrits. Elle affirme ne pas comprendre comment les mêmes médicaments peuvent servir à des gens qui souffrent de maux si différents. Elle montre sa fiche médicale et lit lentement son diagnostic « porteuse de troubles mentaux avec évolution chronique, des hallucinations auditives… » Elle lit lentement, tout en accentuant le son de chaque syllabe, ce qui nous fait reconnaître l'insuffisance de ce diagnostic qui essaie de capturer et décrire la puissance de sa souffrance. Pour l'écouter, il faut avoir le temps et toute une disponibilité pour comprendre une histoire complexe pleine de violences et qu'elle sait raconter dans tous ses détails.

Estamira est une espèce de miroir cassé qui reflète des fragments de la vie de beaucoup de Brésiliens. Elle nous raconte, par exemple, que son grand-père maternel l'a obligée à se prostituer après l'avoir violée. S'ensuit un mariage malheureux dont le récit est bien connu : alcool et violence. Elle connaît bien la valeur de ce qu'elle a à dire et le film se fait, en grande partie, à travers ses mots. Nous y voyons la fonction trompeuse du discours, dans laquelle il est possible d'identifier le côté pervers du pouvoir. Il ne s'agit pourtant pas du leurre qui est propre à toute équivoque, à tout lapsus qui, comme Freud l'a bien montré, récupère la puissance de vérité du signifiant. Il s'agit, par surcroît, de quelque chose de beaucoup plus proche des significations imposées qu'elle nomme « *trocadilho* » [calembour, jeu de mots] et qui, elle y croit, « oblige les gens à vivre dans l'illusion et à croire à des choses qui n'existent pas ». Le « *trocadilho* », chez elle, a la fonction de mot d'ordre dans lequel elle concentre sa dénonciation par rapport aux injustices qu'elle a subies. Ce sont des situations dévoratrices, des espèces d'« images crocodiles » qui l'ont avalée et l'obligent à construire sa vie toujours sur la fragilité d'un équilibre minimum.

Sur ce point, le film comme méthode s'approche du travail psychanalytique dans la mesure où il se livre à l'écoute d'une histoire qui se réorganise par le simple fait de son récit. Quand elle raconte son histoire, Estamira dessine pour le spectateur deux scénarios possibles. D'un côté, on voit dans sa vie la logique de l'enfermement qui nous est tellement familière dans le contexte social du Brésil : pauvreté, abus sexuel, abandon et violence conjugale, histoire d'internements psychiatriques dans la famille. D'un autre côté, elle dessine un parcours d'auteur, malgré toutes les difficultés qu'elle a dû surmonter. Elle a le courage d'exposer ce qu'elle pense, de confronter la structure de la religion et de critiquer la fonction de Dieu.

### Les mots

Le documentaire a des images fortes et est accompagné d'une bande sonore dense, sous le rythme des contrastes : lumière/ombre, vie/mort, parole/silence, terre/mer. Je ne suis pas d'accord avec ceux qui disent que le film explore l'esthétisme de la pauvreté. Prado veut essayer de montrer un autre univers, un autre regard que nous aurons du mal à reconnaître. Plusieurs de ces images sont si éloquentes qu'elles stimulent notre pensée : Estamira marche en silence et, au fond, la mer révoltée indique une espèce de débordement intérieur auquel vient s'ajouter le bruit inquiet du vent, monochromie et symphonie du désespoir.

Une des scènes les plus frappantes, c'est quand un ami d'Estamira sort d'entre les ordures et se met à présenter un à un ses chiens. Pendant qu'il les nomme on a la sensation exacte de ce que nous dit l'art : l'acte de nommer est un des moteurs de la création. Il sort des cendres, comme le Phénix et recrée le monde avec la force des mots. Ici, nommer signifie reconnaître, voilà peut-être la raison pour laquelle Estamira insiste sur la répétition de son nom. Prado a vu juste, quand il a donné à son documentaire un nom de personne. Le nom reconnu fait résister la vie.

### Langue étrangère

Estamira dérange notre regard. Nous-mêmes nous nous salissons avec notre idée de progrès et quand on voit ce brouhaha d'êtres humains qui se disputent les ordures avec les vautours, on se demande une fois encore : de quel progrès parlons-nous ? On se souvient d'une réflexion de Karl Kraus critiquant l'idée de progrès. Il dit « la machine sert la grande propagation de la poussière[1] ».

Cette poussière nous trouble le regard et nous fait entrer dans une histoire d'objets rejetés. Le film montre la puissance endormie dans des tonnes de déchets qui permettent à quelques personnes d'y trouver leur survivance. Comme le dit Estamira, « conserver les choses, c'est les protéger ». Pourtant, ces déchets que nous ne voulons pas voir, c'est nous qui les avons produits.

Estamira est en quête du contrôle et inaugure un mécanisme qui démarre à partir de ce qu'elle nomme contrôle à distance. Dans les moments de crise, elle se sent menacée par la perte de ce contrôle et se met à parler de façon incompréhensible. Nous ne comprenons pas ce qu'elle dit, mais ce qui est sans doute le plus important, dans ce contexte, c'est comment elle le dit. Sa voix reprend une puissance de voix pure et c'est ainsi que cette femme essaie de dire l'indicible. Sa voix crie avec le tonnerre.

Marcos Prado a eu besoin de plus de trois ans pour préparer ce documentaire. Il a su être patient et respecter le temps de l'événement. Il avait obtenu le consentement d'Estamira et c'est elle qui a visionné le film en premier lieu. Il y a donc eu une association légitime entre eux.

*Estamira,* le film, nous rend plus humains, il nous montre d'autres horizons et nous renvoie à la responsabilité de vivre par la voix et les cris. Il montre aussi la femme/mère qui, malgré la misère et la souffrance psychique, a su s'occuper de ses enfants. Estamira, quant à elle, nous montre la limite, mais rêve de la dépasser. Tant mieux ! Comme dit Ernst Bloch, dans *Principe espérance*, « Le manque d'espérance est lui-même, aussi bien en termes temporels qu'en contenu, intolérable, absolument insupportable pour les besoins humains[2] ». La philosophie d'Estamira se déplace dans d'autres univers sans jamais perdre la visée de cet espoir. C'est elle qui nous dit : « Il y a l'éternel, l'infini, l'au-delà et l'au-delà de l'au-delà. Celui-ci vous ne l'avez pas encore vu… »

---

[1] Kraus, K., *La littérature démolie*, Éditions Rivages, Paris, 1990, p. 138.

[2] Bloch, E., *Princípio esperança*, Editora Contraponto et Editora de l'UERJ, Rio de Janeiro, 2005, p. 97 (trad. libre).

Dans ces temps ascétiques et techniques, séduit par le capital et par la vitesse, par l'image et les vitrines pleines de couleurs, par le prestige sans œuvre et par toute sorte d'escroquerie, par l'indifférence envers l'autre, par la violence dans laquelle nous sommes noyés et le silence devant l'horreur, par la bureaucratisation de l'avenir, « l'au-delà de l'au-delà » peut tout simplement être la récupération d'une sensibilité prête à s'indigner devant l'intolérable. Mais le talent et le courage de montrer cette réalité en images, comme l'a fait Marcos Prado, n'est pas encore suffisant. Il est absolument nécessaire qu'il y ait des gens pour le voir et pour en témoigner. De ces images, certainement, émergeront d'autres réactions.

# REPENSER LE COMMUN

***Maria Conceição O. Viana***

*L'unité humaine est la pluralité – c'est parmi plusieurs que nous sommes un.*
Hannah Arendt[1]

Ce texte fait partie d'une série de Conférences prononcées à l'occasion de la clôture du Symposium de Psychologie communautaire qui a eu lieu à l'UERJ (Université de l'État de Rio de Janeiro), fin octobre 2011, ayant pour thème la *Démocratie Comme Vie Civile : de l'Exercice du pouvoir à l'Exercice du Commun.* Parmi les thèmes présentés, j'ai été responsable de celui que j'ai appelé « Repenser le Commun ».

Le commun, en tant que terme, c'est quelque chose de très commun. Nous avons cherché dans plusieurs dictionnaires et nous avons trouvé des significations nuancées qui peuvent nous éclairer. Quant à l'étymologie, Antonio Cunha[2] nous dit qu'il s'agit d'un adjectif venant du latin désignant ce qui appartient à tous ou à plusieurs. Chez André Lalande[3], nous trouvons que cela traduit ce qui concerne, en même temps, plusieurs sujets, ce qui leur est propre. Quant au Petit Robert[4], il nous offre une variété de couleurs : *commun* est ce qui appartient, mais c'est aussi ce qui s'applique à plusieurs choses ou personnes. Il possède une certaine synonymie avec *même*, *comparable*,

---

[1] Arendt, H., *Sobre a Violência*, Rio de Janeiro, Relume-Dumará, 1994, p. 36-38, p. 31 (Traduction). En français : Arendt, H., *Condition de l'homme moderne*, Paris, Pocket, 1991.

[2] Cunha, A.G., *Dicionário etimológico da língua portuguesa*, 2ª Ed. Rio de Janeiro: Nova Fronteira, 1982.

[3] Lalande, A., *Vocabulário Técnico e Crítico da Filosofia*, São Paulo, Martins Fontes, 1993.

[4] Robert, P., Petit Robert 1, *Dictionnaire de la Langue Française*, Paris, Le Robert, 1984.

*identique, semblable*. Ou abrite encore des analogies, des ressemblances. Par approximation, il peut signifier collectif, comme dans l'exemple « action commune ». Et, par addition, il peut encore vouloir dire général, public, universel. Et encore, *ensemble*, *généralité* : le commun des hommes. De plus, il veut également dire l'ordinaire, *l'habituel*, le *courant*, *le naturel*, *le banal*, enfin. Et il arrive au *trivial*, au *vulgaire*, au *quelconque*.

En ce qui concerne notre proposition : pour repenser le commun dans son parcours depuis l'exercice du pouvoir il devient nécessaire de prendre en compte des nuances qui ont déjà été citées dans ce texte et d'essayer de relever certains points. Ce pouvoir tend à se manifester comme excluant, tentaculaire, quand il s'éloigne de la perspective démocratique. Il est important de souligner que partant de lui et en lui, il peut y avoir des effets à partir desquels ce pouvoir peut se répandre en réseaux avec une portée et une vigueur insoupçonnées.

**Conceptions du commun**

Nous savons que les matrices historiques de la pensée occidentale se trouvent dans l'Antiquité grecque. Quelles étaient donc les notions qui régissaient les pratiques du commun entre les Hellènes ? L'*arété*, l'excellence, était le critère d'appartenance au commun et signifiait l'aristocratie de ceux qui sont nés en Grèce, des hommes libres – y compris du travail – qui pouvaient se consacrer aux thèmes propres de la *polis*, de la ville. Les étrangers, les esclaves, les femmes et les enfants n'avaient ni voix ni lieu dans le jeu politique. Qu'est-ce qui a changé depuis ?

Quand nous examinons, dans l'actualité, des dessins conceptuels propres au commun – soit dans les communautés construites à travers les processus de convergence d'aspirations qui se configurent en tant que collectifs identitaires unis autour d'un projet unificateur croissant, soit en tant que formations sociales plus denses qui oscillent, inspirées par une nécessité partagée de réunir des forces pour des changements immédiats, à partir des situations limite – on voit apparaître des différences très claires. La production de cette ample vigueur se fait à travers les réseaux qui s'agencent et s'adressent à des points de conflits exacerbés de nature sociale variée. À un mouvement convergent peut s'ensuivre une dissipation stratégique.

Nous commençons notre approfondissement conceptuel avec Martin Buber[1]. Nous trouvons dans son œuvre une approche intéressante : la notion élargie de l'Interhumain qui abrite des institutions, des organismes, des classes, etc. Et encore :

> [...] les structures (*Gebilde)* résultant de l'interaction humaine et sous-jacentes à elle, telles que des systèmes de valeurs, des créations culturelles, des moyens de production, etc., aussi bien que les « actions » à travers lesquelles la vie sociale se transforme et change diachroniquement.

Zygmunt Bauman[2] attire l'attention sur notre condition d'interdépendance dans ce monde qui se globalise rapidement. « Il y a des tâches affrontées par chaque individu, mais qu'on ne peut pas réaliser individuellement ». Il ajoute que pour la réalisation de ces tâches la communauté se fait nécessaire – ce qui révèle une conception de la communauté résultant d'un travail de groupe voué à des responsabilités et des intérêts collectifs qui seront peu à peu développés à travers la solidarité, la mutualité. Son caractère serait celui d'une formation sociale réunie autour des mêmes objectifs de lutte.

Pour Antonio Negri et Michael Hardt[3], le commun s'engendre dans les entrailles de la foule – en tant qu'ensemble de différences – qui se réunit et se disperse. Le commun y gagne de la force et prend la forme d'une spirale en réseau produisant des filons de la communication humaine : langage, symboles, idées et relations partageables qui produisent de nouvelles possibilités de communication. Du rapport entre cette production et le commun, le milieu social et économique ou biopolitique se déploie – ce qui indique l'enchevêtrement entre le social, le politique et le culturel. Selon ces auteurs :

---

[1] Buber, M., *Sobre Comunidade*, São Paulo, Perspectiva, 2008, p. 21.

[2] Bauman, Z., *Comunidade – a busca por segurança no mundo atual*, Rio de Janeiro, Zahar, 2003, p. 133-134, 11.

[3] Negri, A. et Hardt, M., *Multidão-Guerra e democracia na era do Império*, Rio de Janeiro/São Paulo, Record, 2005, p. 268-269.

> […] le commun signale une nouvelle forme de souveraineté, une souveraineté démocratique (ou, plus exactement, une forme d'organisation sociale qui déplace la souveraineté) dans laquelle les singularités sociales contrôlent, à travers sa propre activité biopolitique, les biens et les services permettant la reproduction de la foule elle-même. […] Tout ce qui est général ou public doit être réapproprié et administré par la foule pour devenir commun.

Lúcia Ozório, conceptrice du Symposium, dit dans un article (2007)[1] que, dans son travail sur le terrain, à la *Favela* de Mangueira, la communauté est pensée en tant que concept politique, quand on cherche à

> […] avoir accès aux demandes contemporaines de communauté relevées par des chercheurs et des participants qui veulent intervenir sur une frontière presque inconciliable entre le refus et la reconnaissance de ce qui est en commun dans ces temps producteurs d'inégalité. Nous croyons, pourtant, qu'il est possible de provoquer des contre-pouvoirs capables de déstabiliser la morale néo-libérale.

## Conceptions sur le pouvoir

Quand on repense l'exercice du commun dans le contrepoint de l'exercice du pouvoir, dans l'œuvre de Hanna Arendt, nous pouvons trouver des éléments sur la portée des tentacules du pouvoir dont la « formule extrême […] est le Tous contre Un, [tandis que] la forme extrême de la violence est l'Un contre Tous. Celle-ci n'est jamais possible sans l'usage de dispositifs[2] ».

Chez elle, la conception du pouvoir est traversée par la notion d'espace public en tant que lieu de participation politique. Le phénomène du pouvoir traduit l'instance inaugurale où il se configure dans une sphère du social. À partir

[1] Ozorio, L., "Perspectivas da pesquisa comunitária: Comunidade como práxis e seus diálogos com as histórias orais de vida", *Revista Estudos e Pesquisas em Psicologia*, vol. 7 n° 1, p. 28-41, 2007. Institut de Psychologie de l´université de l´État de Rio de Janeiro, p. 30.

[2] Arendt H., *Sobre a Violência*, Rio de Janeiro, Relume-Dumará, 1994, p. 31.

de la recherche sur l'aggravation des manifestations des pouvoirs qui ont eu lieu au XXe siècle, Hanna Arendt fait une analyse précise de la question de la violence, en même temps qu'elle relève des distinctions et des complots entre ces deux pôles qui marquent les frontières entre la civilisation et la barbarie. Elle dénonce aussi l'erreur traditionnelle qui attribue à la violence la condition fondamentale de l'existence des pouvoirs :

Si nous nous tournons vers les discussions sur le phénomène du pouvoir, nous percevrons tout de suite qu'il existe un consensus entre les théoriciens de la politique, de droite à gauche, sur le fait que la violence n'est que la plus évidente manifestation du pouvoir. « Toute politique est une lutte pour le pouvoir ; la forme de base du pouvoir est la violence », a dit C. Wright Mills, répétant, pour ainsi dire, la définition de Max Weber de l'État comme « la domination de l'homme par l'homme, fondée sur les moyens de violence légitime, c'est-à-dire supposée légitime[1] ».

Traditionnellement, le pouvoir se définit comme un rapport de soumission et, par conséquent, il se compose d'un binôme qui fonctionne sous la tonalité de la démesure. Hanna Arendt formule une alternative pour le champ politique : la reprise de la lignée de la pensée gréco-romaine, dans laquelle le concept de pouvoir est fondé sur le consentement, sur l'appui aux lois et non pas sur la violence. Dans cette perspective, la participation dans les thèmes publics privilégie les moyens de combat en commun, au détriment de l'obéissance.

Roberto Machado, dans son introduction à un recueil de textes de Michel Foulcaut[2], dit que, pour ce philosophe, le pouvoir ne possède pas un *locus* à partir duquel il émane vers le corpus socialement composé. Sa structure ne serait pas concentrée dans une nucléation disséminatrice. D'après lui, le pouvoir serait plutôt une espèce de réseau lié à toute la collectivité, qui s'infiltrerait finement par les plis et les surfaces du tissu social. Son existence aurait lieu et découlerait des

---

[1] Arendt, H., *ibid.*, p. 31.

[2] Machado R., "Introduction", in Foucault M., *Microfisica do Poder*, 5ª Ed. Rio de Janeiro, Graal, 1985.

rapports, des pratiques du pouvoir dont l'efficacité serait le résultat de la stratégie de discipline, ayant en vue la production de docilités, d'acceptations. Dans les cas de rébellion, plusieurs instruments pourraient être adoptés, de manière à grossir la trame subtile des micropouvoirs.

Quant à Antonio Negri (2000), la cartographie de sa conception du pouvoir exige une introduction, car il s'agit de la configurer dans la Modernité la plus récente qui, selon lui,

> [...] est définie par crise, mais une crise née du conflit ininterrompu entre des forces immanentes, constructives et créatrices et le pouvoir transcendantal qui vise à restaurer l'ordre[1].

Dans son œuvre, *Le pouvoir constituant*, ce philosophe et scientifique social formule le concept de pouvoir constituant, dans un sens différent de celui utilisé dans le domaine juridique. Il le comprend comme un pouvoir en train de se constituer et qui se manifeste en tant que force démocratique qui apporte la condition fondatrice du politique. La nature du pouvoir constituant qu'il propose renverse la caractéristique d'inégalité du modèle de la tradition constitutionnelle. Il explique :

> Le paradigme du pouvoir constituant, au contraire, est celui d'une force qui surgit, casse, interrompt, défait tout l'équilibre préexistant et toute la continuité possible. Le pouvoir constituant est lié à l'idée de démocratie, conçue comme pouvoir absolu. Alors, le concept de pouvoir constituant, compris comme une force qui surgit et se fait répandre, est un concept lié à la pré-constitution de la totalité démocratique[2].

**De la démocratie : l'éducation hier et aujourd'hui**

Comme nous l'avons déjà dit, si, d'un côté, dans l'horizon de notre civilisation, nous pensons à une histoire de commencements – soit dans la manière de concevoir le monde et d'agir sur lui, soit dans les façons d'établir des relations avec l'autre – de l'autre côté, dans la sphère du privé ou dans

---

[1] Negri, A., *Império*, 5ª. Ed. Rio de Janeiro, Record, 2000, p. 92-93.

[2] Negri, A, *O Poder Constituinte*, Rio de Janeiro, DP e A, 2002, p. 21.

l'espace public, nous jetons souvent l'ancre dans la Grèce Antique. C'est là que le Mythe a commencé, en tant que mot séducteur et efficace d'inspiration divine qui a livré passage à la Raison, ce discours rigoureux, argumentatif, produit de la création humaine, rien qu'humaine. C'est là aussi qu'a commencé une expérience, jusque-là singulière, dans l'ordonnancement des thèmes publics – la Démocratie.

Lieu d'origine des modes particuliers de pensée et d'organisation politique, la Grèce du V^e siècle av. J.-C. a institué, à Athènes, la première école d'enseignements supérieurs : l'Académie de Platon.

Les études académiques avaient une finalité élevée et complexe, vouée à la *Paidea*, processus de formation intégrale de l'homme grec et, dans ce sens, elles avaient pour but la connaissance et la citoyenneté. L'investigation théorique, conceptuelle était associée à une dimension éthique qui visait à préparer les jeunes à leur participation future et leur responsabilité dans la construction du social – ce qui impliquait aussi la création de lois justes qui étaient proposées et votées dans une Assemblée, par la communauté des citoyens.

Comment pense-t-on et comment pratique-t-on l'éducation dans l'actualité ? En plus de la qualité de l'enseignement /apprentissage de contenus, existe-t-il dans les institutions un encouragement aux bonnes habitudes d'étude, à la fréquentation des bibliothèques, à la redécouverte amoureuse de la lecture ? La voie critique est-elle privilégiée, de façon à conduire à l'autonomie de la pensée, à l'amélioration progressive de son expression claire et originale ? Cette connaissance permet-elle aux étudiants d'être stimulés à avoir des conduites honnêtes, aussi bien dans l'espace privé que public ? Existe-t-il, surtout, la préoccupation de marquer les limites entre culture et barbarie, jalons fondamentaux de toute conduite conséquente et de toute vie civilisée ?

Si l'École ou l'Académie veut être un lieu où circule la connaissance, de la production à la transmission, et qui soit critique des savoirs, il faut chercher une mesure, une mesure juste entre la tradition et l'actualité, entre chacun des savoirs et son usage. La responsabilité sociale doit être façonnée dans le processus d'apprentissage pour former un professionnel et un citoyen. Si elle ne s'engage pas à cette double instance éthique, l'Éducation peut se réduire tout simplement à l'instrumentalisation. Et dans cette perspective, elle risque de se contenter d'être en deçà de ce qu'elle pourrait être.

## La démocratie comme vie civile : discours et action

Après cette recherche des nuances pour désigner le commun en tant que nom, de manière à nous permettre de l'appréhender sous différents angles, élargissant notre horizon de perception, en même temps que nous cherchons à comprendre les variations du pouvoir dans l'actualité, nous croyons à la pertinence d'une réflexion sur la Démocratie comme vie civile. Cela est dû au fait que cette condition exige que l'on considère des alternatives au commandement discrétionnaire et spoliant agissant sur un des deux principes fondamentaux de l'émergence de la forme, historiquement inaugurale, d'organisation sociale démocratique qui a eu lieu au V$^{e}$ siècle av. J.-C., à Athènes : l'iségorie, le droit de tous à la parole – et à l'écoute, évidemment. Il est très clair que cela signifie l'exercice de la pensée qui circule et qui est confrontée et, nécessairement, traversée de controverses. Les thèmes communs, collectifs, sont examinés et résolus à travers cette parole qui cherche des nucléations minimales présentes à travers des débats de caractéristiques dissensuelles. C'était ainsi que se dressaient, à l'Agora, les lois et les décisions concernant la Polis et ses habitants.

Le second principe originaire de l'expérience démocratique grecque, nous le connaissons tous, c'est l'isonomie.

Nous savons que la relation de l'homme avec le monde est traversée par la connaissance et par l'action. Nous pouvons dire que nous pouvons modifier la nature à travers l'action qui crée la culture et les valeurs qui doivent jalonner notre trajectoire et donner un sens à notre existence, singulier et pluriel.

Il y a quelques décennies, nous pensions : ce que nous faisons nous définit. Notre travail est le visage social de ce que nous sommes et de ce que nous pouvons. Et aussi de ce que nous ne pouvons pas.

C'était par leur travail que les êtres humains s'affirmaient et se fixaient dans la scène productive. Dans son œuvre inspiratrice, *La condition de l'homme moderne,* Hanna Arendt[1] a défini des catégories pour l'animal *laborans* : ceux qui produisent pour la consommation immédiate, pour la subsistance – c'est le niveau du travail proche de la nature. La nourriture familière faite à la maison en est un exemple. Il y a ceux qui travaillent et produisent des biens de consommation qui durent, comme les ustensiles. Il y a ceux, finalement, qui développent des actions qui leur permettent d'affirmer une certaine condition d'autonomie ou de solidarité – ils sont dévoués aux causes communes, à la politique.

L'exercice d'une activité productive permettait de marquer notre présence et notre place dans le monde. Nous pouvions modifier notre vie et créer les fondements de notre liberté. Cet entendement n'a pas été privé des contradictions qui ont toujours marqué la pratique du travail. Dans le passé, les moyens d'organisation de l'activité productrice ont montré des polarités : nous avons eu l'esclave et l'aristocrate, durant l'Antiquité grecque, le maître féodal et le serf, au Moyen Âge, le salarié et le patron, lors de la Modernité industrialisée. De nos jours, le jeu change et surgit le problème du chômage causé par le remplacement du travailleur par des machines qui se substituent à lui.

La tension entre ceux qui produisaient et ceux qui en tiraient profit n'a pas disparu pour laisser place à des relations plus justes et moins oppressives. Nous avons un nouveau domaine de luttes : de l'exploration historique de ceux qui étaient responsables de la satisfaction des besoins de tous, nous sommes passés au remplacement de l'homme par la machine. La version néo-libérale du travail augmente le nombre d'exclus et change le régime des relations productives, fondées sur les conquêtes de la classe ouvrière : le contrat de courte durée surgit comme critère dans la sphère professionnelle. Quelle est, alors, cette nouvelle manière par laquelle nous établirons des relations avec le monde et y définirons notre place ?

---

[1] Arendt, H., *Condition de l'homme moderne*, Paris, Pocket, 1991.

Ces questions développent une caractéristique qui est la nôtre : la capacité de réfléchir par-delà le factuel. Nous faisons de la philosophie quand nous nous proposons d'examiner le tréfonds des choses. Quand nous nous appliquons à trouver la généalogie des processus qui provoquent des événements. Quand nous nous interrogeons, jusqu'à la limite, sur l'existentiel et le politique où nous naviguons. Et, parfois, nous y faisons naufrage par la voie du banal, de ce qui n'est pas authentique.

En temps de crise, en temps de colère, il faut se demander : cela peut-il être différent ? Voilà la question qui nous fait bouger. Voilà l'étoile-guide qui nous permet de dépasser les multiples tempêtes, l'adversité.

À partir de ce que nous dit Paul Veyne[1], dans son *Inventaire des différences*, chaque époque produit les questions qui nous interrogent. Nous sommes des êtres historiques, encouragés à analyser la perception du monde dans lequel nous vivons, à partir de ce qui éveille le doute sur les réponses déjà données. De nouveaux espaces de pensée s'ouvrent alors, d'où sort, vigoureuse, la question : peut-il en être autrement ? Nous sommes encore une fois conduits à l'exercice de la pensée non consensuelle, ayant en vue la recherche de probabilités qui n'ont pas encore été conçues. C'est ainsi que progresse la science.

Comment peut-on s'ouvrir à la différence ? Comment peut-on rompre les habitudes de pensée et d'action ? Nous pouvons nous servir de l'art pour faire des jalons éthiques clarifiés, provisoires, comme tout ce qui existe et qui est en vigueur. Nous pouvons faire attention pour que le doute persiste et révèle nos certitudes. Il faut réfléchir parce que la vie palpite fort, souterraine, *la vie palpite fort*, comme dit le poète Ferreira Gullar (s.d.)[2]. Et son sens le plus profond n'est jamais dans l'immédiat. À première vue, tout est plat, linéaire et simple. Il nous manque des vols et des plongées pour élargir l'horizon de nos possibilités, communes à plusieurs. Percevoir et penser ensemble d'autres

---

[1] Veyne, P., *L'inventaire des différences*, Seuil, 1976.

[2] Gullar, F., *Toda Poesia*, São Paulo, Círculo do Livro, s.d., p. 243. NdT : poète brésilien, 1930-2016.

chemins à partager, c'est prendre dans les mains notre destin spécial : notre vocation à tisser des rêves collectifs.

Ernesto Sábato qui a voyagé dans les sphères de la science et de l'art, rappelle ce que dit Martin Buber :

> [...] la problématique de l'homme réapparaît chaque fois que le pacte premier entre le monde et l'être humain semble révoqué, quand l'être humain semble se trouver dans la situation d'un étranger solitaire et désemparé. [...] L'image de l'univers s'est déplacée et avec elle la sensation de sécurité [...]. L'homme se sent, alors, dans la tempête [...] il se pose des questions sur son destin[1].

Nous vivons à l'ombre des fléaux. Qu'est-ce que cette brève réflexion sur le commun peut apporter à l'exercice consistant et consciencieux du communautaire tel que ce qui se passe à la *favela de Mangueira* ? Peut-être que nous aurons la confirmation d'être plusieurs, lorsque nous créerons en commun de nouvelles voies possibles vers les droits les plus importants à conquérir dans la lutte acharnée contre les inégalités biopolitiques, économiques, sociales et culturelles.

Nous observerons encore, pour souligner le but de notre thématique contextuelle – Démocratie comme vie civile – ce que définit Marilena Chaui, dans son œuvre *Invitation à la philosophie* :

> La démocratie, c'est la société vraiment historique, c'est-à-dire ouverte vers le temps, le possible, les transformations et le nouveau. En fait, avec la création de nouveaux droits et l'existence des contre-pouvoirs sociaux, la société démocratique ne se donne pas dans une forme figée, c'est-à-dire qu'elle ne cesse de travailler ses divisions et ses différences internes, de s'orienter par la possibilité objective (la liberté) et de s'altérer par la *praxis* elle-même[2].

Bref, il ne faut pas oublier la dualité radiculaire de notre condition, comme le dit Bauman : « En tant qu'humains, il nous est difficile de réaliser l'espoir, mais nous ne pouvons pas non plus l'abandonner »[3].

---

[1] Sábato, E., *Homens e Engrenagens*. Campinas, Papirus, 1993, p. 17.

[2] Chauí, M., *Convite à Filosofia*, São Paulo, Ática, 1994, p. 443.

[3] Bauman, Z., *ibid.*, p. 11.

# UNE PÉDAGOGIE CRITIQUE À L'UNIVERSITÉ PÉDAGOGIE DE L'ACTION ET DE TRANSFORMATION SOCIALE[1]

*Nicole Blondeau*
*Annie Couëdel*

« *Le projet fondateur de Vincennes était politique, et les formes qu'y a prises l'enseignement se déduisaient, pour une grande part, des options politiques initiales. Réfléchir, aujourd'hui, sur les formes actuelles de la pratique pédagogique entraîne nécessairement un retour au politique.* » G. Berger et M. Courtois[2]

## Ancrage historique

Issue du mouvement de 68, l'université de Paris 8 Vincennes peut être comprise comme un témoignage de la révolte sociale et comme une réponse du gouvernement à la crise de l'institution universitaire[3]. Vincennes devient un terrain de débats et de contestation permanente. Les étudiants, avec une partie importante des enseignants qui avaient été à leurs côtés pour contester l'enseignement traditionnel, rejettent catégoriquement les cours magistraux et la relation pédagogique autoritaire pour se débarrasser du carcan imposé par une forme de transmission du savoir. Ils imaginent un nouveau type de

---

[1] Ce texte a été publié dans la *Revue Pratiques de formation/analyses*, mars 2002. Université de Paris 8. Il est publié dans ce livre avec le consentement de l'éditeur.

[2] Berger, G. et Courtois, M., « Pédagogie et politique », *La lettre* de Paris 8 avril-mai, 1992

[3] Couëdel, A., 68 : Vincennes de ses origines à nos jours, conférence donnée à Bogotá (18 novembre 1999) dans le cadre du symposium Movimientos universitarios en America Latina, siglo XX^e publié en 2007 sur le site La philosophie à Saint-Denis : http://www.la-philosophie.fr/article-5329386.html

fonctionnement où l'enseignant n'est plus la seule référence et veulent prendre en charge leur apprentissage. C'est donc ensemble, étudiants et enseignants, qu'il s'agit de réfléchir sur de nouveaux dispositifs pédagogiques. L'habitude est prise de discuter, dans chaque cours, du sujet politique du moment tant il est vrai qu'on refuse les cloisons qui séparent les préoccupations universitaires, le rôle d'enseignant et celui d'individu social.

C'est dans ce contexte que le dispositif de pédagogie de projet présenté ici – pédagogie de l'action et de transformation sociale – a été mis en place dans les années 1970 par A. Couëdel[1] à l'université de Vincennes dans le cadre du département de français, langue étrangère. L'objectif était de faire en sorte que, d'emblée, les étudiants étrangers aient la parole et jouent un rôle d'auteurs-acteurs dans le jeu institutionnel. L'idée centrale a été de définir, à côté de l'objectif qui institutionnellement est le seul qui compte, apprendre la langue, un autre objectif en apparence éloigné, la réalisation d'un projet commun, choisi et défini par les étudiants eux-mêmes, ayant prise sur la réalité sociale environnante. Le postulat était que, loin d'être une perte de temps, cette procédure permettrait plus sûrement d'atteindre le premier objectif. Ceci explique l'ouverture des cours, quelques années plus tard, à des étudiants français. Les situations que le dispositif pédagogique met en place, pour diverses et imprévisibles qu'elles puissent être, ont toutes en commun la mise à l'épreuve d'un type de relation particulier où le langage d'une part, et de façon plus générale, la communication, sont utilisés comme des savoirs et des savoir-faire ajustés aux contraintes d'un contexte précis. « Le langage n'y est pas conçu comme un système de signes neutres que les individus produisent, mais une façon de s'inscrire socialement, de penser

[1] Couëdel, A., « Vivre la langue, de la communication à la langue », *Revue Champs éducatifs* n° 3, Centre de recherche, Université Paris 8. Actes du 2e colloque international : Acquisition d'une langue étrangère, 1981 p. 37-76. Cf. le film *Vivre la langue* (1978) présenté lors du colloque : http://www.archives-video.univ-paris8.fr/video.php?recordID=108

le monde et les rapports sociaux[1] ». On apprend aussi la langue pour intervenir dans des dispositifs sociaux qu'on envisage de modifier ou, tout au moins, dont on envisage la maîtrise. Comme le dit Bourdieu, la compétence implique aussi le pouvoir d'imposer la réception de ce que l'on dit : « On ne cherche pas seulement à être compris, mais aussi à être cru, obéi, respecté, distingué. De là la définition complète de compétence comme *droit à la parole* »[2]. La langue est ainsi envisagée dans son exercice civique, comme outil d'intervention sociale.

## Le dispositif

Le dispositif repose sur une architecture spécifique combinant l'apport des sous-groupes (groupes-projets), travaillant en autonomie dans le hors champ de la salle de cours, et du grand groupe, un va-et-vient entre sous-groupes et grand groupe, entre extérieur/intérieur. L'objectif du grand groupe en séances plénières est de servir de cadre aux synthèses émanant des groupes-projets eux-mêmes, à l'évaluation, à la critique, à l'exercice de la prise de parole en public, à l'autocorrection, à la pratique du débat, y compris sur des questions d'actualité. La ritualisation *Grand-groupe/Groupes-projets/Grand-groupe* sert de repère spatio-temporel et joue un rôle essentiel dans la structuration d'un ensemble complexe. Ce moyen de procéder est le cadre à l'intérieur duquel peuvent s'exercer les règles de « morale sociale » minimale : l'écoute, le respect de l'autre, la coopération, la ponctualité, l'assiduité, la responsabilité individuelle et collective, tous ces principes étant soumis à l'épreuve du sens. Les règles édictées ne fonctionnent pas comme des formules incantatoires, mais comme des valeurs démocratiques garantissant un savoir-être ensemble pour que le projet aboutisse. Au centre de ce dispositif se situe le sujet, son inscription sociale et sa possibilité d'intervention.

---

[1] Bautier, E., *Pratiques langagières, pratiques sociales. De la sociolinguistique à la sociologie du langage*, Paris, L'Harmattan, 1995.
[2] Bourdieu P., *Ce que parler veut dire*, Paris, Fayard, 1982, p. 13.

Les projets sont collectifs. Ils sont la manifestation d'initiatives inédites aux prises avec la réalité sociale. Ils ont pour objectif d'intervenir dans des dispositifs sociaux qu'on envisage de transformer. Le changement ne peut s'opérer que s'il y a confrontation entre conceptions divergentes en présence, voire affrontements. La critique et la prise de conscience sociale sont donc au cœur du projet puisque, aux valeurs dominantes de dispositifs sociaux donnés, viennent s'opposer d'autres valeurs. Le but est d'amener progressivement les étudiants à participer à la vie universitaire, à en questionner les enjeux à travers leur pratique, à prendre position, à débattre des problèmes contemporains afin de mieux se situer sur l'échiquier politique, tenir un rôle à l'université comme dans la cité, voire par-delà les frontières[1].

De nombreux projets ont vu le jour ; nous n'en citerons que quelques-uns : constitution d'un réseau international interuniversitaire de rencontres et de recherches sur la notion d'interculturalité et d'interdisciplinarité : *Le Triangle de l'Écumeur ;* mise en place d'associations loi 1901 telles que le Centre interculturel de Vincennes à Saint-Denis (CIVD), *TVNERF* (une télévision à Paris 8) ou *Erê Brasil* (défense des éducateurs et enfants des rues à Rio) ; publication d'une revue semestrielle, *Écho-graphie*, de fanzines (*Beurk*, *La Gouve*)... ; participation à un séminaire de préparation du contrat quadriennal déterminant la politique de l'université ; création d'un site internet *Étudiants sans-papiers* lors de la lutte pour régulariser la situation d'étudiants étrangers en 2000-2001 ; organisation d'un festival interculturel annuel, de journées à thèmes dans l'enceinte de l'université (*Info sida* en relation avec la médecine préventive, commerce équitable : *Lib'air ta pensée...*) ; installation d'une bibliothèque dans un village du Togo *: Rencontres Croisées à Akoumapé...* Autant de projets qui sont le fruit d'initiatives étudiantes et procèdent d'une même dynamique, d'un même élan : « faire quelque chose d'utile », « avoir la possibilité d'agir », expressions récurrentes

---

[1] Couëdel, A., « Par-delà les frontières », *Revue Europe plurilingue* n° 12/13 (p. 38-46), actes du colloque national : « L'identité culturelle européenne – Le dialogue national pour l'Europe, 1997 ».

que l'on trouve dans les journaux de bord tenus par les étudiants[1].

L'ancrage du dispositif dans la réalité sociale amène inéluctablement les participants à prendre du recul, à découvrir comment fonctionne l'institution, quels en sont les enjeux et les acteurs. Le projet est conçu comme un modèle organisateur qui va structurer les rapports avec l'extérieur. Pour qu'il prenne forme, il y a nécessairement débats entre les partenaires eux-mêmes afin de parvenir à une « entente mutuelle » (selon l'acception d'Habermas), le groupe-projet étant dans sa composition particulièrement hétérogène (étudiants de cultures, d'origines sociales, de classes d'âge, d'idéologies, de niveaux universitaires différents) ; mais aussi affrontements et négociations avec les instances, découverte et appréciation des rapports de force entre des groupes plus ou moins informels dont les positionnements influent sur les prises de décisions. Ce sont tous les rapports de pouvoirs, les codes et les normes sécrétés par l'institution que les promoteurs de projets vont apprendre à identifier tout en mettant en place des stratégies d'intervention qui obligeront le système, dans le meilleur des cas, à coopérer ou, du moins, à réagir.

Dans cette pédagogie, ce n'est pas un contenu pré-construit, des connaissances classifiées et hiérarchisées à transmettre qui justifient l'action de l'enseignant. Ici, son rôle est en quelque sorte « déplacé ». Certains étudiants constatent souvent avec surprise, quelquefois avec colère, son attitude de retrait. Ils peuvent ressentir comme de l'indifférence son refus de prendre parti lorsqu'il y a dysfonctionnement dans un groupe ou lorsqu'apparaissent des dissensions interpersonnelles. Cette posture trouve sa justification dans la volonté de ne pas tomber dans les pièges de la relation duelle enseignant/enseigné, avec les risques d'identification, de délégation, de défausse et de confusion qu'elle comporte et de s'en tenir à la médiation par le projet et le rituel institué dans les ateliers. Ce rôle décentré ne

---

[1] Blondeau, N. et Couëdel, A., « Pédagogie de projet, journal de bord et appréhension de la diversité culturelle », *Dialogues et cultures* n° 44, 2000, p. 36-51. Numéro préparatoire au XXe congrès mondial des enseignants de français.

signifie pas absence d'implication. L'enseignant est garant du bon fonctionnement du dispositif, accompagnateur des projets, personne-ressource en ce qui concerne l'accès aux réseaux « d'affiliation » et aux réseaux institutionnels. Il met en relation les porteurs de projets avec les instances ou les personnes « facilitatrices », donne des pistes pour des demandes de subventions, suggère des alternatives possibles. Il tisse du lien entre ce qui paraît fonctionner de manière autonome. À des moments ponctuels, il peut devenir partenaire du projet, au même titre que les étudiants, puis s'effacer lorsque l'entreprise est en cours d'accomplissement. Il y a, dans ce cas, une sorte d'alliance stratégique entre les participants qui mettent en commun leurs outils d'analyse pour comprendre les contraintes de l'environnement, chercher à s'en servir, à les contourner, à les lever. S'instaure alors un véritable travail d'objectivation du fonctionnement institutionnel et social, rendant visibles les ententes tacites entre des acteurs que leurs positions semblent diviser, démasquant de fausses coalitions ou découvrant de réels alliés.

Nous l'avons déjà dit, la pédagogie de projet telle qu'elle est conçue ici s'inscrit dans une histoire et un combat politique qui supposent un engagement et des choix quant à la conception de l'enseignement. Dans les ateliers, l'ancrage historique, les fondements philosophiques et pédagogiques qui sous-tendent le dispositif sont explicités. Cette clarification rompt avec l'illusion qu'il y aurait des savoirs intrinsèquement valides, c'est-à-dire dégagés du contexte social dans lequel ils se sont construits et sont transmis. Le fait de poser qu'il n'y a ni enseignement ni enseignant neutres donne la possibilité aux étudiants de se positionner et il n'est pas rare que les choix affichés fassent l'objet de critiques parfois acerbes. À la fin du second semestre 2000-2001, certains ont reproché aux enseignantes de ne pas être intervenues quand des projets s'acheminaient vers une impasse, de ne pas avoir été assez précises quant aux objectifs d'une telle pédagogie alors que d'autres pensaient que « l'abandon » dans lequel elles les avaient laissés leur avait permis de se forger leurs propres armes et que leur échec était aussi formateur. Ce n'est pas tant la mise en accusation d'une pratique qu'il est intéressant de souligner ici, mais le fait que les échanges se soient rapidement détournés de leurs « cibles » pour circuler dans le groupe. La confrontation n'était plus celle étudiants/enseignantes mais étudiants/étudiants, investissant un espace de liberté de parole, éprouvant les règles du débat démocratique.

C'est de toutes ces formes de confrontations internes et externes que naît et se développe l'attitude critique vis-à-vis de l'environnement, déclenchant un processus de distanciation et un questionnement des normes sociales intériorisées. On rejoint ici le concept de « conscientisation » de Paulo Freire pour lequel l'éducation ne peut être pensée indépendamment du pouvoir qui la constitue, ni détachée de la réalité concrète dans laquelle elle s'inscrit. Pour Paulo Freire, tout apprentissage doit se trouver intimement associé à la situation concrète vécue par l'élève. Le point de départ consiste à admettre que la liberté et la critique sont des données essentielles de la vie humaine. Le groupe de travail et d'échanges ou « cercle de culture » a pour principal objectif l'étude du langage dans le contexte d'une pratique sociale libre et critique. C'est par l'éducation en tant qu'acte politique et la « conscientisation » que l'homme pourra transformer la réalité, sa réalité. Freire oppose sa perspective à celle qu'il qualifie d'*éducation bancaire,* c'est-à-dire à celle qui se limite à déposer un savoir tout fait. Pour lui toute éducation doit être dialogique, basée sur les connaissances et la praxis des apprenants, et fortement enracinée dans leurs contextes culturels ; une pédagogie de la liberté implique l'adoption d'attitudes démocratiques, dans le cadre d'actions partagées par tous : enseignants et enseignés[1].

Faire référence ici à un article de Ines Barbosa de Olivera[2] fondé sur les recherches qui sont à l'origine de sa thèse *Pour une pédagogie de la transformation sociale*, nous paraît pertinent. Ses travaux s'appuient sur Habermas et sa conception de la morale entendue, dit-elle, comme « un ensemble de principes interactifs définis par les membres du groupe social (et non comme un ensemble de règles transcendantales), associé

---

[1] Freire, P., *Pédagogie des opprimés*, Paris, FM, Petite Collection, Maspero, 1977.

[2] Barbosa de O. I., *Pour une Université de transformation sociale*, Thèse soutenue à l'Université des Sciences Humaines de Strasbourg 1, 1993.

aux concepts d'égalité et de liberté (ce qui) permet de discuter la question du pluralisme de façon concrète ». Cette conception de la morale « implique une acceptation *a priori* de toutes les différences de conception morale et sociale ». Toujours selon Ines Barbosa de Olivera qui met en avant la coopération et la quête de l'entente mutuelle, et non plus l'exercice du pouvoir de ceux qui savent sur ceux qui ne savent pas,

> Au niveau interne des classes de l'école, l'établissement d'un fonctionnement démocratique, dans lequel les élèves participent activement au choix des contenus et des stratégies pédagogiques, devient dans ce cadre non plus une concession de maîtres « sympathiques », mais un impératif qui s'impose à tout enseignant engagé dans un projet de démocratisation de la société.

Notre projet pédagogique se comprend comme l'exercice d'un lien social qui se décrit en termes négatifs : non autoritaire, non pyramidal et non institutionnel, où le langage n'est pas seulement « objet d'intellection » mais aussi « instrument de pouvoir et d'action[1] ». Notre conception de l'éducation est une démarche d'émancipation des sujets sociaux « qui transforment le monde tout en se transformant eux-mêmes ».

## Les projets

En novembre 1995, les étudiants ayant participé aux ateliers. « Conception et réalisation de projets » l'année universitaire précédente, ont voulu apporter leur contribution au séminaire de préparation du contrat quadriennal intitulé « Quelle université voulons-nous ? », dans le cadre du groupe de réflexion « L'université, lieu de vie et de culture ». Ils ont donc rejoint les enseignants et personnels IATOS lors de leurs réunions hebdomadaires de préparation du séminaire pendant plus de six mois. Très investis dans les activités du Centre Interculturel de Vincennes à Saint-Denis (CIVD), ils avaient été confrontés à de multiples tracasseries et entraves administratives. De concert avec les quelques associations culturelles existantes, ils ont

[1] Bourdieu, P., *ibid.*

enquêté sur les rapports qu'elles entretenaient avec l'université et démontré la nécessité d'une véritable vie associative autonome à Paris 8. Le bilan des années de fonctionnement du CIVD (1985 à 1995) rédigé par son trésorier, Christophe Forgeot, joint au rapport de l'enquête, établit le constat suivant :

> De 1985 à 1992, le CIVD a rempli avec succès le rôle que ses fondateurs avaient espéré et conçu pour lui : l'université de Paris 8 n'a pas été seulement un lieu où les étudiants venaient « consommer » du savoir et étudier, mais aussi un lieu où tous, quel que soit leur statut au sein de l'université, pouvaient se rencontrer, se découvrir, se connaître, s'enrichir au contact de l'Autre.

Dans la suite de son texte, il rend compte des nombreuses actions qui ont été menées pendant cette période et dénonce le fait que le CIVD ait perdu une partie de sa « liberté d'action » au sein de l'université, ce qui a eu pour conséquence « la modification de son mode de fonctionnement au détriment de toute vivacité et toute rapidité d'action ». Il termine ainsi :

> Je me suis investi dans cette association parce qu'elle permettait aux étudiants de créer, ensemble. Je souhaite que le CIVD, véritable symbole d'interculturalité au moment où l'on ressent tant de tensions nationalistes, retrouve les moyens d'action qui ont contribué à l'amélioration du cadre de vie des usagers de l'université Paris 8 durant toutes ces années.

La participation au séminaire de préparation du contrat quadriennal 1996-2000 aura des répercussions immédiates. Les étudiants découvriront, grâce à l'un de leurs élus, l'existence « confidentielle » du FAVE, fonds « exclusivement destiné à l'amélioration de la vie étudiante ». L'existence de ce fonds, constitué par les prélèvements sur les frais d'inscription, a été complètement occultée. Il représente un budget considérable, utilisé par exemple pour la réfection de locaux dont le financement fait partie de la responsabilité de l'État. La lutte sera longue pour contraindre l'université à créer une ligne budgétaire spécifique, mais la motivation et la pugnacité des étudiants sont d'autant plus fortes qu'ils organisent depuis 1984 un festival interculturel annuel que l'université n'a jamais soutenu financièrement. Par ailleurs, au même moment, un groupe-projet de l'U.E. prépare une rencontre interculturelle *Le Triangle de l'Écumeur*[1] qui doit avoir lieu aux États-Unis à l'université de West Georgia en liaison avec des étudiants et enseignants de l'Institut universitaire des langues d'Irkoutsk (Russie) et de l'université de Torreón (Mexique) et pour laquelle le CIVD cherche des subsides. Il n'en obtiendra pas cette année-là, mais une ligne budgétaire propre sera créée à la rentrée suivante.

Dans leurs propos, les étudiants soulignent la non-prise en compte de leurs initiatives, mais insistent surtout sur la manifestation d'une violence institutionnelle à leur égard, dont l'interdiction du festival interculturel annuel, puis la destruction des archives du CIVD sont des illustrations, violence révélatrice de la crainte de l'institution de voir perturber un fonctionnement somme toute satisfaisant pour les enseignants et l'administration. L'université comme lieu de parole, de débats, de réflexion sur le monde contemporain n'est plus, pour l'instant, à l'ordre du jour. Cependant, face aux échecs massifs en 1$^{er}$ cycle, face à l'absence de projet fédérateur, ne devrait-on pas, ensemble, chercher à créer une dynamique de co-construction de sens, à opérer une articulation entre le « dedans » et le « dehors » ? Pierre Bourdieu disait, dans les années 1970, que :

> la situation scolaire en tant que situation linguistique d'un type particulier exerce une formidable censure sur tous ceux qui anticipent en connaissance de cause les chances de profit et de perte qu'ils ont étant donné la compétence dont ils disposent. Et le silence de certains n'est que l'intérêt bien compris[2].

---

[1] Couëdel, A., Blondeau, N., France, Kalentieva, T., Russie (2001) : Interculturalité et lien social – Un dispositif de rencontres internationales : *Le Triangle de l'Écumeur,* in *Dialogues et cultures* n° 45, actes du X$^{e}$ congrès mondial des professeurs de français, Paris, 17-21 juillet 2000, « Modernité, diversité, solidarité ». Tome 1, (p. 388-393). Cf. film vidéo et article *Le Triangle de l'Écumeur* (1999) :
http://www.archives-video.univ-paris8.fr/video.php?recordID=136

[2] Bourdieu, P., « Ce que parler veut dire », *Le français aujourd'hui* n° 41, mars 1978, p. 4-20, Intervention au congrès de l'AFEF, octobre 1977.

Un constat toujours actuel. Un aspect trop souvent négligé est le manque de motivation des étudiants résultant de l'absence d'ancrage des études dans la vie et du sens que l'université donne à leur vie. Bernard Charlot, dans sa contribution écrite à ce même séminaire, soulignait que

> pour un nombre croissant d'entre eux, l'université est vécue davantage comme un lieu d'acquisition de diplômes que comme un lieu de culture, comme un lieu fonctionnel spécifique dans une vie éclatée entre plusieurs espaces que comme le territoire de base du quotidien. Il est donc plus difficile à l'université de remplir une fonction culturelle au-delà des cours et d'être lieu de vie, c'est-à-dire comme un lieu d'élaboration de sens (du monde, de la vie, de la société, du rapport aux autres, du rapport à soi-même). L'université pourrait redevenir lieu de vie et de culture si elle contribuait à produire du sens – au-delà des cours, où il faut espérer qu'elle le fait.

Pour ce faire, il s'agit d'instaurer des liens nouveaux entre l'université et son environnement, un lien entre université et institutions où un certain nombre de questions sociales et philosophiques fondamentales sont aujourd'hui en travail. Toujours selon B. Charlot, « les étudiants manquent des références culturelles qui étaient les nôtres, en revanche, ils ont une expérience du monde, de la vie, de l'activité sociale souvent plus riche et plus diversifiée ». Comment prendre en compte cette expérience du monde, articuler ces savoirs à d'autres plus académiques dans un souci de cohérence et de production de sens ? En d'autres termes, de quel projet politique doter l'université ?

L'année universitaire 2000-2001, notre université a connu une période de graves tensions, avec une occupation d'étudiants sans-papiers qui a duré six mois et qui a considérablement perturbé la vie universitaire. La communauté universitaire dans sa grande majorité n'a pas éprouvé le besoin d'élucider les causes de cette révolte et a laissé la situation s'enliser. Pour sortir de l'impasse, on a cru bon de faire intervenir la police et de trouver des boucs émissaires parmi les occupants pour calmer le jeu. Il en résulte l'inculpation de quatre jeunes Tunisiens qui doivent passer en jugement, risquent des peines de prison et l'expulsion dans leur pays, que l'on ne peut guère soupçonner d'être tout à fait démocratique.

C'est souvent dans des moments de « crise », de perturbations fortes, que les étudiants décodent avec le plus d'acuité le fonctionnement institutionnel. Dans ce contexte de lutte, une étudiante chilienne des ateliers-projet a créé un site internet *Étudiants sans-papiers*, composé de onze rubriques : historique de notre université, conditions d'admission dans les universités, contributions d'enseignants, d'administratifs, de syndicats, communiqués à la presse, revue de presse, témoignages, pétitions, appel à réactions. Elle en explique ainsi l'objectif : « Ce site se veut avant tout un espace d'informations permettant un dialogue constructif pour que l'université garde toujours en elle l'esprit utopique de la Vincennes des années 70 ». En exergue sur la page de présentation, on peut lire : « Le savoir est fait pour être partagé sans distinction aucune », suivi de l'historique des lois concernant l'admission des étudiants étrangers en France ainsi que leurs répercussions : diminution du nombre d'étudiants (en 1982, 13 %, en 1999, 8 %, Européens et non-Européens inclus), arrivée d'étudiants prenant d'énormes risques en choisissant de venir en France sans passer par le filtrage des services culturels français du pays d'origine, etc. Cette page affiche : « Limiter arbitrairement l'accès d'étudiants étrangers compromet le rôle culturel et scientifique de la France, son action économique, le développement de ses universités et l'ouverture aux évolutions du monde actuel. Peut-on rester le pays des droits de l'Homme, quand on se ferme aux autres ? » Puis la présentation se termine par cette déclaration :

> Ce site a été créé par des personnes qui se sont senties concernées par les mesures discriminatoires prises à l'encontre des populations immigrées par les différents gouvernements français (France, patrie des Droits de l'Homme, où vas-tu ?). Son existence dépend de nous tous et toutes, de notre envie de disposer d'informations les plus objectives possible, préalables à l'instauration d'un dialogue serein, et qui sait, à l'émergence de solutions... Voilà nos « prétentions ».

Aurait-il été possible d'éviter cette crise ? Henry Lefebvre pensait que si l'on n'exerçait pas la fonction critique, on allait vers la crise. La présence d'un nombre relativement élevé d'étudiants en provenance des pays du Sud suscite chez certains acteurs de notre université une attitude de rejet. Sans doute qu'en introduisant de l'hétérogène et du complexe, ces étudiants « dérangent », créent du malaise. Cette notion de « dérangement », telle que l'entend Patrice Ville[1], n'étant jamais questionnée, l'université connaît régulièrement des situations « critiques ». La reprise en main par la force plutôt que par le débat démocratique repousse toujours à plus tard l'examen des problèmes de fond qui traversent la société : rapports nord/sud, villes/banlieues, cultures dominantes/cultures dominées. Autant de questions qui trouveraient sans doute des réponses plus satisfaisantes, du moins à Paris 8 , si les étudiants français/étrangers, à l'occasion de leurs enseignements, pouvaient prendre part à des projets communs, ce qui contribuerait peut-être à relever certains défis de société ; il s'agit en fait, comme le dit Jacques Ardoino[2], de développer une intelligence des contradictions et du conflit, à laquelle ne préparent pas nécessairement les formations disciplinaires, restaurer la communication entre les acteurs, c'est-à-dire « la reconnaissance d'une hétérogénéité, de la légitimité des différences entre les partenaires, tenant à leurs backgrounds respectifs (histoires, formations, expériences) et à leurs implications, ainsi qu'aux intérêts en fonction desquels ils se positionnent les uns par rapport aux autres ».

Deux autres projets concernant les rapports nord/sud ont vu le jour pendant l'année universitaire 2000-2001. Le premier *Lib'air ta pensée* a consisté à mettre en place trois journées sur le « commerce équitable » dans l'enceinte de l'université. « Une prise de conscience est essentielle afin de saisir le sens de nos initiatives », écrivent les étudiantes dans leur dossier de

---

[1] Ville, P., « Ça vaut le dérangement », *in De la critique en Education, Pratiques de Formation/ Analyses, Formation permanente de Paris 8*, 2002, p. 41-48.

[2] Ardoino, J., *Les avatars de l'éducation*, PUF, collection Éducation et formation, 2002.

présentation. « Le commerce doit acquérir une conscience [...] Il nous questionne sur les relations nord-sud et sur la production de masse ainsi que sur les facteurs sociaux et écologiques qui devraient être le point central de toutes les activités sociales : la production de l'homme pour l'homme ? » L'une des actrices du projet, Juliette, conclut :

> Ces trois journées ont débouché sur une démarche auprès du CROUS (Centre régional des œuvres universitaires et sociales) afin qu'il propose des produits « commerce équitable » aux étudiants de l'université. [...] L'expérience a été en tout cas très enrichissante et ce cours m'a permis de faire des choses dont je ne me croyais pas capable en plus de découvrir l'univers fac sous un tout autre jour. ! Fascinant ! [...] Cet esprit de critique aussi et de continuelle remise en question de l'institution dans laquelle nous nous trouvons me semble intéressant et me permet d'être désormais plus attentive et plus proche de la fac, de me sentir aussi plus étudiante, plus impliquée dans le système avec une merveilleuse impression de pouvoir.

Le second projet, *À la rencontre d'un village... Cultures croisées à Akoumapé*, concerne la création d'une bibliothèque dans un « village » de trente mille habitants au Togo. Pendant un an, les étudiants ont élaboré le projet : montage des dossiers de demande de subventions, prise de contact avec les villageois, obtention des autorisations des chefs traditionnels, collecte des livres... Appuyés par l'Agence intergouvernementale à la francophonie pour l'acheminement des 1 500 livres obtenus – principalement pour enfants et adolescents – huit étudiants dont l'un, Togolais, initiateur du projet, sont partis travailler au mois d'août dans le village. En trois semaines, le local destiné à la bibliothèque a été restauré et aménagé, les livres ont été classés et un système de prêt, mis en place. L'inauguration a eu lieu en présence des habitants, des chefs coutumiers en grand apparat et d'une délégation préfectorale. Elle a été prolongée par la représentation d'une pièce de théâtre que les étudiants ont écrite et mise en scène avec les jeunes du village. À la suite de cette initiative, les chefs coutumiers ont fait don d'un terrain pour la construction d'un centre social destiné aux jeunes. Les étudiants sont à nouveau partie prenante de cette initiative.

Quelle a été la contribution du FAVE, pour ces deux projets ? Alors que *Lib'air ta pensée* a reçu une subvention, le projet Akoumapé, s'est vu par deux fois refuser toute aide sous le prétexte suivant : « la commission FAVE collectif s'intéresse prioritairement aux actions qui ont un impact sur le site de Paris 8 » (12/03/2001). Un large mouvement de soutien a été nécessaire pour que les étudiants bénéficient finalement d'une subvention, non pour le projet lui-même, mais pour « la réalisation d'une exposition » sur le Togo à leur retour. Interprétation étroite de la circulaire ministérielle que souligne Lucette Colin, enseignante en Sciences de l'Éducation et directrice de l'UFR 8, dans sa lettre adressée aux membres de la commission :

> Il me semble (que ce projet) présente un intérêt particulier, en relation avec l'une des caractéristiques de notre université : le taux d'étudiants étrangers (et africains) le plus élevé de France. Mettre en place, ne serait-ce qu'à titre expérimental, un projet de liaison entre des étudiants de Paris 8 et les réalités d'un village africain, proposer une activité de type ONG, avec l'organisation d'un retour au niveau des étudiants de Saint-Denis est une idée qui est loin d'être inintéressante. Sans doute la commission qui attribue les crédits du FAVE peut parfaitement estimer qu'un tel projet ne contribue pas à l'amélioration de la vie étudiante, et que financer ce projet est une décision de type politique. On peut aussi penser que cette initiative contribue à penser différemment l'accueil de nos étudiants étrangers dans le sens d'une coopération, ce qui aurait des répercussions directes sur le rapport que les étudiants entretiennent avec leur vie universitaire à Paris 8[1].

Notre conception de l'éducation, on l'aura compris, comporte « *une dimension résolument politique dans la mesure où le projet est porté par des acteurs, des auteurs, par des personnes qui ne sont pas prises dans un programme avec un chef de programme qui impose des modèles*[2] ». Elle s'appuie sur une démarche d'émancipation des sujets sociaux capables de s'adapter aux nouvelles réalités sociales et économiques ou de les combattre. Le dispositif de pédagogie de projet stimulant

---

[1] La citation de cette lettre compte sur l'aimable autorisation de Lucette Colin qui l'a écrite à une commission de subvention de projets d'étudiants.

[2] Guy Berger, lors de la rencontre du Triangle de l'Écumeur à Paris 8, en 1997.

l'émergence d'actions de transformation permet d'accueillir le réel, de le penser, de l'analyser, de le mettre, collectivement, à l'épreuve du sens. Il s'agit de susciter chez les étudiants un questionnement permanent sur le monde, une interrogation sur leur place et leur engagement, sans occulter ce qui paraît antagoniste ni neutraliser ce qui se présente comme concurrent. C'est l'accès à la complexité qui appelle, selon Edgar Morin, « [...] une réforme de la pensée, c'est-à-dire une réforme qui instituerait le principe de reliance, en rapprochant ce qui jusqu'à présent était conçu de façon disjointe et parfois répulsive[1] ».

Pour ne pas conclure, nous laisserons la parole à l'un des acteurs des rencontres du *Triangle de l'Écumeur* :

> Cette pédagogie permet, justement, que les individus se rencontrent et prennent conscience de leurs différences, certes, mais, il y a aussi ce réseau formidable de relations qui peuvent se tisser ! En ce sens, ça nous apparaît comme quelque chose d'absolument essentiel. Moi, je pense que c'est certainement une formidable réponse à l'exclusion, probablement à l'indifférence aussi ! [...] Il n'est pas très intéressant pour nous de fonctionner dans un vase clos, il faut absolument qu'on s'ouvre. Donc, cette idée de réseau un peu « satellitaire » nous permet, justement, de réaliser ça et de nous diffuser. L'intérêt pour nous, ce serait que plus on est nombreux à aller dans cette direction, justement, plus il y aurait de compréhension mutuelle. Moi, je place ça vraiment sur un plan aussi humain parce qu'on est quand même sur une fin de siècle un peu difficile et il est, quelquefois, essentiel de recentrer les choses et de contextualiser un peu toutes ces déviances, je dirais culturelles, ces exclusions culturelles, etc. Là, je me place sur un point de vue presque franco-français, mais, il est bien vrai que, on peut l'observer aux États-Unis, c'est une espèce, vraiment, de scission, de mur érigé entre les différentes communautés. Il n'y a rien qui passe, il y a, comme ça, plusieurs communautés, mais il n'y a pas de communication entre elles. Si ça pouvait aider, justement, à faire éclater ces murs[2]...

---

[1] Morin, E. et Bonnefoy, Y., *Articuler les savoirs. L'enseignement de la poésie*, ministère de l'Éducation nationale, de la recherche et de la technologie/ CNDP, 1998.

[2] Nacer Khelouz, 3e rencontre du Triangle de l'Écumeur de juillet-août 97 à Paris 8 (transcription avec l'aimable autorisation de Nacer Khelouz).

# VIOLENCE ET INSTITUTION[1]

***René Lourau***

« [...] la patience et la douleur du négatif »
G.F. Hegel

Un « zoreyes » vient à Saint-Denis de la Réunion pour parler de violence institutionnelle. La moindre des choses est de signaler son implication dans l'objet de sa communication. Son application évidente est l'appartenance nationale et ethnique (sinon sa participation inconsciente) au processus connu sous le nom de colonisation. Européen, Français, je participe mentalement, que je le veuille ou non, à une entreprise gigantesque de violation des droits humains.

Aussi, avant de prendre l'avion pour la Réunion, ai-je confié à mon fils Julien (28 ans, musicien de jazz) mon obscur désir de remplacer ma communication par la lecture du discours sur le colonialisme, que le grand poète antillais Aimé Césaire a publié en 1955 aux Éditions Présence africaine. Julien semblait plutôt favorable à cette idée. Bien que je ne l'aie pas finalement retenu (crainte de tomber dans la démagogie), je veux rappeler les terribles formules que Césaire lance pour nous rappeler à l'ordre, nous Européens : il parle de l'ensauvagement de l'Europe par le colonialisme, de la barbarie européenne et aussi du risque fatal qu'elle prend en « remâchant le vomi d'Hitler ».

I - Avant de parler de la violence institutionnelle que nous connaissons tous lorsque nous la subissons et que nous méconnaissons lorsque nous l'exerçons en nous identifiant plus

[1] Texte présenté par René Lourau au Séminaire « La violence en question. Association Réunion Solidarité » – 3 et 4 avril 1998 – Saint-Denis de la Réunion.

ou moins à l'institué, soulevons un point théorique qui oblige à rencontrer la violence bien en amont de ses sites privilégiés.

Il s'agit de la violence du concept (tel que l'Europe, s'appuyant sur la Grèce antique, s'en enorgueillit) et, ici, du concept d'institution.

Si une notion sert à reconnaître immédiatement des choses simples et souvent familières, comme la notion de table, c'est parce que le contexte dans lequel elle est utilisée permet en général de réduire l'extension de ses significations et d'entrer assez facilement dans sa compréhension. Quelle que soit sa forme, et en excluant des extensions comme table des matières, table de multiplication ou Table de la loi, on comprend à quoi l'on a affaire avec le mot « table ».

Le concept, en revanche, se caractérise par un jeu de forces plus intense entre la compréhension et l'extension. Le concept de liberté – ou celui de violence ! – offre une compréhension d'autant plus difficile à établir que leur extension est plus vaste. Dans les termes de la logique aristotélicienne revue par le logicien contemporain Stéphane Lupasco, l'on dira qu'il y a antagonisme, contradiction, entre l'actualisation de l'une (disons : de la compréhension) et la potentialisation de l'autre (disons : de l'extension). Plus la compréhension est forte, moins l'extension est grande, et réciproquement. Bien du sang a coulé et coulera à la suite de cet antagonisme, de cette contradiction. En période pacifique, les éternels débats philosophiques, juridiques ou politiques se nourrissent de cet aspect bipolaire de tout concept.

Les choses deviennent encore plus dramatiques si, dépassant la logique binaire, aristotélicienne (ainsi que le fait déjà Lupasco en faisant de la contradiction entre les deux phrases aristotéliciennes un troisième moment), l'on pose avec la dialectique hégélienne le jeu de trois moments sous le signe généralisé du travail du négatif.

Un concept – et donc notre cerveau – fonctionne dans une dynamique violente de dépassement, de négation, de contradiction, régissant les rapports entre ses trois moments dialectiques :

– moment de l'universalité ou unité positive : la liberté, par exemple, consiste en général à faire ce que l'on désire ;

– moment de la particularité ou négation simple du premier moment ; la liberté, dans son exercice concret, est soumise à bien des particularités de la situation spatio-temporelle, a bien des conditions sociales qui la font s'éloigner de la trop belle définition « positive » ; c'est sur cette phrase que s'appuie la morale kantienne du « ne pas faire aux autres ce que l'on n'aimerait pas que l'on nous fasse », comme « maxime universelle » simplement négative ;

– moment de la singularité ou unité négative, ou seconde négation, négation de la négation : la liberté, pour un individu ou un groupe singulier dans une situation singulière, consiste à nier partiellement la première négation et à récupérer une partie de la première affirmation afin de pouvoir, à tout instant, *inventer, ré-inventer* l'acte d'être libre, à nos risques et périls.

Les trois moments dialectiques ne sont pas, sauf pour les besoins de l'exposé ou de la description, successifs, mais concomitants. Une image concrète serait celle de phrases et de déphasage continuel. Le négatif n'intervient pas seulement dans la temporalité, dans la chronologie, mais dans le permanent travail du concept, c'est-à-dire dans notre manière de réfléchir et d'agir. La violence est toujours là, même lorsque nous ne l'imaginons pas, dans ces déphasages de proche en proche, pour reprendre un autre logicien contemporain, Gilbert Simondon, définition de l'approche transductive en logique. Par exemple, la violence du mouvement de libération initié par Gandhi en Afrique du Sud et développé en Inde ne surgit pas soudain après la victoire sur l'occupant britannique : elle est déjà là dans le mouvement qui, plutôt que non-violent, devrait être dénommé « résistance non armée ».

L'analyse institutionnelle, s'appuyant sur la dialectique hégélienne, distingue trois moments du concept d'institution :

– l'institué (moment de l'universalité)
– l'instituant (moment de la particularité)
– l'institutionnalisation (moment de la singularité).

L'Instituant oppose à l'Institué sa négation pacifique ou non pacifique. Il est du reste, sous ses formes les plus douces, ce qui permet à l'institué de ne pas se confondre avec la stabilité, qui n'est autre que l'immobilité de la mort biologique. L'équilibre homéostatique de l'institué est un équilibre métastable et non une harmonie, un accord parfait du genre do-mi-sol. Non-violent ou violent (en fait toujours perçu comme violent par l'institué, le *statu quo*), l'instituant travaille la fausse unité positive, le leurre de la positivité, pour engendrer des formes nouvelles, lesquelles vont entrer en équivalence avec les formes sociales établies, reconnues par l'État : c'est ce que l'on nomme l'institutionnalisation.

La violence du processus d'institutionnalisation a été bien analysée par le sociologue Max Weber, à propos de la religion. Sa description s'applique à toute institution. Il parle de la routinisation du charisme pour montrer le mouvement contradictoire qui va de la prophétie initiale à la consolidation par la tradition et finalement la bureaucratie. À la fin du processus, on a oublié le projet des débuts, la prophétie initiale, au nom de la raison, du réalisme et de ce que l'on nomme aujourd'hui, si faussement, le pragmatisme.

Ce modèle théorique peut être cependant corrigé : il fait la part trop belle à une genèse sociale de l'institution dans laquelle le « bon vieux temps » de la vérité pure et dure serait toujours derrière nous et où il suffirait d'un peu de bonne volonté pour entreprendre un « retour » à Marx, à Freud, à Jésus, à Mohammed ou à Moïse, ou à une mythique « identité culturelle », etc.

Tout n'est pas aussi simple. Si l'on y regarde de plus près, le moment du charisme, de la prophétie initiale, n'a rien de « pur » (horrible danger du mythe de la « pureté »). Notre imagination embellit les commencements, en politique ou en religion comme en amour. L'imaginaire trompeur est fondamentalement... fondamentaliste, intégriste. En réalité, le projet initial, aboutissant à une institutionnalisation (les droits de l'Homme, le communisme, etc.) est lui-même pris dans la contradiction, soit par la « folie » utopique de la liberté humaine que le Grand Inquisiteur de Dostoïevski dénonce face à Jésus revenu sur terre (*Les Frères Karamazov*), soit, plus généralement, par la soif de pouvoir, la libido de domination que l'instituant cache ou même se cache à lui-même derrière les intentions les plus altruistes. Peggy a décrit ce processus, à propos des premiers dreyfusards devenus hommes de pouvoir, avec une rage lucide puis aveugle.

Étudiant la naissance et le développement de l'École française de sociologie, un historien américain montre comment les « prophètes » deviennent des patrons.

Si la sociologie wébérienne de l'institution a pour paradigme l'échec de la prophétie, l'analyse institutionnelle modifie ce paradigme en disant qu'il s'agit en fait de l'échec de la prophétie de l'échec.

Naturellement, ce n'est pas dans le ciel des idées que ce processus autrement contradictoire a lieu. Les circonstances, le contexte historique, sont déterminants, et non une quelconque « erreur humaine ». C'est ce que je vais essayer d'illustrer à propos de la violence institutionnelle aux deux extrémités de son éventail : à l'extrême de la répression, avec le cas très singulier du mouvement des Mères de la Place de mai, en Argentine ; et, à l'autre extrême, celui que je nomme l'intropression, avec la violence institutionnelle quasi invisible du système d'enseignement tel que nous le connaissons en France.

II - Le mouvement des Mères de la Place de Mai de Buenos Aires est né, voici une vingtaine d'années, en pleine dictature militaire, et tout en ayant évolué, reste toujours vivant. Il est né pour répondre à un type de répression à la fois classique et singulier.

Le premier degré de la violence pour la dictature argentine (1976-1982-1983) est classiquement l'arrestation arbitraire des opposants ou supposés tels, en dehors de tout recours au code pénal.

Le deuxième degré consiste, selon un schéma que le nazisme a illustré sur une vaste échelle, à vider partiellement les prisons et autres lieux d'enfermement des « politiques » afin de procéder à des exécutions sans jugement.

Quant au troisième degré, il est lui aussi inspiré des procédures d'extermination à grande échelle suivie de l'effacement des crimes contre l'humanité : les fours crématoires nazis servaient à faire disparaître toute trace des cadavres à la sortie des chambres à gaz. Le concept clé de la violence répressive en Argentine devient donc la disparition de ses propres traces, selon des moyens moins industriels que ceux des nazis : enterrement anonyme dans des lieux ignorés, personnes encore vivantes jetées du haut d'un avion dans les eaux du Rio de la Plata, etc. La disparition est la négation de la négation (du crime), le Négatif absolu.

Face à cette violence à trois étages de l'institué, les modes d'action « non violents » des Mères présentent une grande originalité.

Voyons d'abord les réponses classiques : elles réagissent en exigeant l'arrestation et le châtiment des coupables, s'opposent au *Punto final* (point final) décrété par le premier gouvernement démocratique après la dictature, puis à *l'Indulto* (l'indult, amnistie générale) proclamé par le second gouvernement, l'actuel, celui de Carlos Menem.

Simultanément à ces revendications et luttes traditionnelles, les Mères inventent une sorte de contre-violence en niant systématiquement la mort de leurs enfants disparus – mort dont elles sont bien évidemment persuadées, comme tout le monde, du fait même de leur « disparition », y compris de toute liste macabre. Ici la négation de la négation consiste à faire imaginairement violence à la vérité trop évidente, aux données factuelles hélas trop avérées, afin de mettre en relief l'irréalité inhumaine des crimes commis et le cercle vicieux dans lequel la dictature a déposé sa violence.

Matériellement, elles exposent leur « folie » volontaire et très consciente en effectuant une ronde, tous les jeudis après-midi autour de l'Obélisque central de la Place de Mai, à quelques dizaines de mètres du palais présidentiel, foyer de la violence sanguinaire pendant la dictature. Qui le désire peut se joindre à elles, silencieusement ou en chantant.

Cette contre-violence, cette violence rentrée et en même temps exhibée, n'est pas restée, durant vingt ans, repliée sur elle-même. Les Mères sont solidaires des luttes sociales, accueillent dans leur ronde grévistes et autres contestataires. Le mouvement subit, naturellement, la violence de l'institutionnalisation, de la durée ; il s'est scindé en deux tendances, cependant que les Grands-mères créaient de leur côté leur association et que, plus récemment les Enfants en faisaient autant, apportant un climat différent, plus détendu bien que tout aussi déterminé. Depuis 1996, le siège social des Mères, tout en conservant son atmosphère conviviale est en cours d'informatisation...

Institutionnalisation ? Il est vrai que cet affrontement épique entre deux formes de violence ne devrait pas connaître de fin, même après la mort des acteurs des deux camps. À la violence nue, exhibitionniste, de l'état totalitaire, la contre-violence des mères oppose un mode pacifique de violence – la violence du refus, celle d'Antigone – qui peut nous donner à réfléchir en cette époque où le mot « violence » est d'une actualité douloureuse, et pas seulement dans l'île de la Réunion.

III - *Si le concept de répression peut se promener de la sociologie politique jusqu'à la psychanalyse (la répression des affects, idées Unterdrückung) je peux bien emprunter à un psychanalyste assez déviant*, Sandor Ferenczi, le concept d'*intropression* pour désigner, à l'autre bout de l'éventail de la violence, sa forme la plus subtile, « innocente », intériorisée non seulement par le bourreau mais, à des degrés divers, par la victime.

Le cas de la violence institutionnelle de l'école est vu ici sous l'un de ses aspects les plus méconnus – ce qui n'exclut pas les autres modes de violence institutionnelle, de l'imposition, de l'inculcation, de la répression simple, que d'aucuns s'acharnent à qualifier bien inutilement de « symbolique ». Comme l'affirmait plaisamment le poète dadaïste Jacques Vaché, l'essence des symboles est d'être symbolique. Laissons donc de côté la tautologie, chère à la logique instituée, en faveur du concept que Ferenczi, à la fin de sa vie, produit en référence aux rapports adulte-enfant – ce qui nous conduit à entrer sans effraction dans le champ scolaire (on ne traitera pas ici de l'institution familiale et de sa violence, bien connue et bien censurée, à la Réunion comme ailleurs). Le concept d'intropression apparaît dans les toutes dernières pages du journal clinique, que Ferenczi tient régulièrement durant l'année 1932 qui précède celle de sa mort. Publié plus d'un demi-siècle après sa rédaction (cas fréquent de la violence de l'institution éditoriale s'appliquant au diarisme), ce journal de bord d'un psychanalyste en pleine activité expérimentale (ce qui déplaît de plus en plus à son ami et maître Freud) définit l'intropression comme la forme habituelle, et non exceptionnelle, du rapport entre l'enfant et l'adulte. Même si l'ultime communication écrite du psychanalyste porte sur ce problème, le nouveau concept n'y figure pas. La maladie et la mort interrompent donc son élaboration très prometteuse. Le mot est formé par la contraction de deux autres concepts : introjection et répression.

Je propose de signaler quelques événements d'une grande banalité mais non reconnus comme violents, qui dans l'institution scolaire assurent – ou assuraient – l'identification minimale des enfants et adolescents à ladite institution. Je précise : « assuraient », car l'hypothèse que je défends ici est que ce lien identificatoire par intropression est précisément ce qui est en crise profonde. C'est donc l'effondrement de l'une des finalités principales de l'école – produire et renforcer l'intropression – qui peut être à l'origine de la violence de l'école. Ainsi se construit pour l'intropression le statut d'analyseur de la violence scolaire.

D'autres fonctionnalités sont perdues ou suspendues par l'institution scolaire, et je ne m'y attarderai pas : fonction de réservoir du savoir nécessaire et suffisant pour les enfants des classes populaires, de socialisation simple par le groupe-classe, accès aux diplômes de base (certificat d'études primaires, puis brevet élémentaire, puis baccalauréat), etc.

Des pédagogues actuels insistent, dans l'indifférence générale, sur la responsabilité du système scolaire dans la production de la déviance et de la violence. C'est le cas de Raymond Fonvieille, instituteur émérite, ancien responsable du mouvement Freinet et co-inventeur de la pédagogie institutionnelle [1] ; ou de Bernard Defrance, professeur de lycée, suspendu de ses fonctions en 1997 pour cause de pédagogie audacieuse[2]. Eux et quelques autres, mettent l'accent sur la forte résistance du système à penser – ou seulement à parler – la pédagogie, c'est-à-dire les modes de relations instituées entre

---

[1] Fonvieille, R., *L'aventure du mouvement Freinet*, Paris, Méridien-Klincksieck, 1989 ; Fonvieille, R., *Naissance de la pédagogie autogestionnaire*, Paris, Anthropos, 1998. Voir aussi sa participation à l'ouvrage collectif *Les pédagogies autogestionnaires*, Ivan Davy éditeur, 1997, sous la direction le Patrick Boumard et Ahmed Lamihi.

[2] Defrance, B., *La violence à l'école*, Paris, Syros-Alternative, 1998 ; et *Discipline et punition à l'école*, Paris, Syros-Alternative, 1992.

enfants et adolescents, d'une part, et d'autre part, adultes. Le secret nullement mystérieux d'un dispositif non soumis au principe médiéval d'autorité est dans la recherche d'une autogestion toujours problématique, de l'acte d'apprentissage.

Dès qu'un mode de relation politiquement non autoritaire est institué, apparaissent comme en creux les multiples formes de l'intropression scolaire. L'établissement scolaire est hors la loi, hors des droits de l'homme. Le scolarisé est évalué par les personnes qui sont à la fois juges et partie. Il n'a guère de recours, par rapport à ce qui existe juridiquement pour le citoyen moyen. Hors du Code civil et du Code pénal, la vie scolaire est faite d'actes de domination, cette dernière est exercée par des personnels dont le statut social est de plus en plus contradictoire avec l'étendue supposée de leurs pouvoirs.

L'expérience montre que les évaluations, validations et sanctions sont largement fonction du statut social de l'établissement, du recrutement, du quartier, de la commune, etc. Sans même connaître dans le détail les plus expresses réserves que l'inventeur de la docimologie, Henri Piéron, exprima à la fin de sa vie sur la « science » qu'il avait produite, une sorte de cognitivisme « de gauche » tend à tout centrer sur le rapport au savoir et à ses modes de contrôle. L'enquête très récente du ministère dans les lycées montre très clairement que les lycéens sont moins impliqués dans ce fameux et abstrait rapport au savoir que dans le rapport à l'institution scolaire, faite de comportements qui font violence à son discours officiel.

Le plus grave, en effet, est peut-être la contradiction entre les modes effectifs de gestion de l'espace et du temps scolaires et la parole officielle évoquant les valeurs d'égalité, de liberté, de solidarité, etc. Dans la réalité de l'institution, les normes de compétitivité, d'accomplissement individualiste, d'obéissance aveugle, opèrent une négation absolue des valeurs de solidarité, de travail collectif, de réflexivité, d'égalité, de créativité. C'est ici que s'exerce la violence la plus dommageable. Et que les clients du système scolaire perçoivent le plus cruellement la contradiction. D'où l'affaiblissement et, parfois, l'effondrement de l'intropression, de l'identification à l'institution, devenue non seulement symbole vide et mort, mais provocation au bon sens. Il y a effondrement du symbolisme, accentué par l'arrivée de nouvelles couches de scolarisés dont le milieu familial ne peut absolument pas servir de propédeutique et l'intropression scolaire. On ne croit plus aux vertus de l'institution scolaire, pas plus qu'à celle de l'Académie française ou des organes de gestion publique ou privée.

Un néocolonialisme « **soft** » s'est institutionnalisé depuis que les héritiers de mai 68 ont eu le temps de renier trois fois, tel Saint-Pierre, les promesses d'un printemps. L'institution scolaire est devenue profondément réactionnaire, tournant le dos à ce que l'ONU a institutionnalisé en 1989 avec la Charte des droits de l'enfant, un demi-siècle après la mort tragique de l'inventeur de ce concept, le médecin et pédagogue polonais Januçz Korczak.

Parmi les droits accordés à l'enfant par la charte, celui d'être traité comme une personne à part entière, et non comme quelqu'un à qui il manquerait quelque chose – l'adultéité – est fondamental pour envisager une révolution pédagogique. Si le scolarisé se révolte à un âge de plus en plus précoce, c'est bien parce qu'on (l'institution) ne lui reconnaît pas un territoire à gérer avec les enseignants. Ce besoin pour ainsi dire *éthologique* (cf. les recherches de Jean-Claude Rouchousse) a été bien compris par les grands pédagogues de la participation et de l'autogestion pédagogique, de la pédagogie instituante, comme Januçz Korczak, Célestin Freinet et, s'agissant des adultes, Paulo Freire. En France, les établissements expérimentaux comme le LAP (lycée autogéré de Paris), dépendant de l'Éducation nationale, expérimente cette seule alternative possible à la pédagogie autoritaire, laquelle est plutôt une absence irresponsable de pédagogie. Cette absence produit à son insu la violence de l'école, par un usage aveugle avec de l'intropression (de plus en plus inopérante) de l'adulte sur l'enfant.

Violence de l'institution... C'est-à-dire notre propre violence qui, sans jamais atteindre la visibilité et l'horreur de la répression politique comme dans l'exemple de la dictature argentine, n'en est que plus difficile à éradiquer de nos têtes.

# VIVRE ENSEMBLE ET CONSTRUIRE LA CITOYENNETÉ : QUELS DISPOSITIFS PÉDAGOGIQUES ?

*Assane Diakhate*

## 1. Introduction

La question de la diversité, en général, et de la citoyenneté, en particulier, devient de plus en plus une préoccupation et intègre différentes politiques publiques. Elle est d'autant plus préoccupante quand elle se pose dans des sociétés appelées à mener une lutte contre différentes formes de discrimination et une quête perpétuelle d'une vie ensemble et de paix sous ses différents aspects. Dans ce sens, construire la citoyenneté dans un contexte de diversité constitue une question de politique publique dans le sens où sa prise en charge devient complexe et une question d'étude et de recherche quand on s'intéresse à comprendre ou à expliquer certains phénomènes. C'est ainsi qu'il est important de comprendre et d'expliquer certaines questions liées à la religion, à l'immigration, aux crises d'identités, etc. Au lieu de laisser le champ libre à certains dérapages et à la polémique, on soumet à l'étude scientifique les représentations et toute forme de haine ou d'intolérance. Les soubassements et fondements des questions de xénophobie, d'homophobie, d'islamophobie ne peuvent être compris sans une prise en charge par la recherche. De telles attitudes ne peuvent être aussi combattues et éradiquées sans un changement profond de comportement.

Dans cette optique, la question ne peut être abordée sans faire fi de l'école et des pratiques pédagogiques. Elle se justifie par le lien étroit qui existe entre toute entreprise de transformation de la société ou de promotion et le développement d'une quelconque attitude. Se pose alors la question du type d'intervention efficace à mener pour pallier ces dérives. Il est donc plus qu'intéressant de voir ce qui fait la spécificité du Sénégal, de chercher à comprendre la question de la diversité et de voir la méthode d'intervention à mener. Notre objectif est d'expérimenter la pédagogie interculturelle pour construire une société de paix, de tolérance et de solidarité.

Pour explorer la question, nous tenterons de voir le cas du Sénégal et sa spécificité. Ce qui nous amènera à analyser son système éducatif en interrogeant surtout ses programmes et les pratiques d'enseignants. Ce questionnement sera suivi de la description et de l'analyse de l'expérimentation.

## 2. Vivre ensemble dans la diversité au Sénégal : quelle spécificité ?

### *Les caractéristiques de la diversité au Sénégal*

Notre recherche exploratoire nous a permis de faire d'abord deux remarques. La première remarque est relative à la rareté des travaux de recherche sur la question de la diversité au Sénégal. La deuxième remarque nous a amené à constater une certaine négligence des problèmes liés à la diversité et une compréhension restrictive de la notion. Certains penseraient que cette question ne se pose pas tant dans son importance que dans sa complexité au Sénégal.

Il s'avère donc plus qu'important de mener des recherches dans ce domaine étant donné que les différents problèmes liés au rapport à l'autre, qu'ils soient du racisme, de l'ethnocentrisme ou de différents stéréotypes, sont plus qu'actuels au Sénégal. Notre pays ne peut pas s'offrir le risque d'ignorer des problèmes sociétaux actuels, en général, et de ceux liés à la diversité, en particulier. Cette diversité est à la fois ethnique et religieuse.

Plus d'une dizaine d'ethnies cohabitent au Sénégal. Parmi elles on note les Wolofs, Les Sérères, Les Diolas, les Peuls, les Mandingues, les Soninkés, les Manjaques, etc.

Dans le domaine de la religion, nous avons une diversité qui se présente sous plusieurs aspects. L'on notera que la religion musulmane pratiquée par plus de 90 % de la population se présente sous une forme diversifiée. Sa singularité est relative au caractère confrérique de l'islam au Sénégal (Tidjane, Mouride, Khadre, Layène). Ces confréries, concentrées dans de grands foyers religieux comme Touba ou Tivaouane, se diversifient encore avec l'existence d'autres grands centres religieux qui gardent une certaine autonomie[1].

Il est nécessaire de souligner d'emblée que cette situation ne semble pas être une préoccupation, tant pour les chercheurs que pour les populations. Dans les différents espaces publics, on parle souvent de communautés ethniques qui vivent dans une parfaite entente en avançant l'argument d'une cohésion renforcée par des rapports coutumiers et traditionnels très ancrés dans les mœurs de la société. Le pilier fondamental de ces relations, partagé avec d'autres peuples africains, se trouve être ce qu'on appelle le cousinage à plaisanterie[2].

Ainsi, les Peuls et les Sérères sont des cousins naturels et se font des blagues. C'est le même cas entre Diola et Sérères. Ce sont des relations qui datent de loin et qui sont nées dans des circonstances parfois légendaires.

Aussi, les richesses et les variétés culturelles cachent une certaine uniformité qui se manifeste dans plusieurs domaines. Au niveau de certains rites ou initiations, nous voyons les mêmes pratiques dans la quasi-totalité des ethnies. Ainsi, la circoncision avec tout ce qu'elle comporte comme signification est pratiquée par toutes les ethnies et marque le passage de l'adolescence à l'âge adulte.

Dans le domaine du sport et des fêtes, cette uniformité ou cohésion est aussi très manifeste. C'est le cas de la lutte traditionnelle sénégalaise où le « Mbapatt »[3] est pratiqué aussi bien chez les Sérères que chez les Wolofs, Lébou, Diola, etc.

---

[1] Wane, B., « L'Islam au Sénégal, le poids des confréries ou l'émiettement de l'autorité spirituelle », 2010. Thèse de doctorat Université Paris-Est.

[2] Niane, D. T., « La parenté à plaisanterie : origine historique, fonction préventive et régulatrice dans l'espace ouest-africain », *in Initiative de valorisation des capacités africaines endogènes dans la gouvernance et la prévention des conflits*, t. 2, octobre 2005, p. 13 (www.oecd.org/dataoecd/59/31/).

[3] Combat de lutte organisé après les récoltes et opposant des lutteurs de différentes contrées et souvent pendant la nuit au clair de lune ou le soir.

Il en est de même pour certains jeux traditionnels tels que le « *Langa bouri*[1] » ou l'« *Awalé*[2] ». Le premier jeu est marqué par son caractère violent car celui qui retrouve l'objet caché pourra donner une fessée à toute personne se trouvant sur son chemin. Il faut noter dans ce cadre que la fessée fait partie des méthodes de sanction bien présentes dans la société sénégalaise et infligées aux enfants coupables aux yeux de leurs parents ou des personnes en charge. Cela reflète une autre forme de conception de l'enfant qui n'est pas considéré comme naturellement éduqué. Cependant, bien qu'insouciant et inconscient, il est sensible à la sanction. Ainsi, selon l'adage wolof : « *Gone xamoul yalla wayé xam na yarr* », autrement dit, « l'enfant n'a pas conscience de l'existence de Dieu mais reconnaît la chicote »· Bien que cette forme de punition soit interdite à l'école, beaucoup d'enseignants la pratiquent. Le second jeu fait appel à l'esprit et requiert des compétences mathématiques car il faut bien compter les cauris et savoir comment les répartir pour arriver à engranger les gains souhaités. Cette forme de jeu traditionnel, pratiqué à l'école pourrait largement contribuer à une parfaite symbiose entre l'homme sénégalais et sa culture. Ce qui dénoterait une sorte de rupture avec l'école coloniale. Mbodj confirme cette position car selon lui « en brisant les réseaux symboliques et les systèmes de signification, l'école occidentale a perturbé, transformé le sens de l'existence des pratiques, des rites, des personnes, donc de la personne tout court[3] ».

Ce contexte assez reluisant de la diversité sénégalaise cache des problèmes qui, non maîtrisés tant dans leur compréhension que dans leur gestion, peuvent conduire à des conséquences très néfastes dans la cohésion sociale et dans la stabilité politique, économique et culturelle et posent un véritable problème de vivre ensemble. En effet, un regard un peu plus pointu permet

---

[1] Jeu de jeunes enfants qui consiste à cacher un objet et à le faire retrouver ensuite.

[2] Jeu de cauris.

[3] Mbodj, G., « Corporéité et personne Wolof en situation interculturelle : Culture et Intercuturation », *in* Colloque national Toulouse/juin 1985 : « l'Interculturel en éducation et en sciences humaines », Université de Toulouse-Le Mirail, p. 569.

de déceler les signaux des maux comme l'ethnocentrisme, la xénophobie, le déracinement qui sont souvent visibles.

La bonne entente dont nous avons parlé plus haut semble cacher certains problèmes et ne serait ainsi que de façade. Car certains faits, la crise Sénégalo-Mauritanienne de 1989[1], les différentes relations émaillées de complexes de supériorité ou d'infériorité entre certaines ethnies, ou même certaines attitudes qualifiées de paternalisme ou d'ethnocentrisme, font émerger et survenir des problèmes entre les ethnies.

L'exemple du wolof, qui est considéré comme l'ethnie majoritaire dont la langue est parlée par plus de 80 % de la population, illustre bien certaines accusations d'ethnocentrisme. Pour beaucoup, ce phénomène est propre à toute entité ethnique et le Sénégal n'en constitue pas une exception. C'est ce qui s'est manifesté récemment, lors d'un débat par presse interposée, entre partisans du régime et certaines personnalités de la société civile. La position de Kitane, dans une contribution sur le site de Dakar actuellement[2], est assez édifiante :

> Je voudrais humblement faire remarquer que toutes les ethnies, toutes les races sont ethnocentristes : c'est une loi presque naturelle de la culture humaine. Ma culture est toujours la meilleure, ma race est toujours immaculée, ma religion est la vérité de toutes les religions, mes frères sont toujours plus vertueux que les autres… Cher professeur pourquoi donc ciblez-vous le wolof pour dénoncer l'ethnocentrisme ? Saviez-vous que nous Sérères appelons les Wolofs péjorativement sous le vocable de « *Ô paal* » ? Quand nous Sérères disons « *ô sérère kâ djégua djom* » (un Sérère est toujours digne) faisons-nous preuve de mépris envers les autres ? Saviez-vous que le Manding s'enorgueillit d'être le « *mandingka bâ* » (le grand Mandingue) et appelle les autres « *wolof ndingo* » (le petit Wolof) « *séréro ndingo* », etc. ? Rien de tout ceci n'est méchant ! Cher professeur, de tels termes qui s'inscrivent à la limite sur le registre de la plaisanterie inondent le vocabulaire de toutes les langues et c'est, à la limite, une banalité car les Sénégalais le comprennent et l'ont d'ailleurs dédramatisé

---

[1] Sauriol, E., « Comprendre les conflits dits "ethniques" : le Sénégalo-Mauritanien de 1989 », Université du Québec à Montréal, Service des bibliothèques, 2007.

[2] https://www.dakaractu.com/

depuis longtemps. Pourquoi voulez-vous que cela devienne subitement un problème ?

La croissance de la population immigrante au Sénégal a comme conséquences, entre autres, la xénophobie et/ou les malentendus issus des problèmes de communication. Le fait de pointer du doigt les étrangers quand certaines dérives surviennent en est une illustration. Ces derniers sont accusés d'agressions de vol, etc.

Le terme « *Ñak*[1] » aussi utilisé par les Sénégalais pour désigner l'étranger venant des autres pays d'Afrique en dérange plus d'un.

En plus de ces différents problèmes, nous pouvons ajouter ceux liés à l'histoire et à la tradition de nos sociétés. C'est le cas des castes ou de l'esclavage. Ainsi dans certaines contrées du Sénégal, surtout dans les zones rurales, beaucoup d'enseignants ont été témoins de problèmes culturels. C'est le cas de cet enseignant qui racontait lors de nos entretiens que les parents n'admettaient pas que certaines catégories d'élèves issus de caste dite « inférieure » se mettent devant leurs enfants nobles dans les salles de classe.

### *Le système éducatif sénégalais et ses réalités*

L'école sénégalaise est, comme dans beaucoup d'autres pays africains, un héritage de l'école coloniale. Elle a également subi plusieurs réformes depuis l'accession du pays à l'indépendance.

Ainsi de 1817 à 1962 le système éducatif sénégalais a fonctionné sur le principe de l'assimilation. Il répondait aux réalités de la colonisation. Il fallait, d'une part, asseoir les bases et fondements de la culture française et, d'autre part, disposer d'un enseignement de masse à moindre coût. C'est là l'une des motivations de la mise en place des structures scolaires sur le modèle européen. C'est ainsi que le Sénégal indépendant, ayant manifesté à travers ses autorités administratives depuis la mise

---

[1] « *Ñak* » est un terme utilisé par les Sénégalais pour désigner certains types d'hommes de l'Afrique du sud du Sahara morphologiquement plus costauds. Notons que ces appellations sont assez fréquentes en Afrique : c'est le cas des Sénégalais qui sont appelés « *Ndingari* » au Congo et « *Gorgui* » au Mali ou en Côte d'Ivoire.

en œuvre de la loi-cadre avec le gouvernement de Dia en 1958 sa volonté de changer le système, mit en œuvre une réforme sous le nom de « l'Éducation sénégalaise n° 2 ». L'enseignement est régi par l'arrêté 2576 du 22 août 1945 et les décrets 59-109 et 59 – 158 d'août et septembre 1959. C'est ainsi qu'en 1962 deux circulaires, la circulaire 11. 450 du 8-10-1962 et la circulaire 13. 550 du 14-11-1962, vont traduire la réforme de l'éducation sénégalaise dite « Éducation sénégalaise n° 2 ».

Ce qui implique que les programmes de 1962 constituent une révision de ceux hérités de la colonisation. Leur mise en place répondait au souci d'adapter l'école aux besoins d'un Sénégal indépendant. Il s'agit d'articuler nos programmes aux besoins agricoles et à l'identité nationale.

C'est pour cette raison que l'accent est mis sur les contenus relatifs à l'enseignement de la géographie, de l'histoire et des langues.

Pour l'éducation à la citoyenneté, certaines disciplines comme l'éducation civique et morale sont intégrées dans les programmes avec une approche qui met l'accent sur la transmission de contenu plutôt que de privilégier une pédagogie active permettant un meilleur développement d'aptitudes favorables au vivre ensemble.

C'est ce qui explique sans doute le bon nombre d'approches adoptées dans l'histoire des réformes éducatives du Sénégal. Il s'agit de l'approche par contenus puis de la pédagogie par les objectifs et enfin de l'approche par les compétences actuellement.

Force est de constater que sur le terrain beaucoup d'enseignants restent attachés aux pratiques traditionnelles. Au vu de l'enseignement des différentes disciplines, les pratiques éducatives de certains enseignants restent dominées par une méthode pédagogique frontale et une relation à l'élève verticale. Il est donc nécessaire de proposer d'autres dispositifs pédagogiques pour prendre en charge la question du vivre ensemble. Quel dispositif ? Pour quelle pédagogie ?

## 3. Le dispositif de pédagogie de projet

Dans le contexte sénégalais, et pour répondre à la question : « Quelle école pour quelle société ? », il est inévitable de poser la nature et le type de dispositif pédagogique à mettre en place.

***Le dispositif, ses fondements, son architecture***

Le dispositif de pédagogie de projet conçu par Annie Couëdel[1] dans les années 70 à l'Université Paris 8 Vincennes/Saint-Denis, s'inscrit dans le courant des pédagogies sociales avec Freire[2] et Freinet[3], et des théories d'apprentissages socioconstructivistes de Vygotski[4] et Bruner[5]. Il se distingue de la pédagogie traditionnelle qui se caractérise par des apprentissages individuels, normés et normalisés. C'est un dispositif de recherche-action participative qui place le projet collectif au centre. Ici, le projet est l'émanation d'initiatives personnelles qui génèrent des pratiques sociales diverses, mettant à l'épreuve la créativité et le développement de l'esprit critique des apprenants. L'enseignant y tient un rôle de coordonnateur et de personne-ressource qui accompagne les participants dans la mise en œuvre des projets dont ils sont à la fois auteurs et acteurs au sens où l'entend Jacques Ardoino[6]. Les projets sont le moteur du dispositif, leur conduite engage directement les acteurs dans des activités quotidiennes qui dépassent le cadre institutionnel. Cette pédagogie inscrit le projet dans le monde social car « c'est en interagissant dans le milieu qu'on en acquiert le langage, condition *sine qua non* pour s'insérer et y agir[7] ».

---

[1] Couëdel, A., « Un dispositif de dynamique de projet et de transformation sociales. Le langage comme enjeu social », *Revue Pratiques de formation/analyses*. « Que doit-on faire des injonctions au projet ? » n° 53, 2007. Université de Paris 8.

[2] Freire, P., *Pédagogie des opprimés*, Paris, François Maspero, 1977.

[3] Freinet, C., *Œuvres pédagogiques*, Paris, Seuil, 1994.

[4] Vygotski, L. S., *Pensée et Langage*, Paris, La Dispute, 1997.

[5] Bruner, J. S., *Le développement de l'enfant : Savoir-faire, savoir dire*, Paris, Puf., 1983.

[6] Ardoino, J., *Les avatars de l'éducation : problématiques et notions en devenir*, Paris, Presses Universitaires de France, 2000.

[7] Blondeau, N. et Couëdel, A., « Pédagogie de projet diversité culturelle », *Dialogues des cultures*, n° 44, 2008.

Le dispositif se structure selon une alternance de travail en groupe-classe (grand groupe) et en groupes-projet, selon un « rituel » qui se déroule ainsi : grand groupe/groupes-projet/grand groupe. Cela est conforme au principe d'alternance cher à Montandon[1] qui rompt avec la monotonie des dispositifs technicistes. Le travail en groupes-projet est toujours précédé et suivi d'une plénière animée par l'enseignant. La première séance en plénière est un espace d'échanges et de réflexions autour de sujets choisis par les étudiants selon l'actualité sociopolitique ou leurs propres préoccupations quotidiennes. La plénière qui a lieu à la fin des ateliers en groupes-projet permet de rendre compte de l'avancée de chaque groupe et de faire l'évaluation de ce qui est en jeu. La spécificité de l'architecture réside dans cette disposition qui contribue à une meilleure régulation du temps et de l'espace assurant la cohésion de l'ensemble des participants. L'aménagement de l'espace est pensé pour favoriser les échanges et les interactions des participants entre eux et l'enseignant : les tables sont disposées en cercle afin de mettre l'accent sur la relation horizontale qui caractérise l'approche pédagogique du dispositif. Le rôle de l'enseignant, absent du travail en sous-groupe ou groupes-projets, est réduit à une participation minimale qui ne s'effectue qu'à la demande explicite des étudiants ou en cas de conflits importants nécessitant son intervention en tant que modérateur ou personne-ressource. Cette démarche s'inscrit en rupture avec la traditionnelle relation pédagogique basée sur les rapports. Les projets émanent des initiatives des étudiants, sous forme de propositions qui émergent d'une discussion en groupes aléatoires, lors de la toute première séance, introduisant les objectifs et le fonctionnement du dispositif. Les propositions initiales sont exposées et débattues par tous en séance plénière. Une attention toute particulière est réservée à la nature des projets qui doivent être en prise directe avec la réalité sociale et avoir prise sur elle. Pendant les premières séances, cruciales pour la mise en place du dispositif pédagogique, l'enseignant joue un rôle de guide dans la

[1] Montandon-Binet, C., *Approches systémiques des dispositifs pédagogiques : enjeux et méthodes*, Paris, L'Harmattan, 2002.

constitution des groupes en engageant les étudiants à réfléchir sur l'impact des projets en termes de changements et d'intervention sociale, et par conséquent sur leur capacité d'agir (*agency*). Les étudiants commencent ainsi à s'approprier les valeurs qui sous-tendent la mise en œuvre du dispositif dont la devise « Soyons réalistes, entreprenons l'impossible ! » fait naître des rêves personnels qui se transforment en projets collectifs.

***Expérimentation du dispositif***

L'expérimentation consiste en la mise en place du dispositif. Nous avons ainsi déterminé les différents acteurs, le temps et l'organisation des activités. C'est ainsi que nous avons, sans le chercher, obtenu des paires : deux classes ont été choisies, CM1 B et CE2 A, tenues respectivement par Mr Lô et Mr Ndour[1]. Ce qui implique que nous travaillons avec deux maîtres. Deux jours ont été retenus pour les activités. Il s'agit des après-midis du mardi et du jeudi. Deux heures pour chaque séance marquent la durée des activités. Pour arriver à mettre en place notre dispositif, nous avons dû tenir des réunions avec les enseignants des deux classes afin de voir ensemble le type d'organisation de la classe à faire et les contraintes à lever. C'est ainsi que nous avons adopté une disposition des tables-bancs sous forme d'un « U ». Il fallait aussi revoir les différentes répartitions des tâches des élèves et des maîtres. En tant qu'observateur participant périphérique, nous avons pris la disposition d'avoir un journal de recherche que nous tenions après les séquences. Ce journal a été fait à l'aide des notes que nous prenions. Nous étions attentifs aux attitudes des maîtres et des élèves. Nous avons essayé de mettre sur le papier tous les détails que nous remarquions. Il faut cependant noter qu'il nous a été difficile de suivre de près ce qui se passait dans les groupes-projet du fait de leur nombre et de leur disposition dans l'espace.

---

[1] Nous avons dans l'école deux cycles : un cycle est composé de six classes du CI au CM[2], donc pour chaque niveau il y a deux classes. Ainsi la lettre A ou B est affectée à chacune pour faire la distinction (cf. partie sur l'organisation de la classe pour plus de détails).

### 4. La construction de la citoyenneté

Le dispositif de pédagogie du projet met en contact des individus de cultures différentes. Ainsi, à travers le projet, les étudiants réalisent ensemble des activités et, par voie de conséquence, se découvrent. L'objectif fondamental de certains d'entre eux est de militer dans cette perspective. C'est le cas des festivals interculturels et des voyages au cours desquels des actions humanitaires sont réalisées.

La méthodologie du projet, initiée par A. Couëdel, prône une certaine conception de l'interculturalité. Elle va au-delà d'une « *analyse structurale du comportement* » et ne se contente pas de s'enfermer dans les différences culturelles. Le dispositif mis en place permet aux différents acteurs de se confronter et de se découvrir au quotidien à travers des situations concrètes en prise directe sur la réalité.

La transposition du dispositif à l'École Unité 26 des Parcelles Assainies a permis de constater que celui-ci participe aussi, dans un contexte sénégalais, à la construction de la citoyenneté. Cette construction se manifeste à travers le processus de conception et de réalisation des projets par les élèves. Pour illustration, nous en retenons trois éléments. Il s'agit de la nature des projets qui relèvent d'une entreprise collective, créent des espaces d'échanges et de réflexion et enfin articulent « l'intérieur et l'extérieur. »

Comme nous l'avons dit plus haut, les projets sont collectifs et leur réalisation requiert un investissement personnel de tout le groupe projet. Les participants sont mobilisés pour un même but et chacun s'engage et apporte ses propres compétences. Le processus d'apprentissage fait appel à la coopération et à la collaboration. Il s'agit ici d'apprendre par et avec les autres dans leurs différences et leurs singularités. Ils sont dans le « faire ensemble ».

Mais ce « faire ensemble » des élèves pour la réalisation du projet n'est pas exempt de confrontations et de conflits car chacun agit en fonction de son vécu, de ses expériences antérieures, de sa culture. La gestion et le règlement de ces conflits ainsi que les comportements des différents acteurs pendant l'action sont le lieu d'interactions, de prise de conscience et de transformation sociale. Ainsi, au cœur de ce processus s'inscrit une réelle éducation à la citoyenneté.

La réalisation collective des projets suppose aussi un esprit de création et une gestion de l'imprévu qui lui est inhérent. Il y a, ici, une nette différence avec un enseignement obéissant à une logique de programme dont le contenu est connu d'avance. La nature du dispositif de pédagogie de projet et sa mise en œuvre créent des espaces d'échanges et de réflexion. Dans notre expérimentation, le grand groupe plénier a permis de montrer les compétences et dispositions des élèves de l'élémentaire à échanger et réfléchir sur leur vécu quotidien. Nous les avons vus initier des projets. Ce moment a été une occasion pour les élèves de concevoir des projets mais aussi de soulever des questions d'actualité et d'ordre social variées, riches en enseignement lors des débats. Nous prenons l'exemple d'un thème de discussion choisi par les élèves pour illustrer le processus de prise en compte du « vivre ensemble ». Il s'agit du thème des agressions. En effet, ce thème a permis de révéler certaines tares comme la xénophobie qui est en train de croître et dont le peuple sénégalais devrait prendre conscience pour éviter toute dérive xénophobe ou ethniciste. En effet, les agressions ont été évoquées par les élèves sous différentes formes. Il y a d'abord le « *racket* », les vols à main armée, mais aussi et surtout les vols suivis de meurtres, qui ont été très présents et ont constitué chez nos élèves une sorte de traumatisme. Vu la fréquence de ces faits et certaines coïncidences, nous les avons vus accuser directement les « *Ñak* ». Il a été surtout constaté dans ces quartiers de la banlieue proche du centre de Dakar, suite aux conflits dans certains pays de la sous-région, l'arrivée de certaines populations comme les Ivoiriens, les Sierra-Léonais, les Congolais, les Ghanéens, etc. Il a été noté que certains crimes, comme les vols à main armée, occasionnent parfois des morts d'hommes et que des étrangers font l'objet d'arrestations. Ces faits nouveaux coïncidant avec de nouveaux arrivants poussent les parents à accuser l'étranger et à entrer dans une généralisation non justifiée. De ce fait, les enfants constituent une sorte de relais en écoutant et suivant les parents. Ils vont, dans leurs propositions de solutions, préconiser l'expulsion de ces étrangers du pays.

C'est donc à ce moment que le maître doit jouer un certain rôle dans la lutte contre la xénophobie et le racisme. Il faut d'abord conscientiser et rétablir la réalité de certains faits. Là, il ne s'agit pas de déculpabiliser mais de savoir que les agressions ne sont pas uniquement le fait de certains étrangers mais aussi et surtout de Sénégalais, au Sénégal et dans d'autres pays. C'est le lieu aussi de montrer aux élèves que la solution du problème ne doit pas être la haine vis-à-vis des étrangers et que la solution est ailleurs. Ainsi, on pourra profiter de ce prétexte pour amener des discussions sur les causes et les conséquences des agressions. C'est à partir de ce moment que l'on pourra amorcer une série de propositions de solutions. Avec une pareille démarche mise à profit par notre dispositif de pédagogie de projet, nos enseignants auront réalisé à la fois une leçon d'éducation morale et civique et rappelé ainsi certaines valeurs et traditions chères au Sénégal. Il s'agit surtout de la « *téranga*[1] ».

L'hétérogénéité du groupe, la place spécifique des enseignants et la non-rupture entre intérieur et extérieur créent des situations d'apprentissage où la distinction entre éducation formelle et informelle n'est plus opérante.

Cette articulation entre intérieur et extérieur et cet agir collectif permettent d'appréhender le processus d'apprentissage dans la perspective des théories de l'apprentissage dit « situé[2] ».

---

[1] *Téranga*, est un mot wolof qui signifie « hospitalité ». Le Sénégal est réputé être le pays de la *téranga* et, dans la *téranga*, il y a toute une considération de l'étranger. Il doit être bien accueilli, bien hébergé, et bien mis à l'aise. De ce mot est apparue la dénomination de nos équipes nationales sportives où tout membre est appelé lion de la *téranga*.

[2] Lave, J., & Wenger, E., *L'apprentissage situé : participation périphérique légitime*, Cambridge, Cambridge University Press, 1991. Wenger, E., *La théorie des communautés de pratique*, Laval, Les Presses de l'Université Laval, 2005.

## 5. Conclusion

Ce travail a permis de montrer les caractéristiques de la diversité au Sénégal, le rôle que l'école doit jouer face à certaines dérives liées à la mondialisation et à l'évolution des sociétés. Dès lors, l'expérimentation du Dispositif de Pédagogie de Projet comme alternative face à l'impératif de changement de comportements, d'attitudes et de pratiques des sociétés, en général, et de l'école, en particulier, contribue au développement de la recherche-action. Une telle démarche actualise la recherche sur l'éducation à la citoyenneté.

L'objectif principal de toute recherche-action étant un changement dans la situation de départ, nous pouvons donc inscrire le résultat de nos actions de terrain parmi celles qui ont abouti. Le changement est opéré dans bien des domaines, l'organisation de la classe, les pratiques enseignantes, les apprentissages mais aussi des relations différentes entre les différents acteurs de l'école.

# ÉDUCATION POPULAIRE EN SANTÉ ET THÉÂTRE DE L'OPPRIMÉ

*Fernanda Nogueira Campos Rizzi (Nocam)*

## La Sagesse des anciens

Ma grand-tante, âgée de 93 ans, m'a dit un jour qu'un étudiant aimait lui rendre visite pour écouter ses histoires. Elle lui avait alors demandé : « C'est parce que j'ai la sagesse des anciens que tu aimes m'écouter ? »

La réponse a été affirmative, mais ce n'était pas la seule chose qui remplissait l'espace d'un savoir oublié, c'étaient aussi ses expériences, ses réflexions, la lutte de son peuple, voire ses perceptions du monde actuel dans lequel elle continuait à vivre, à apprendre et à enseigner. Ce fait, il est évident, ne m'a pas surpris.

La « sagesse des anciens » est une des formes de savoir que le développement scientifique voudrait étouffer, supprimer, faire disparaître. Il y a ceux qui pensent que le fait de récupérer cette connaissance des générations et de chercher à apprendre avec elle peut être signe de conservatisme, de peur du nouveau. Je crois qu'il existe un manque de réflexion sur le temps et ses développements ; Boaventura de Souza Santos[1] élabore une discussion consistante sur l'invisibilité de quelques savoirs devenus des fondements pour les savoirs visibles, considérés comme plausibles. Depuis que je suis petite, j'interroge ma mère sur les origines de certaines pratiques curatives, d'où viennent ces connaissances qu'elle m'apprenait de façon timide. Elle disait qu'elle le savait tout bonnement, que sa mère le faisait déjà, ou qu'elle l'avait entendu d'un guérisseur, ou qu'elle le faisait par intuition.

[1] Santos, B. de S. A, *Gramática do tempo: para uma nova cultura política*, Afrontamento, Porto, 2006.

Mes parents m'ont emmenée très rarement chez le médecin, dans mon enfance. Après le diagnostic d'une anémie sérieuse, j'ai pris un supplément de fer qui n'a eu aucun effet. Ce qui m'a guéri, c'était une plante de la région, l'« *ora pro nobis* ». Si j'avais mal à l'estomac, je prenais une autre herbe. Pour la peau, l'immersion dans des pétales de fleurs, pour dormir, du fruit de la passion et de la mélisse. Tout cela pouvait être cueilli dans notre jardin. Comme dit mon père, « c'était le bon vieux temps » ! Encore le temps… où élever des poules, planter, préparer les aliments avec son propre manioc, son propre maïs, tout cela signifie du « passé », ou de « l'immobilité », pour ceux qui défendent la technologie comme synonyme de progrès.

Santos crée les dichotomies nécessaires pour justifier la domination et l'exploration d'un peuple. Ce peuple doit, d'abord, être exposé à toute sorte de comparaison, la différence n'est pas seulement dans les nuances d'altérité, elle doit être révélatrice de l'infériorité d'un peuple par rapport à l'autre. C'est ainsi que – à partir du rejet des savoirs « sans vérité » – sont nées les sciences, les savoirs validés, comme la philosophie et la théologie, ou ceux qui se passent de la méthode scientifique. C'est ainsi que sont nés les primitifs et les modernes et le monde s'est divisé entre les non-développés et les développés.

Plus tard, l'enseignement scolaire et universitaire a dissimulé de plusieurs façons la « petite fille naïve ». En peu de temps, je me suis rendu compte que les sciences et la logique moderne occupaient nos maisons de telle manière que ces histoires-là appartenaient à un temps révolu. La lutte n'était pas destinée à préserver la mémoire, mais à atteindre un monde développé.

La première personne de cette petite introduction autobiographique incarne, à vrai dire, beaucoup de personnes. C'est un « je » qui parle du « nous » ancestral, qui la place dans ce texte comme éducatrice populaire et chercheuse en psychologie de la santé.

Comment devait-on faire pour unir ces deux mondes, celui de la chercheuse qui renvoie à une productrice de science et celui de l'éducatrice populaire qui cherche à récupérer un savoir venu des expériences diverses des peuples et des luttes ?

Je crois que c'est une question essentielle pour toute la discussion qui occupera ce chapitre. Je peux, pourtant, déjà avancer que tout ce que j'ai appris avec le Théâtre de l'Opprimé, pendant ma formation professionnelle, a été fondamental pour la suite de mes pratiques et conduites actuelles.

Et j'affirme encore que la crise du paradigme de la science moderne a rendu possible l'utilisation des méthodes qui pouvaient soutenir la qualité de mes intérêts, c'est-à-dire, la santé humaine et les droits des personnes.

## Le Théâtre de l'Opprimé et l'Éducation populaire

Le nom de la méthode créée par Augusto Boal – « Théâtre de l'Opprimé » – nous fait penser au titre d'un des livres les plus connus de l'éducateur Paulo Freire[1], « Pédagogie de l'Opprimé ». Ce n'est pas une coïncidence si Teixeira[2] a réalisé une formidable articulation entre les idées des auteurs Freire et Boaly, y trouvant des axes éthiques communs et des fondements philosophiques distincts. Augusto Boal aurait cherché l'inspiration directe pour la méthode qu'il était en train de créer, dans le titre du livre de Paulo Freire et dans les idées que tout le monde peut enseigner et qu'on apprend en train d'apprendre. Un autre point en commun est l'idée que l'opprimé, en même temps qu'il reconnaît les problèmes de sa réalité, crée des conditions pour la transformer.

Boal et Freire partent de l'écoute de l'opprimé pour pouvoir, à travers le dialogue et la coopération, surmonter les oppressions et transformer le monde. Mais pour le faire, cet opprimé a besoin de se reconnaître dans l'histoire, d'identifier les limites qui l'empêchent d'être libre, il a besoin de réfléchir sur lui-même et sur la culture qui l'entoure.

---

[1] Freire, P., *Pédagogie des opprimés*, Paris, François Maspero, 1977.

[2] Teixeira, T. M. B., "Dimensões sócio-educativas do Teatro do Oprimido: Paulo Freire et Augusto Boal" (Thèse de doctorat). Departamento de Pedagogia Sistemática e Social. Universidad Autônoma de Barcelona, Catalogne, Espagne, 2007.

Freire propose alors que le sujet assume son rôle dans le monde, en même temps qu'il augmente sa perception et sa manière d'agir sur lui. Il invite ce sujet à préserver son caractère d'investigation de la réalité, à prendre une position politique face à ses actes, à s'éloigner, s'analyser, créer des issues et des possibilités pour les défis qui lui seront présentés. De son côté, Boal suit le même chemin et défend l'idée que « l'action-réflexion-action » est l'incontournable mission humaine de construction de son humanité[1].

L'aliénation est vue par Boal[2] comme quelque chose qui s'oppose au théâtre : quand nous mettons en scène la vie et que nous nous y voyons jouer, nous changeons l'ambiance et, en même temps, nous sommes transformés par elle. Quand, au lieu d'être des acteurs, nous agissons comme spectateurs de notre histoire, nous avons tendance à jouer sous une direction quelconque et dominatrice. Or, si les sujets sont aliénés à l'intérieur du processus historique et culturel, vidés de la critique face à leurs expériences et actions, leur tendance sera de répéter mécaniquement le modèle établi de l'existence. La question qui se pose est : établi par qui ?

Le modèle établi de l'existence appartient à une logique dichotomique, une logique qui rend invisible un groupe pour donner de l'importance et de l'autorité à un autre. Les groupes invisibles n'apparaîtront comme partie active du processus historique que quand ils auront agi, quand ils auront construit leurs histoires et cela ne peut avoir lieu que face à un processus réflexif qui les aurait rendus conscients du pouvoir qu'ils possèdent, de leurs droits, de leurs difficultés et de la manière de les surmonter.

L'éducation en tant que praxis s'appuie sur l'idée que les sujets sociaux augmentent la conscience de leur vie et du monde quand ils substituent à la conscience naïve une autre qui agit de façon critique sur la réalité[3].

---

[1] Canda, C. N., "Paulo Freire et Augusto Boal: diálogos entre educação e teatro", *Holos*, 28(4), 2012, p. 195-205. Disponible sur http://www2.ifrn.edu.br/ojs/index.php/HOLOS/article/viewFile/742/581

[2] Boal, A., *O Teatro do Oprimido e outras Poéticas Políticas*, Civilização Brasileira, Rio de Janeiro, 2005.

[3] Freire, P., 1977, *ibid.*

La conscientisation voulue par l'Éducation populaire à l'instar du Théâtre de l'Opprimé ne se limite pas à la prise de conscience de ses propres oppressions ; elle implique aussi l'appartenance du monde à tous les êtres vivants et reconnaît que c'est nous qui faisons l'histoire du monde.

Lorsqu'il assume la culture comme « acquisition critique et créatrice, Boal renforce aussi sa perception que tout être humain a besoin d'une formation critique et créatrice comme un des piliers du processus de conscientisation. Il pense que l'art offre des mécanismes importants pour que le sujet puisse se connaître lui-même, reconnaître l'autre et que tous les deux se libèrent ensemble à travers l'acte théâtral. Selon Boal, la conscientisation passe par le corps, la voix, la génération d'idées, les partages, parmi d'autres formes de création et expression du sujet. Il affirme que les classes populaires, historiquement, sont en train d'être réduites à de simples récepteurs passifs de produits, d'idéologies et de modèles de comportement, extérieurs à leur classe, histoire et culture[1].

Ce que le Théâtre de l'Opprimé propose comme méthode, c'est un réveil humain. Boal a organisé une série de centaines de jeux et d'exercices théâtraux dont le but était de contribuer aussi bien à la mise en scène qu'au réveil corporel renfermé dans les limites du quotidien. Ce réveil permet une plus grande spontanéité et plus de sensibilité par rapport au monde, il améliore la communication corporelle, gestuelle et faciale, fournissant alors un instrument dialogique augmenté ; le langage du corps est supérieur à celui de la parole, quand celui-ci est limité aux règles des langues. Le corps sur scène démocratise la communication, puisqu'il interprète l'action humaine, les douleurs, les émotions. Cet ensemble de pratiques théâtrales, Boal les a nommées « arsenal du Théâtre de l'Opprimé », en même temps qu'il considérait les techniques et les jeux comme des armes révolutionnaires et pacifiques en quête de transformation à partir du dialogue sur la scène.

Dans ce sens, on peut affirmer que le Théâtre de l'Opprimé est un outil qui rend plus puissante la pratique de l'Éducation populaire, puisqu'il organise une forme de désaliénation, de

[1] Canda, C. N., 2012, *ibid.*

quête de la réalité qui permet d'identifier ses limites et ses possibilités, c'est-à-dire des situations-problèmes, ainsi qu'il permet aux acteurs et aux spectateurs – spectateurs-acteurs, comme Boal préfère les appeler par son caractère actif – de répéter des actions pour se libérer de l'oppression et acquérir de nouveaux savoirs pratiques-théoriques[1].

## L'Éducation populaire pour la Santé

Le savoir populaire, comme l'affirme Santos[2], a été historiquement cannibalisé par la science moderne, affaibli et considéré comme inférieur. Par contraste avec la science, ce savoir a été appelé sens commun et celui-ci, de son côté, a été aussi considéré comme superficiel, illusoire et faux.

Malgré la plus-value qui lui a été attribuée, ce même savoir permet que des groupes et des personnes considèrent l'être humain dans son intégralité tout en tenant compte de leurs croyances, y compris la « *benzeção*[3] », les bains immersions avec des herbes, des rites de guérison et considère encore leurs différentes formes de rapports avec la nature ainsi que la possibilité de la modifier. C'est un savoir qui connaît la terre et crée des solutions pour une culture saine, éloignée de la surproduction et de l'exploitation du sol qui le rend improductif. C'est encore un savoir qui parle à tout le monde, car sa langue est commune au peuple qui croit que sa rationalité esthétique et expressive, comme celle du Théâtre de l'opprimé, sera capable de communiquer les sens divers de ses expériences.

En 1999, Valla[4], qui pensait à l'Éducation populaire pour la Santé comme outil d'appui social, a considéré le nombre de

[1] Campos, F.N *et al.*, "Teatro do Oprimido: Um Teatro das Emergências Sociais e do Conhecimento Coletivo", *Psicologia & Sociedade*, 26(3), 552-561, 2014.

[2] Santos, B. de S., *Pela mão de Alice: o social e o político na pós-modernidade*, Cortez, São Paulo, 2005.

[3] NdT : rituels de guérison et protection pratiqués, généralement, par des personnes âgées.

[4] Valla, V. V., "Educação Popular, saúde comunitária e apoio social numa conjuntura de globalização", *Cadernos de Saúde Pública*, 15 (Suppl. 2), 1999, p. 7-14. https://dx.doi.org/10.1590/S0102-311X1999000600002.

guérisons obtenues comme le résultat de la possibilité de contrôle de sa propre vie par une partie de la population. Il continue ce raisonnement par le constat que les professionnels de santé ont tendance à recevoir les plus grands bénéfices dans ce processus, puisque leur impuissance, face à la crise d'un groupe, pourra être surmontée dès qu'ils rencontrent un autre groupe dont la puissance augmente à travers ses pratiques communautaires.

En 2015, Gomes[1] rappelle que les fêtes, les commémorations, les événements culturels sont les meilleurs espaces pour des échanges entre les membres de la population. Il parie sur un projet de bonheur collectif et produit un dialogue ludique éloigné des modèles formels de l'éducation. Cette santé qu'on veut promouvoir demande des espaces et des méthodes saines permettant l'approche entre la communauté et l'éducateur qui, lui, croit pouvoir partager les sujets difficiles, dont le Théâtre de l'Opprimé invite à parler, à partir d'un théâtre de tout le monde, sur une scène pour tous les acteurs.

L'Éducation populaire pour la Santé se présente dans un cadre où les acteurs sociaux veulent démocratiser leur pays. Au début du XXe siècle, l'Éducation pour la Santé dans la communauté était liée à des intérêts hygiénistes. Il s'agissait d'un projet pour la population, mais qui ne demandait pas sa participation. Celui-là s'appuyait sur des préoccupations concernant la normalisation des classes populaires dont le but était de prévenir une supposée dégradation sociale. On comprend que la population était soumise à des théories génétiques, entre autres, qui s'opposaient, idéologiquement, à toute logique populaire. Les professionnels de santé éprouvent alors, le besoin de rompre avec les logiques dictatoriales des années 60 et 70 et de chercher dans les communautés des manières d'action alternatives et marginales[2]. C'était une

---

[1] Gomes, L. B., "A gestão do cuidado na Educação popular em Saúde: Um estudo a partir da obra de Eymard Mourão Vasconcelos", *in* Gomes, L. B. (org.), *O cuidado e a educação popular em saúde*, Rede Unida, Porto Alegre, 2015, p. 15-167.

[2] Vasconcelos, E. M., "Redefinindo as práticas de Saúde a partir de experiências de Educação Popular nos serviços de saúd", *Interface -*

rupture avec la médecine traditionnelle fondée sur le biologisme, la hiérarchie des savoirs et, par conséquent, sur l'éloignement des vrais besoins de la population.

La participation des professionnels de santé aux expériences d'Éducation populaire, à partir des années 70, apporte au secteur Santé une culture comprenant des relations avec les classes populaires qui a signifié une rupture avec la tradition autoritaire et contraignante de l'Éducation pour la Santé[1].

Les pratiques en Éducation pour la Santé auront désormais, comme axe de leur structure, l'Éducation populaire qui s'approche des mouvements sociaux, des cultures de la résistance et du savoir populaire ; le nom « Éducation populaire pour la Santé » a ainsi été créé.

Dans ce mouvement, qui était contraire à la médicalisation des problèmes sociaux, on proposait la reconnaissance de ces problèmes et la formulation des solutions par ceux qui y étaient vulnérables[2].

La logique de l'Éducation populaire pour la Santé doit alors être comprise comme étant opposée à une logique où les conceptions des professionnels de santé pourraient être enseignées à la communauté, en même temps qu'on rendrait valable le savoir qui existait déjà chez la clientèle de la santé publique, tout en questionnant les modèles des services des soins médicaux et en identifiant le potentiel de soin de ces communautés elles-mêmes.

Quoique l'Éducation populaire pour la Santé (EPS) se soit développée en même temps que la réforme sanitaire et l'ouverture politique, elle avait lieu, en fait, à la périphérie et était parfois confondue avec l'éducation pour la santé qui met en relief le savoir de quelques-uns contre ceux qui sont considérés comme informels, populaires, ignorants[3].

Après plus de quatre décennies de pratiques et de luttes, la Politique nationale d'Éducation populaire pour la santé (PNEPS) a été approuvée et publiée, en 2013 ; on y comprend

---

*Comunicação*, Saúde, Educação, 5(8), 2001, p. 121-126. Disponível em https://dx.doi.org/10.1590/S1414-32832001000100009

[1] *Ibid.*

[2] *Ibid.*

[3] *Ibid.*

que l'Éducation populaire pour la Santé est nécessaire pour appliquer le principe d'intégralité du SUS[1]. On y part du présupposé que l'être humain est multiple, que sa santé dépasse le biologisme et, puisqu'elle est intersubjective, culturelle, ancienne et mystique, il lui faut des stratégies de soin adéquates à cette multiplicité.

La PNEPS prévoit que, pour être appliquée intégralement, la santé doit suivre les principes de l'Éducation populaire et elle s'inspire des idées de l'éducateur Paulo Freire. En ce qui concerne la politique :

> Art. 3° – La PNEPS-SUS suit les principes suivants : § 1° Le dialogue est la rencontre de connaissances construites historiquement et culturellement par des sujets, c'est-à-dire la rencontre de ces sujets dans l'intersubjectivité [...] permet au savoir d'augmenter la connaissance critique de tous sur la réalité et contribue aux processus de transformation et humanisation. § 2° L'Affectuosité augmente le dialogue dans les rapports de soin et dans l'action éducative à travers des échanges émotionnels et de la sensibilité [...]. § 3° La problématisation implique l'existence de relations dialogiques et propose la construction de pratiques de santé fondées sur la lecture et l'analyse critique de la réalité. § 4° La construction partagée de la connaissance consiste en des processus communicatifs et pédagogiques entre des personnes et des groupes de savoir, des cultures et des insertions sociales différentes [...]. § 5° L'émancipation est un processus collectif et partagé dans lequel des personnes et des groupes réussissent à surmonter toutes les oppressions productrices de la déshumanisation et la détermination sociale de la maladie. § 6° L'engagement dans la construction du projet démocratique et populaire est la réaffirmation de cette orientation pour la construction d'une société juste, solidaire, démocratique, égalitaire, souveraine et culturellement diversifiée [...][2].

La PNEPS prévoit ainsi l'efficacité du sens d'intégralité dans le soin médical et de l'équité sociale et elle doit devenir l'instrument le plus important pour stimuler les pratiques

---

[1] NdT. Le Système Unifié de Santé (SUS) est la dénomination du système publique de santé au Brésil.

[2] Politique Nationale d'Éducation Populaire pour la santé (PNEPS), 2013. http://bvsms.saude.gov.br/bvs/saudelegis/gm/2013/prt2761_19_11_2013.html.

éducatives et interventionnelles de la santé auprès de la communauté.

Au cours des transformations historico-sociales, quelques modèles institutionnels sont dépassés et deviennent donc inutiles face aux nouvelles règles et contrats établis par le milieu culturel.

Les modèles paradigmatiques produisent différentes compréhensions de la réalité, ainsi que des théories, des pensées et des explications des phénomènes présentés, liés à tout le processus d'apprentissage. Une fois que ce système de croyances est en crise ou est ébranlé, perdant son utilité, de nouvelles alternatives s'élaborent pour résoudre les problèmes de la société, passant ainsi à un autre paradigme[1].

Aussi est-il important de comprendre celles qui montrent que le processus santé-maladie est intrinsèquement lié à la culture, à l'émotion, à la sociabilité et n'est pas restreint à des conditions environnementales et physiologiques.

L'EPS s'appuie sur des théories et sur des pratiques de rupture et va dans le sens contraire du paradigme scientifique moderne, ce qui permet de l'appeler éducation contre-hégémonique. Elle rompt avec la médecine formelle, comme on l'a déjà dit, elle rompt avec le modèle d'éducation bancaire dans lequel quelques-uns, passivement, copient le savant reconnu dont les connaissances n'appartiennent qu'à lui, savant, et sont données à l'autre, l'apprenant. Elle rompt avant tout avec la logique dominante d'oppression, de soumission des uns aux autres et d'aliénation de ceux-ci, pour qu'ils ne puissent ni réagir ni questionner les savoirs qui leur sont présentés comme étant « supérieurs ».

Dans la logique dominante, le peuple est libre de désirer et d'accepter la connaissance d'origine scientifique et/ou philosophique, mais il n'a pas le droit de s'y opposer et il ne peut pas admettre d'autres formes de connaissance. Dans ce sens, l'Éducation populaire pour la Santé est responsable de la rupture paradigmatique la plus claire, puisque le savoir

---

[1] Vietta, E. P. *et al.*, "Reflexões sobre a transição paradigmática em saúde mental", *Revista Latino-Americana de Enfermagem*, 9 (2), 2001, p. 97-103, https://dx.doi.org/10.1590/S0104-11692001000200014

populaire est placé au même niveau que le savoir scientifique et philosophique et que les élites intellectuelles et économiques sont dans une situation de privilège social, mais ne sont pas supérieures en capacité, connaissances et puissance.

## Le Théâtre de l'Opprimé dans l'Éducation populaire pour la Santé : actions et acteurs

En 2014, j'ai commencé un travail de Théâtre de l'Opprimé (TO) auprès du projet *Varre Vila* (Balaie Vila), dans un quartier de la banlieue est de São Paulo, avec deux volontaires, étudiantes du cours de psychologie de l'Institution où j'étais professeur. Le siège de ce projet se trouve dans le quartier Vila Nova Inês et, depuis 2012, on y fait un travail dont l'objectif est l'acquisition de nouvelles habitudes de traitement de déchets et la transformation des anciennes déchetteries en espaces de culture et loisir.

Notre proposition était de réaliser des exercices et des jeux ainsi que de discuter de l'oppression que les participants du projet subissaient dans la communauté, des situations domestiques jusqu'à celles liées à leur fonction de balayeurs. Pendant trois mois nous avons animé un atelier qui utilisait la séquence d'exercices et de jeux du TO ainsi que des procédures de constructions des sketchs et discussions.

C'est par le biais des jeux et des activités que le théâtre permet, entre autres méthodes, la création de sketchs et la discussion des problèmes sociaux vécus au quotidien. Le mot *exercice* caractérise, selon Boal (2005)[1], tous les mouvements moteurs, physiques, respiratoires, musculaires et/ou vocaux qui aident celui qui les fait à reconnaître mieux son propre corps.

Les jeux stimulent l'expressivité du corps tout en le montrant comme récepteur et émetteur de messages. Les procédés sur scène se divisent en : Théâtre Image qui contient les techniques qui transforment des questions, des problèmes et des sentiments en images concrètes/réelles. Le Théâtre Journal qui réunit neuf techniques qui récupèrent des nouvelles de

---

[1] *Ibid.*

journaux et leur donnent d'autres formes d'interprétation, différentes et diversifiées. Le Théâtre Invisible reprend les scènes quotidiennes déjà vécues par les participants qui vont revivre et travailler la question, dans le milieu naturaliste, sans que les spectateurs sachent qu'il s'agit d'un jeu. Le Théâtre Forum présente une histoire d'oppression et invite le public à la résoudre sur scène et, finalement, le Théâtre Législatif propose de voter pour des problèmes qui ont des rapports avec des situations vécues dans ces scènes et d'essayer de construire des documents légaux, des actions ou des théories[1].

Au *Varre Vila,* ce processus a eu lieu avec un groupe d'environ 15 personnes, des hommes et des femmes, qui racontaient des histoires à travers des sketchs dramatiques, en même temps qu'ils y cherchaient des solutions. Quelques issues se sont montrées réalisables, par exemple en ce qui concernait le préjugé de certains par rapport à l'uniforme des balayeurs. L'une d'elles proposait de répondre à ces commentaires par l'explication qu'ils étaient orgueilleux de travailler dans un projet qui apportait des bénéfices à la communauté qui deviendrait désormais plus belle et plus saine. Il leur arrivait, alors, de parler des transformations, des ordures à la propreté, de la saleté à l'art. Quant à la violence de tous les jours, dans la rue ou aux foyers, ils en parlaient peu, sans doute par crainte qu'on les prenne pour des dénonciations. Ils préféraient parfois se taire et traiter de choses plus superficielles.

Une femme qui, au début, avait considéré le projet comme « un jeu d'enfants », après plus de deux mois de travail dans les ateliers, s'est appropriée le théâtre et dirigeait elle-même les sketchs, les acteurs, elle animait les débats. Elle a insisté pour que ce spectacle soit montré au public et ils l'ont composé et y ont ajouté une espèce de bande sonore. C'était l'histoire des balayeurs qui n'étaient pas respectés par la population qui leur refusait de l'eau, s'ils en demandaient, jetait des déchets par terre pour les obliger à les ramasser, ou qui faisaient semblant de ne pas les reconnaître dès qu'ils portaient l'uniforme. Le dénouement montrait la difficulté des professionnelles de santé, c'est à dire, nous, de négocier avec un groupe, lié au trafic de

---

[1] *Ibid.*

drogues, qui faisait des fêtes et allumaient des bûchers sans ramasser leurs ordures après.

Le débat n'a pas été possible, après la représentation : il y avait plein de spectateurs, mais les voix ne pouvaient pas être entendues en plein air. Pourtant, il y a eu des applaudissements et les acteurs ont été fiers d'eux-mêmes, heureux d'avoir réussi à s'exprimer.

Une semaine plus tard, le projet est arrivé à son terme et nous nous sommes partagé les réussites. Malheureusement, je devais partir et nous n'avons pas pu continuer. Je peux quand même affirmer que cela a beaucoup contribué à la réflexion du groupe et soulevé pas mal de questions sur leur condition de vie et sur la manière de résoudre certaines situations à travers le dialogue.

Avant de quitter São Paulo, j'ai terminé aussi une autre formation interrégionale de l'*Articulação Nacional de l'Éducação Popular em Saúde* (Articulation nationale de l'éducation populaire pour la santé) (ANEPS). Cela a eu lieu à Embu das Artes[1], dans les lieux de la Pastorale[2]. L'ANEPS São Paulo a réalisé une immersion, pour la deuxième fois, auprès de l'ANEPS Rio de Janeiro. Le deuxième jour de travail, j'ai coordonné les activités de débat au moyen du Théâtre de l'Opprimé sur les déterminants sociaux de santé. Les participants étaient des éducateurs populaires de secteurs divers de santé, des membres de mouvements sociaux, des artistes populaires, des organisations non gouvernementales avec des projets sociaux, des représentants de pratiques d'intégration en santé et encore des personnes ayant un poste dans la gestion d'Éducation permanente.

Plusieurs groupes s'y sont formés et ils ont choisi un déterminant social à discuter à travers un sketch construit par le groupe. Chacun d'entre eux a présenté sa mise en scène où il était question d'une oppression, d'un empêchement et, à partir de là, j'agissais comme joker – rôle de multiplication et facilitation des discussions – et j'invitais le public à monter sur

---

[1] NdT : commune dans la région métropolitaine de São Paulo, connue pour sa vocation d'accueillir des artistes

[2] NdT : action de l'Église catholique dans le monde.

scène et essayer de résoudre le problème. Une table formée par trois éducatrices populaires notait toutes les solutions proposées et traçait des plans d'action ainsi que des axes de discussion. À la fin, elles ont lu ces propositions et ont signalé l'importance de les présenter à la Conferencia Nacional de Saúde (Conférence nationale de santé) qui allait avoir lieu, à la fin de l'année 2015.

Ces deux expériences décrites ci-dessus permettent d'affirmer que le TO systématise le débat à travers l'intégration des langages, favorise pour les participants la possibilité non seulement de raconter leurs drames, mais aussi de les faire revivre, multipliés par l'action du groupe dans leurs histoires. Pour Boal l'action et la constitution de la pensée sont liées par la formule : mettre en scène, c'est apprendre ; enseigner, c'est construire des savoirs.

C'est dans le contexte théâtral que j'ai pu voir se réunir des questions, des impressions, des positions, dans une scène qui dépasse l'explication verbale ; le théâtre matérialise les drames comme s'ils se passaient en dehors des lieux renfermés et le rendent, alors, collectifs, en même temps qu'ils produisent la possibilité de solutions partagées.

La responsabilité partagée est un des principes de l'Éducation populaire et de l'EPS et, dans ces projets, le TO se révèle un outil incontournable.

En 2015 et en 2017, en tant que professeur à l'Université de l'État du Minas Gerais, j'ai coordonné deux projets d'EPS dans les cours d'« extension universitaire » ayant aussi le TO comme outil pour la construction d'un savoir collectif.

Ces cours avaient en commun la production des Tentes Paulo Freire, un espace d'articulation de différentes expériences d'Éducation populaire et de pratiques d'intégration de santé de la région du Triângulo Mineiro[1]. L'invitation à une rencontre de pratiques et de savoirs n'était pas très claire parce que la plupart des participants n'avaient jamais entendu parler de l'EPS et du TO non plus.

---

[1] NdT : l'une des régions de l'État du Minas Gerais.

Les Tentes Paulo Freire ou Tentes d'affection populaire, comme préfèrent Maranhão et d'autres[1], sont des espaces d'échange de soins et savoirs organisés sous des tentes dressées lors d'événements scientifiques, culturels, politiques ou sociaux, ayant pour objectif de promouvoir la santé populaire et de réunir des savoirs, d'établir des liens entre les diversités, de produire des débats et faciliter l'émancipation.

La Tente Paulo Freire dans la région est plusieurs fois confondue avec les Tentes qui offrent à la population des analyses médicales de routine (telle la mesure de la tension, le taux de sang, etc.). Cette confusion indiquait un fossé entre la population et les services. Pour diverses raisons qui n'ont pas d'intérêt dans ce texte, cette « extension » semblait parfois avoir un caractère plus ludique que critique.

En 2017, le projet a visé les usagers de santé mentale d'un Centre d'attention psychosocial (CAPS) de la ville-siège du Campus. Les étudiants en « extension » et moi avons réalisé une série d'ateliers de TO qui cherchait à créer un espace où les silences pourraient se transformer en cris. Mon expérience antérieure avec des usagers de ce service avait donné un résultat surprenant, provoquant un grand débat et des changements dans le groupe lui-même[2]. J'attendais quelque chose de semblable sans tenir compte du fait que la moindre altération change la dynamique du spectacle. Et c'est ce qui s'est passé.

Les étapes ont suivi ces principes : dialogue (rencontres/ateliers où ont été invités les usagers de santé mentale qui utilisaient surtout le Théâtre Forum – procédé utilisé au TO – et les cercles de conversation), affectivité (échanges efficaces et affectifs), problématisation, analyse collective et identification des situations-limites et, finalement, la production collective d'une mise en scène qui conduisait au débat dans les Tentes Paulo Freire produites par le projet d'extension.

---

[1] Maranhao, T. *et al.*, "Espaços de Saúde e Cultura: expérience du Fórum Social Mundial sur les Tendas de Educação Popular em Saúde". Interface (Botucatu), Botucatu, vol. 18, supl. 2, 2014, p. 1175-1186.

[2] Campos, F. N. et Romera, M. L. C., "Oficinas de teatro e clínica da reforma: outras cenas", *in* Campos, F.N. et Amarante, P. D., *Saúde Mental e Arte: práticas, saberes e debates*, São Paulo, Zagodoni, 2012, p. 112-125.

Les premiers ateliers semblaient reproduire l'ambiance institutionnelle ; quelques usagers et professionnels considéraient les jeux comme des jeux d'enfants et tout indiquait un chemin de soumission et d'infantilisation. Dans les réunions, on s'interrogeait sur ce manque de progrès constaté.

Quelques-uns de nos collaborateurs ont alors suggéré la lecture des articles de la loi 10 216, de 2001 pour briser la glace. Cette loi dispose des droits des personnes atteintes de troubles mentaux et renouvelle le modèle d'assistance en santé mentale. On a hésité entre cette proposition génératrice et l'attente des thèmes qui auraient pu apparaître tout seuls.

Dans l'institution où ils se déroulaient, les débats portaient sur la douleur, le délire, les médicaments, l'hospitalisation et la maladie. Quand on cherchait à identifier cette douleur dans le contexte social, la discussion s'arrêtait là. Le corps et la parole ne supportaient pas de parler de la souffrance qui était pour eux un fardeau, une tragédie. Or, même les tragédies ont une fin, la crise tragique peut indiquer, en même temps, le danger et l'opportunité pour ceux qui souffrent de s'exprimer[1].

On a donc choisi, à ce moment-là, de parler des droits assurés, de pratiques attendues des services et de devoirs politiques. À chaque rencontre, on lisait un paragraphe de la loi dont ils discutaient et cherchaient à identifier quand ces lois avaient été respectées ou non au cours de leur existence. Ensuite, ils transformaient la discussion en sketchs, histoires, musiques, images.

## Que s'est-il passé ?

Eh bien, la première chose que mon équipe et moi avons constatée, c'est que les usagers de ce service connaissaient très peu leurs droits. Au fur et à mesure qu'ils découvraient la loi, il y avait plus de questions, de doutes et, en même temps, des raisons pour s'enquérir de leurs tragédies. La souffrance psychique n'a pas disparu au fil des rencontres, mais cela est passé au deuxième plan pour privilégier l'exécution des articles de la loi.

---

[1] Boal, A., *ibid.*

Pour Caldeira[1], chaque fois que l'individu établit un contact avec le théâtre, il peut vivre plusieurs personnages à travers lesquels surgissent d'autres possibilités de vie. Dans les mises en scène on a pu voir le remplacement progressif du discours répétitif sur la maladie par les discours critiques, voire pleins d'espoir par rapport à la santé mentale.

Dans les réunions qui se sont succédé, le groupe a construit plusieurs sketchs et ils en ont choisi quelques-uns pour les présenter au public. Le premier parlait d'un usager victime de préjugés quand il entrait dans un magasin pour acheter des vêtements. Pour les acteurs, ce fait n'était pas lié au trouble mental, mais à l'apparence et à la condition économique.

Ils en ont montré encore deux autres, dont l'un traitait de la discrimination lors d'un entretien d'embauche, quand le candidat disait être sous traitement médical au CAPS. Le dernier sketch évoquait une hospitalisation involontaire, demandée par un membre de la famille malintentionné dénonçant ainsi l'utilisation du stéréotype de la folie et des failles de la loi. Ils y dénonçaient aussi le rôle de la police, ignorant ce que disait l'usager, son historique et le contexte de l'événement et prenant la personne de force sur la seule justification qu'elle était malade. L'intervention policière a été remise en question et une polémique s'en est suivie qui a gêné certains membres de la famille qui étaient là.

Le silence a été rompu, non parce que le groupe voulait parler de ses droits, mais par le contact avec quelque chose dont le public méconnaissait l'existence. Raconter et mettre en scène les violences subies rendaient à la vie sa naturalité et permettaient un dialogue avec les spectateurs.

Les sketchs ont été présentés sous deux des Tentes Paulo Freire, mais il y a eu une très faible participation du public. Ils étaient encore esthétiquement fragiles et la communication était encore timide, ou intimidée par les regards. Dans ce sens, on n'est pas vraiment arrivé à bon port, mais la terre ferme commençait à se dessiner.

---

[1] Caldeira, L.R.M., "Trupe Maluko Beleza: percursos e sentidos de uma oficina de teatro no campo da saúde mental", Maîtrise, São Paulo (SP), Universidade Estadual Paulista, 2009.

En 2018, les usagers ont demandé au CAPS de reprendre le projet, ce qui nous a permis de prendre conscience que nous avions avancé quant à l'espace créé pour les soins, à l'existence et à l'autonomie. Les résultats positifs ont été importants, constatés aussi bien chez les usagers – famille et patients – que chez les professionnels et leurs auxiliaires.

Quand une minorité invisible gagne un espace de dialogue commun, cela veut dire qu'on a atteint un des objectifs de l'Éducation populaire qui est aussi du TO. Teixeira (2007)[1] conclut que l'Éducation populaire et le TO reconnaissent que « l'acte de connaître et de penser est directement lié au rapport avec l'autre. La connaissance a besoin d'expression et de communication. Elle n'est pas un acte solitaire et elle s'établit dans la dimension dialogique ».

Dans le groupe, il y a eu une prise de connaissance des lois et le débat avec ceux qui, en réalité, en tireraient profit ; on a pu écouter, alors, ceux à qui cela revient de droit, puisqu'on ne donne pas la voix à ceux qui la possèdent déjà.

Arroyo[2] affirme que les minorités qui existent dans l'imaginaire populaire basculent entre l'ignorant dangereux et l'innocent soumis et sans privilèges. L'auteur défend que ces représentations sociales de populations vulnérables ne coïncident pas avec la population qui lutte aujourd'hui pour ses droits et qui se montre de plus en plus attentive à sa propre condition, en même temps qu'elle occupe les espaces de l'art, de la politique et du savoir et reconstruit ces représentations négatives.

Ce même auteur comprend que l'Éducation populaire doit alors partir d'une donnée actuelle : la conscience des secteurs populaires s'exprime dans les actions collectives et dans leur expression politique.

Pendant mon parcours professionnel, engagé dans la lutte contre l'asile, j'ai eu l'occasion de partager des expériences avec des usagers de la santé mentale à Rio de Janeiro et à São Paulo qui étaient très attentifs à leurs droits et luttaient pour bien d'autres droits. Dans cette nouvelle entreprise, je voyais

---

[1] Teixeira, T. M. B., *ibid.*, p. 121.

[2] Arroyo, M. G., "Educação Popular, saúde, equidade e justiça social", *Cadernos CEBES,* 29 (79), 2009, p. 401-416.
https://dx.doi.org/10.1590/S0101-32622009000300009.

des personnes non articulées, très peu préparées pour une action politique. Pourtant, elles acceptaient de réaliser le débat, de mettre en scène les difficultés, de chercher des solutions, de tout partager avec la communauté, à condition de pouvoir compter sur une force extérieure pour les aider à continuer. J'ai appris dans la formation en TO qu'après l'application de la méthode auprès de la communauté, elle devait, à son tour, être reprise par un leader du groupe et devenir indépendante de l'éducateur venu d'ailleurs. Je comprends que l'Éducation populaire cherche cette même autonomie du sujet et des groupes. On espère que l'assistanat et la tutelle s'éloignent d'une pratique qui se veut émancipatrice ; et que le besoin de soutien ne menace pas l'objectif de liberté.

Ce qu'on voit dans la réalité, c'est qu'il y a des groupes, dans certaines régions de cet énorme pays, qui sont encore soumis aux savoirs hégémoniques. L'invisibilité de certains villages, dans les régions rurales, semble produire une invisibilité encore plus grande pour ses habitants opprimés. Les préoccupations avec les intérêts publics et la compréhension de la citoyenneté sont concentrées chez une minorité de la population qui devient porte-parole de ceux qui ne sont pas entendus. Il y a encore le fait que le statut de la folie attribue au fou un lieu de non-savoir, le soustrait au lieu de citoyen et le dépossède par rapport aux confrontations. Mais, on ne parlera pas maintenant de cet aspect.

Ce qui nous intéresse ici, c'est de se demander si cette articulation entre le TO et l'Éducation populaire pour la Santé aura une suite et comment elle doit faire pour assurer des résultats efficaces en ce qui concerne la création de groupes contre-hégémoniques pour qu'ils puissent s'entraider dans la construction d'un monde plus juste. Nous voulons savoir si cette articulation peut aller dans le sens contraire de certaines pratiques du SUS[1] marquées par un retour en arrière, qui menace la population avec ses projets de changements sur la scène politique, propositions qui sont faites à l'insu des populations et de leurs besoins.

---

[1] Le Système Unifié de Santé (SUS) au Brésil.

Nous trouvons pertinentes les questions d'Arroyo[1] sur la nouvelle place de l'éducateur populaire, surtout de celui qui fait son travail à partir de l'Université, des espaces académiques et de recherche et qui doit essayer de comprendre qui est ce peuple actuel :

> Jusqu'où ces transformations ont accompagné la formation d'un « autre » peuple ? Continue-t-on à travailler avec de larges références de savoirs, de cultures, de valeurs et de pratiques d'éducation et de santé ? [...] Quelles nouvelles demandes surgissent d'après cette nouvelle configuration du populaire pour l'éducation et la santé ? Quelles autres théories et pratiques sont exigées ? Comment l'Éducation populaire et la santé contribuent-elles à la formation de cet « autre » peuple[2] ?

Nous voulons terminer, en posant une question sur cet « autre » peuple dont il parle ; on le trouvera partout dans notre pays ? Quelques-uns seront-ils oubliés dans des régions plus éloignées des centres des luttes sociales ? Comment faire pour écouter leur voix qui porte avec elle d'autres luttes ?

Notre proposition est d'apprendre avec eux pour apprendre à enseigner, à intervenir, à donner des outils sans créer une dépendance éternelle. Nous souhaitons, au contraire, créer un dialogue permanent. Nous allons encore plus loin : nous voulons que ces savoirs, qu'on appelle anciens et populaires, envahissent les espaces académiques, dans un mouvement contraire à celui des *cours d'extensions* et qu'ils puissent reconstruire notre manière de penser, ren ecréant nos professionnels pour que le groupe soit plus solidaire et cohérent.

Pour cela il faut quand même écouter la grand-tante, pas seulement comme figure humaine, mais comme métaphore de la connaissance. Son histoire, c'est notre histoire et les savoirs encore présents aujourd'hui possèdent des racines et sont la promesse de beaucoup de fruits. Le savoir populaire, allié aux savoirs académiques, produit une indiscutable puissance pour soigner une nation qui se tait quand elle est malade.

---

[1] *Ibid.*

[2] *Ibid.*, p. 411-412.

# HISTOIRES DE VIE SOCIOPOLITIQUE ET VISÉE ÉMANCIPATRICE DE LA FORMATION

***Gaston Pineau***

Le projet de livre de Madame Ozório sur la problématique communautaire dans le champ de la production de la connaissance prolonge et déploie les perspectives ouvertes par ses précédentes productions : ***Penser les périphéries. Une expérience brésilienne. Pour un nouveau type de politique publique de construction du commun*** (2014)[1] et ***La favela de Mangueira et ses histoires de vies en commun*** (2016)[2]. Ce dernier ouvrage édité dans la collection *Histoire de vie et formation,* chez L'Harmattan, a nourri et enrichi un secteur social de production de connaissance avec des histoires de vie, appelé *Histoires de vie sociopolitique forgeant une visée émancipatrice de la formation.* Le survol de la vingtaine d'ouvrages de ce secteur peut aider à concrétiser comment le mouvement bio-cognitif des histoires de vie est travaillé par cette problématique communautaire et peut aider à la travailler. C'est ce que nous allons faire, après avoir rapidement présenté la collection : ses objectifs, ses deux volets, narratif et conceptualisant, et les huit secteurs de vie qui sont venus progressivement l'alimenter.

---

[1] Ozório L., *Penser Les Périphéries. Une expérience Brésilienne Pour un nouveau type de politique publique de construction du commun*, Paris, L'Harmattan, 2014

[2] Ozório L., *La favela de Mangueira et ses histoires de vie en commun. Travailler avec les périphéries*, Paris, L'Harmattan, 2016.

## 1. Les sources de vies vécues alimentant la collection *histoire de vie et formation*

Cette collection *Histoire de vie et formation* de la maison d'édition *L'Harmattan* vise à construire une nouvelle anthropologie de la formation en s'ouvrant aux productions de connaissances qui cherchent à articuler histoires de vie et formation. Elle comporte deux volets : un volet narratif appelé *histoire de vie,* accueillant l'expression directe des acteurs/actrices sociaux/sociales aux prises avec la vie courante à mettre en forme et en sens ; et un volet plus théorisant – nommé *formation* –, s'ouvrant aux constructions conceptuelles cherchant à construire une nouvelle anthropologie pour comprendre l'inédit des histoires de vie.

Depuis sa création en 1996, les presque deux cents ouvrages parus (189) ont pu être reliés, *a posteriori*, à huit secteurs vitaux, sources de productions narratives et théorisantes. Quatre sont vécus par toute personne au cours de son trajet de vie (cf. tableau 1)

1 - **Les histoires d'enfance et les relations familiales intergénérationnelles** qui ancrent les narrations et réflexions concernant la formation dans des temporalités personnelles intergénérationnelles. L'ouvrage initiateur de ce secteur est celui de Martine Lani-Bayle : ***L'histoire de vie généalogique. D'Œdipe à Hermès*** (1997)[1]

2 - **Les histoires d'école et de formations formelles** qui, souvent critiques, mettent paradoxalement en réflexions expérientielles autoformatives. ***L'école réparatrice de destins ? Sur les pas de la méthode Freinet*** de Paul Le Bohec (2007) est exemplaire de la vingtaine d'ouvrages de ce secteur.

3 - **Les histoires de vie professionnelle** réinterrogeant les rapports entre formation et travail, en pleine redéfinition permanente. L'éventail est largement ouvert : sportif, sociologue, enseignant, reporter, médecin, chercheur d'emploi, conseiller d'orientation, aviateur, chirurgien, sage-femme, bibliothécaire… Les récits peuvent porter sur toute la carrière

[1] Lani-Bayle, M., *L'histoire de vie généalogique. D'Œdipe à Hermès*, Paris, L'Harmattan, 2007.

ou seulement sur une période, comme ***Commencer à gagner sa vie sans la perdre. Recherche sur le premier cours de la vie professionnelle***[1].

4 - **Les histoires de santé** qui, depuis les années 2000, explosent, cherchant à relier le prendre soin à la mise en forme. *Souci et soin de soi.* ***Liens et frontières entre histoire de vie, psychothérapie et psychanalyse*** de Christophe Niewiadomski et Guy de Villers (2002) ouvrent le volet réflexif de ce secteur névralgique[2].

**Tableau 1**

Survol, de 1996 à 2020, des 189 publications de la collection *Histoire de vie et formation* selon les secteurs sociaux impliqués et les théorisations formatives suscitées

| **Secteurs sociaux du volet histoire de vie (100)** | **Théorisations formatives du volet formation (89)** |
|---|---|
| 1- Histoires d'enfances et d'intergénérations familiales (9) | 1- Mises en perspectives formatives socio-temporelles (12) |
| 2- Éducations et formations formelles (13) | 2- Mises en réflexions expérientielles autoformatives (9) |
| 3- Vies professionnelles (16) | 2- Relier travail et formation (14) |
| 4- Santé (15) | 4- Prendre soin et mise en forme de soi (10) |
| 5- Interculturalité (11) | 5- Formation dialoguant avec le monde (13) |
| 6- Sociopolitique (10) | 6- Formation émancipatrice (8) |
| 7- Vies aux frontières sociales (14) | 7- Transdisciplinarisation de la formation (8) |
| 8- Recherche de sens (12) | 8- Anthropo-formation (14) |

Trois autres proviennent de secteurs sociaux vécus plus spécifiquement par certains :

---

[1] Prévost, H., *Commencer à gagner sa vie sans la perdre. Recherche sur le premier cours de la vie professionnelle*, Paris, L'Harmattan, 2005.

[2] Niewiadomski, CH. et Villers, G. de, *Souci et soin de soi. Liens et frontières entre histoire de vie, psychothérapie et psychanalyse*, Paris, L'Harmattan, 2002.

5 - **les croisements interculturels** multipliés par les mouvements actuels de mondialisation obligent de gré ou de force à ouvrir une formation dialoguant avec le monde. À l'occasion du centenaire de la parution du *The Polish peasant in Europe and América : monograph of an immigrant group* de W. Thomas et F. Znaniecki (1918), le colloque de Wroclaw en 2018 a alimenté ce secteur de deux productions historiques : ***Approches (auto) biographiques et nouvelles épreuves de transitions. Construire du sens avec des parcours de vie***[1] et ***Histoire de vie et recherche biographique : perspectives sociohistoriques***[2].

6 - **les histoires de vie sociopolitique** rappellent que la vie n'est pas un long fleuve tranquille. Elles travaillent une visée émancipatrice de la formation. Elles maintiennent et prolongent les objectifs de promotion collective poursuivis par les différents mouvements de libération sociopolitique. Elles tentent de franchir la distance abyssale qui sépare ces mouvements des institutions dominantes pour lutter contre un refoulement mortifère et mettre en culture une richesse inouïe et inédite d'expériences de luttes vitales. Que Lúcia Ozório vienne du Brésil concrétise l'apport de ce que l'on commence à appeler les *Épistémologies du Sud. Mouvements citoyens et polémiques sur la science*[3]. Le point suivant développera les connexions émergentes de ce secteur.

7 - **Les histoires de vie aux frontières du social**. Pour éviter toute stigmatisation, ce septième secteur regroupe sous ce terme de vies aux frontières du social, les histoires vécues de violence, de prison, de situations en borderline, qui tentent de trouver des mots et des interlocuteurs pour se dire, à travers et au-delà des disciplines. D'où des percées transdisciplinaires nécessaires. Ces dernières années, une équipe de trois personnes – Martine Lani-Bayle, Catherine Schmutz-Brun et Gaston

---

[1] Slowik, A. *et al.*, *Approches (auto)biographiques et nouvelles épreuves de transitions. Construire du sens avec des parcours de vie*, Paris, L'Harmattan, 2018.

[2] Slowik, A., Breton, H., Pineau, G., *Histoire de vie et recherche biographique : perspectives sociohistoriques*, Paris, L'Harmattan, 2020.

[3] Santos, B. de S., *Épistémologies du Sud. Mouvements citoyens et polémique sur la science*, Paris, Desclée de Brouwer, 2016.

Pineau – a produit une trilogie pour explorer frontalement ce qu'on peut appeler le régime nocturne de la vie et de la formation : ***Histoires de morts au cours de la vie***[1] ; ***Histoires de nuits au cours de la vie***[2] et ***La vie avec les animaux. Quelle histoire***[3] **!**

8 - **Recherche de sens et anthropoformation**. Ce huitième secteur regroupe les productions qui s'attaquent frontalement à la quête de sens au cœur, selon nous, des histoires de vie définies comme « recherche et construction de sens à partir de faits temporels personnellement vécus (Pineau, Le Grand[4]. Les ouvrages de Pascal Galvani (***Moments de formation et mise en sens de soi***[5] et de Bernard Honoré (***Histoire de vie et formation de la personne***[6] sont exemplaires de ce secteur.

Ces secteurs producteurs d'histoires de vie en formation ne sont bien sûr pas étanches. Au contraire, ils sont aux prises avec un écheveau relationnel social et spatio-temporel aussi complexe que vital. Ce sont des secteurs d'émergence, à la première personne du singulier et du pluriel, d'essais de conjugaison de temporalités multiples, tendues entre parcours et discours, passé/présent/futur, soi, les autres et les choses.

Parfois des prises de paroles réunissent deux secteurs. Par exemple, un ouvrage récent ***Eugène Carlu. La vie pleine d'un autodidacte***[7], a été classé dans le secteur 1 *histoires d'enfance et d'intergénérations familiales*, parce qu'il a été coproduit par des membres de sa famille, des amis et des extraits personnels, écrits avant sa mort. Mais il exprime aussi, à travers cette dynamique familiale, une lutte sociopolitique de construction

---

[1] Lani-Bayle, M., Schmutz-Brun, C., Pineau, G., *Histoires de morts au cours de la vie*, Paris, L'Harmattan, 2011.

[2] Lani-Bayle, M., Schmutz-Brun, C., Pineau, G. *Histoires de nuits au cours de la vie*, Paris, L'Harmattan, 2012.

[3] Lani-Bayle, M., Schmutz-Brun, C., Pineau, G. La vie avec les animaux. Quelle histoire ! Paris, L'Harmattan, 2015.

[4] Pineau G., Et Le Grand J. L. Collection, *Que sais-je ?* Paris. Presses Universitaires de France, 2019, p. 3.

[5] Galvani, P., *Moments de formation et mise en sens de soi*, Paris, L'Harmattan, 2011.

[6] Honore, B., *Histoire de vie et formation de la personne*, Paris, L'Harmattan, 2019.

[7] Carlu, E., *La vie pleine d'un autodidacte*, Paris, L'Harmattan, 2019.

coopérative de communes rurales. Son hérault autodidacte, Eugène, le bien né, selon l'étymologie de ce prénom, a arrêté l'école à 12 ans, comme les jeunes ruraux de son époque. Mais sa vie s'est construite comme leader de nombreux mouvements de développement agricole coopératif. Il aimait se présenter comme diplômé d'HEC : « Ses yeux pétillaient de malice lorsqu'il s'amusait à souligner qu'il était diplômé de HEC, précisant après un petit moment, qu'il fallait comprendre "Hautes Études communales[1]" ». Avec ce jeu de mots, il entrevoyait peut-être plus qu'il ne pouvait dire. Et ce livre pointe une voie pour prolonger, sous des formes nouvelles à créer, la dynamique qui l'a formé.

Cette histoire d'autodidacte est celle d'une vie pleine, parce qu'elle a réussi à conjuguer de façon autonome et intergénérative, vie personnelle, familiale, professionnelle, amicale, mais aussi sociopolitique, avec une visée émancipatrice de la formation. S'il faut de Hautes Études communales, c'est que le mot communal fait partie d'un bassin sémantique extrêmement riche avec une longue histoire. Après les communes de la Renaissance et de la République, le communisme des états marxistes et le communautarisme des mouvements coopératifs, apparaissent maintenant les communs : ***le retour des communs. La crise de l'idéologie propriétaire***[2]. Entre capitalisme, communisme et libéralisme, le communautaire est une troisième voie à ne pas exclure ni oublier. Ces histoires collectives de personnes profondément engagées socialement sont des moyens importants de mettre en culture des compétences expérientielles et existentielles vécues, à peine imaginables autrement.

Luttant contre le gaspillage de l'expérience, cette collection *Histoire de vie et formation* se sent proche des épistémologies du Sud[3] pour dépasser les cécités des connaissances formelles. Elle veut offrir une voie de formulation, de formalisation et de socialisation transdisciplinaire à celles et ceux qui luttent pour la vie en voulant la mettre en sens. L'objectif du secteur 6 est de

[1] Carlu, E., *ibid.*, p. 178.

[2] Coriat B. (dir), *Le retour des communs : la crise de l'idéologie propriétaire*, Paris, Les liens qui libèrent, 2005.

[3] Santos B. de S., *ibid.*

regrouper les ouvrages qui expriment des luttes de mise en sens, ensemble, en commun, en collectif. C'est cet ensemble que l'ouvrage de Lúcia Ozório, ***La favela de Mangueira et ses histoires de vie en commun. Travailler avec les périphéries***[1] est venu rejoindre en 2018. Qu'est-ce à dire ?

## 2 - Histoires de vie sociopolitique et visée émancipatrice de la formation (tableau 2)

Des 18 ouvrages nourrissant ce secteur depuis 1996, il ressort tout d'abord que Lúcia Ozório n'est pas la seule venue du Sud géographique en ébullition d'émancipation. Le début de la collection est marqué par deux ouvrages venant du Chili : ***Combat au quotidien dans le Chili de l'après Pinochet*** de Guislaine Jourdain en 1999[2] ; et en 2000, Chili 1967-1973 : ***Témoignage d'un prêtre ouvrier. Ou le noir et le rouge***, de Pierre Dupuy[3].

### *Volet histoire de vie*

Le premier livre ouvrant le volet *narratif* de ce secteur et même de la collection, vient aussi de ce Sud : ***Haïti, terre cassée… Quinze ans dans la campagne haïtienne***[4]. Son auteure, Claire Sugier, mère de famille, fait magnifiquement partager le bonheur des échanges, la saveur de la vie villageoise, la douleur des drames et de la misère, à pied ou à mulet sur les sentiers poussiéreux, accroupie devant un brasero ou au chevet des malades au fond des cases sombres. L'écriture de cette expérience sociofamiliale extrême a l'ampleur de celle de ***L'Écriture ou la vie*** de Georges Semprun, paru deux ans plus tôt[5]. Les deux transmuent l'expérience vécue en une

---

[1] Ozório, L., *ibid.*
[2] Jourdain G., *Combat au quotidien dans le Chili de l'après Pinochet*, Paris, L'Harmattan, 1999.
[3] Dupuy, P., *Chili 1967-1973 : Témoignage d'un prêtre ouvrier. Ou le noir et le rouge*, Paris, L'Harmattan, 2000.
[4] Sugier C., *Haïti terre cassée…Quinze ans dans la campagne haïtienne*. Paris, L'Harmattan, 1996.
[5] Semprun, G., *L'Écriture ou la vie*, Paris, Gallimard, 1994.

expérience vitale, ce qui est le défi d'une histoire de vie réussie : « L'expérience vécue ne devient une expérience vitale que dans la mesure où la compréhension échappe à l'étroitesse et à la subjectivité et accède au niveau de la totalité et de l'universel[1] ».

Mais les histoires de vies sociopolitiques ne se forgent pas seulement à l'étranger. ***Mémoires d'un ajusteur-syndicaliste. Forgeron d'utopie***, d'Auguste Bouvet[2], raconte l'histoire d'une vie d'ouvrier métallurgiste dans la seconde moitié du XX^e^ siècle. Il amorce, en 1997, les productions venant plus de l'intérieur de l'hexagone. ***Le siècle de vie d'un enfant du peuple. Bois d'ébène : 1901-1999*** raconte, grâce à la profonde compréhension et la plume d'un ami, Jean-André Olivier, le siècle vécu de façon anonyme par un enfant de l'Assistance publique, Léon Voerlhe, mis au service de paysans meusiens. Dans ***S comme Usine***, Geneviève Masséna[3], jeune femme déléguée du personnel dans une usine d'hommes – « S. Méditerranée » de Mittal Steel – fait sortir de l'ombre « son brouillard, ses fumées ses odeurs… mais aussi S. comme salariat et sujétion, comme supérieurs et subalternes, S. comme savoir-faire et sous-traitance, comme saisissante et sale, S. comme syndicats et solidarité, comme solitude et stress ».

Ce secteur de vies sociopolitiques est aussi nourri, encore plus dramatiquement, par des expériences de guerre vécues en commun. Six ouvrages y plongent leurs racines : cinq, dans la plus proche, la guerre d'Algérie ; et un dans celle plus lointaine de 1939-45. À côté des onze mille enfants juifs en France exterminés dans les chambres à gaz, d'autres plus nombreux y ont échappé, grâce à un cache-cache clandestin… pour découvrir à la fin qu'ils étaient devenus orphelins. ***Deux petites filles dans la tourmente nazie*** de Paul Sechter[4] raconte

[1] Dilthey W., *L'édification du monde historique dans les sciences de l'esprit*, Paris, Le Cerf, 1988, p. 97 (1^e^ éd. 1910)

[2] Bouvet A., *Mémoires d'un ajusteur-syndicaliste. Forgeron d'utopie*, Paris, L'Harmattan, 1997.

[3] Massena G., *S comme Usine*, Paris, L'Harmattan, 2008, p. 8.

[4] Sechter, P., *Deux petites filles dans la tourmente nazie*, Paris, L'Harmattan, 2009.

comment ces années noires ont été et sont vécues maintenant par Thérèse et Lili.

Mais la guerre n'est pas toujours tragique, tout le temps, pour tout le monde. Dans ***Journal d'un rappelé d'Algérie*** (2008)[1], Claude Rosales témoigne des petits riens de la vie de tous les jours *d'un rappelé*, des petites misères, de ses joies, de la fraternité d'armes de troufions ordinaires. Pour un soldat qui se bat, il y en a cinq qui, dans les bureaux, les cuisines, les casernes, les hôpitaux et les transports, ne vivent jamais le baptême du feu.

L'anniversaire du cinquantenaire de la fin de la guerre d'Algérie en 2012 et l'arrivée à la retraite de la génération qui l'a faite ont suscité une expression effervescente. Tous les appelés n'ont pas obéi. ***Les appelés du contingent, ces soldats qui ont dit non à la guerre*** de Djoudi Attoumi[2], ancien officier de l'Armée de libération algérienne, apportent un éclairage inédit sur cette *face cachée de l'armée coloniale française pendant la guerre d'Algérie* (sous-titre).

***Guerre d'Algérie, Guerre d'indépendance. Paroles d'humanité***, Association des Anciens Appelés en Algérie Contre la Guerre)[3] rassemble les récits divers des différents protagonistes : combattants français et algériens, harkis, pieds-noirs, réfractaires, médecins, infirmières, membres de leur famille. Sa production – sans rallumer la guerre – est un tour de force extraordinaire de son comité de rédaction. Il aura fallu plus de cinquante ans pour qu'une communauté de paroles se libère, contribuant à l'apaisement, au rapprochement, à la fraternisation. Mais, malheureusement c'est loin d'être ordinaire.

---

[1] Rosales, C., *Journal d'un rappelé d'Algérie*, Paris, L'Harmattan, 2008.

[2] Attoumi, D., *Les appelés du contingent, ces soldats qui ont dit non à la guerre*, Paris, L'Harmattan, 2013.

[3] Association des Anciens Appelés en Algérie Contre la Guerre. *Guerre d'Algérie, Guerre d'indépendance. Paroles d'humanité*, Paris, L'Harmattan, 2012.

**Tableau 2**
**Secteur 6. Histoires sociopolitiques forgeant une visée émancipatrice de la formation**

| Volet histoire de vie (10) | Volet théorisation formative (8) |
|---|---|
| 1996 - *Haïti, Terre Cassée... Quinze ans dans la campagne haïtienne* Sugier<br>1997-*Mémoires d'un ajusteur-syndicaliste. Forgeron d'utopie*-Bouvet<br>1999 - *Combat au quotidien dans le Chili de l'après-Pinochet* Jourdain<br>2000 - *Le siècle de vie d'un enfant du peuple. Bois d'ébène (1901-1999*) Olivier<br>2000 - *Chili 1967-1973- Témoignage d'un prêtre ouvrier. Ou le noir et le rouge* – Dupuy<br>2008-*S comme usine*-Masséna<br>2008 - *Journal d'un rappelé d'Algérie* Rosalès<br>2009 - *Deux petites filles dans la tourmente nazie* - Sechter<br>2012 - *Guerre d'Algérie, Guerre d'indépendance. Paroles d'humanité.*4ACG<br>2013 - *Les appelés du contingent, ces soldats qui ont dit non à la guerre*-Attoumi | 2000 - *Histoires de vie collective et éducation populaire*-Coulon/Le Grand<br>2001-*Émancipation et connaissance. Les histoires de vie en collectivité* - Brun<br>2004 - *Quand L'université et la formation réciproque se croisent. H. singulières et collective de formation* - Héber_Suffrin<br>2007 - *Engagements dans les Maisons Familiales Rurales. Ils ont marché pour ouvrir des chemins nouveaux*-Gimonet et AARMFR<br>2010- *Comme des orpailleurs. De la misère à la pauvreté. Les relations comme chemin de libération*-Caillaux<br>2011 - *Quand les appelés d'Algérie s'éveillent. Denis, Philippe, Paul et les autres.* Chaput-Le Bars<br>2014 - *Traumatisme de guerre. Du raccommodement par l'écriture*, Chaput le Bars<br>2016 - *La favela de Mangueira et ses histoires de vie en commun. Travailler avec les périphéries*. Lúcia Ozório |

Les deux autres ouvrages témoignent de la nécessité d'un espace/temps intergénérationnel, entre autres familial, pour débloquer l'expression. ***Quand les appelés d'Algérie s'éveillent.***

***Denis, Philippe, Paul et les autres***[1]... et ***Traumatisme de guerre. Du raccommodement par l'écriture***[2] sont le produit remarquable d'une recherche-formation de Corinne Chaput-Le Bars avec son père et trois autres combattants, enfermés dans leur silence avant de la rencontrer. Ils sont le fruit d'une thèse qui s'est construite grâce à une méthodologie interactive et dialogique. Le plan de l'ouvrage relatant l'éveil de Denis, Philippe et Paul indique les étapes suivantes : passer d'*Histoires sans paroles (partie 1) à des histoires aux cent paroles (partie 2)* pour arriver à des *Paroles d'Histoire (partie 3).* Le second, préfacé par Boris Cyrulnik, développe le concept de raccommodement entre déni, *désilience et résignance.*

S'émanciper des traumatismes de guerre génère des récits de résilience révélant, en miroir tragique, des ressorts personnels invisibles en même temps que des abominations sociopolitiques. Détendre, par l'expression orale et/ou écrite, ces nœuds gordiens intimes et immenses étranglant, se joue aux frontières de la thérapie et d'une formation à initier, aux frontières là aussi des autres et de soi. C'est à cette initiation auto et coformative que s'emploient plus ou moins explicitement ces ouvrages. Les deux derniers de Corinne Chaput-Le Bars, hyper-réflexifs, ont été mis dans le volet formation de ce secteur sociopolitique. Ils initient en effet des pistes formatives méthodologiques et épistémologiques précieuses. Un ouvrage de Martine Lani-Bayle et de Aneta Slowik, paru dans le secteur 8, *recherche de sens*, s'attaque frontalement à cette réciprocité dramatique : *Récits et résilience, quels liens ? Chemins de vie*[3].

***Volet théorisation formative***

En plus de ces recherches de liens entre récits et résiliences pour tenter d'ouvrir des chemins de formation avec les expériences de guerre plus ou moins traumatisantes, ce volet

---

[1] Chaput-Le Bars, C., *Quand les appelés d'Algérie s'éveillent.* Denis, Philippe, Paul et les autres... Paris, L'Harmattan, 2014.

[2] Chaput-Le Bars, C., *Traumatisme de guerre. Du raccommodement par l'écriture*, Paris, L'Harmattan, 2014.

[3] Lani-Bayle, M. et Slowik, A., *Récits et résilience, quels liens ? Chemins de vie*, Paris, L'Harmattan, 2016.

ouvre la réflexion sur les relations entre vie collective et formation en commun ou en socioformation.

– ***Histoires de vie collective et éducation populaire*** (2000), coordonné par Marie-Jo Coulon et Jean-Louis Le Grand, initie la théorisation de ce secteur à partir de pratiques précises de recherche-formation en ce domaine. Il opère un panorama d'histoires de vie collective dans une perspective d'éducation populaire : que se passe-t-il lorsque des acteurs sociaux tentent d'expliciter l'histoire de villages, de collectivités, d'associations, de groupes de travail ou de militants, de communautés dans lesquelles ils ont une part active ? Quinze auteurs de France et du Québec dégagent les dimensions sociales communes d'expériences d'histoires de vie singulières.

Les quatre et derniers ouvrages qui suivent sont le produit de recherche-formation partenariale entre le Département des Sciences de l'éducation et de la formation de l'Université de Tours et des mouvements qui se veulent socio-éducatifs : ATD-Quart Monde de lutte contre la grande pauvreté ; Le mouvement des Réseaux d'Échange réciproque de Savoirs (MRERS) ; et le Centre Pédagogique National des Maisons Familiales Rurales de Formation et d'Orientation.

De ces trois grands mouvements socio-éducatifs, le mouvement des Réseaux d'Échanges réciproques de Savoirs (MRERS) est le plus récent. Il est né dans les années 1970, dans les banlieues parisiennes d'Orly et d'Évry, pour mettre en culture une démarche de formation réciproque dont l'énoncé est aussi simple que sa réalisation est complexe : *tout le monde sait quelque chose, donc tout le monde peut apprendre quelque chose à quelqu'un et de quelqu'un.* D'où l'émergence locale, puis nationale et internationale d'un mouvement de réseaux d'échanges réciproques de savoirs. Au milieu des années 1995, ce mouvement rencontre les sciences de l'éducation et de la formation de l'Université de Tours. Et une entente partenariale se noue pour concevoir et réaliser une coformation de production de savoirs entre les initiateurs/trices de ces réseaux et des universitaires, pour mieux traiter la complexité de ces échanges réciproques de savoirs. ***Quand L'Université et la Formation réciproque se croisent. Histoires singulières et***

***histoire collective de formation*** (HEBER-SUFFRIN, coord. 2004)[1] est le produit de cette recherche-formation en commun. Cinq parties regroupent cet ouvrage collectif de dix-huit auteur.e.s :

*1- Genèse d'une formation ; 2- Une aventure vitale d'un point de vue culturel ; 3- Une aventure vitale d'un point de vue sociopolitique ; 4- Une aventure vitale du point de vue de la formation ; 5- Transversalités.*

« Ces dix-huit auteur.e.s ont eu le sentiment puissant de construire, là, en cohérence avec des choix éthiques et politiques, un peu de cet AUTRE MONDE POSSIBLE, où l'on choisit la solidarité et la formation réciproque plutôt que la compétition ; le partage plutôt que la prédation ; l'humain, son histoire de vie et sa dignité au cœur du système, plutôt que l'utilisation des humains pour servir les pouvoirs. Un monde où la culture et les savoirs sont considérés comme des biens communs, créateurs de sens et d'émancipation, et non comme des marchandises, ou des outils d'exclusion » (4e de couv.)

Les Maisons Familiales Rurales sont nées, elles, en 1937 en pleine campagne du Lot-et-Garonne en France, dans une petite commune rurale, Lauzun. Elles ont émergé d'une alliance entre agriculteurs et un prêtre progressiste, pour ne pas se faire déposséder de leurs savoirs et de leur pouvoir de formation par une implantation uniforme hors sol d'une école à temps plein, en classe, entre quatre murs. La culture formelle, livresque à forte saveur urbaine, administrative et industrielle délivrée par cette école, désacculturait leur expérience et la transmission de leur métier. Regroupés en association éducative devenue les Maisons Familiales Rurales, ils ont fait surgir une éducation par alternance études/travail. À l'occasion du soixante-dixième anniversaire de cette fondation, les représentants de ce mouvement, coordonnés par Jean-Claude Gimonet, ont rassemblé leur témoignage dans ***Engagement dans les Maisons Familiales Rurales. Ils ont marché pour ouvrir des chemins***

---

1 Heber-Suffrin, C. (coord.), *Quand L'Université et la Formation réciproque se croisent. Histoires singulières et histoire collective de formation*, Paris, L'Harmattan, 2004.

***nouveaux***[1]. Ces récits d'administrateurs (2e partie) et de formateurs (3e partie), souvent anciens élèves eux-mêmes, ont des tonalités d'épopée. Une vraie chanson de geste qui transforme une époque. Actuellement, avec l'ouverture des apprentissages à tous les âges et dans tous les secteurs de la vie, cette alternance études/travail, déborde le monde rural et s'impose comme l'alternative du futur. Personnellement, c'est elle qui a construit mon alternance transatlantique. Elle m'a fait vivre avec l'association Solidarité Internationale des Mouvements familiaux (SIMFR_Belgique) et l'Union Nationale des Écoles Familiales Agricoles du Brésil (UNEFAB) l'aventure expérientielle d'un master expérimental en *Formation et développement durable*, par alternance[2].

Le mouvement ATD Quart Monde a été créé en 1957 par le père Joseph Wresinski avec des familles vivant dans un camp de relogement à Noisy-le-Grand, en banlieue parisienne. La signification initiale du sigle ATD – Aide à Toute Détresse – a évolué vers Agir Tous ensemble pour la Dignité. Le premier ouvrage ***Émancipation et connaissance. Les histoires de vie en collectivité***, de Patrick Brun[3], est le produit d'une rencontre, par l'intermédiaire de ce dernier, d'une pratique biographique du Mouvement et des travaux de recherche à Tours sur les histoires de vie. Cette rencontre longuement travaillée dans une thèse doctorale, s'inscrit dans la construction d'une nouvelle alliance entre les mouvements de lutte contre la grande pauvreté et les milieux intellectuels engagés dans la recherche des conditions de formation de savoirs émancipateurs : *S'émanciper, toute une histoire !* (1e partie) ; *Connaissance émancipatoire et agir communicationnel* (2e partie) ; *De Colette Turcot à Kolette ou les métamorphoses du sens dans la production d'une histoire de vie en collectivité* (3e partie).

Patrick est un grand artisan de la construction de cette nouvelle alliance. Il est mort en 2014. Mais ses ouvrages lui

---

[1] Gimonet, J.-C. (coord.), *Engagement dans les Maisons Familiales Rurales. Ils ont marché pour ouvrir des chemins nouveaux*, Paris, L'Harmattan, 2007.
[2] Pineau G. *et al.* (coord.), *Alternatives socio-éducatives au Brésil. Expérience d'un master international*, Paris, L'Harmattan, 2009.
[3] Brun, P., *Émancipation et connaissance. Les histoires de vie en collectivité*, Paris, L'Harmattan, 2001.

survivent en posant des jalons précieux pour cette construction infinie. Son dernier ouvrage avec douze membres actifs du Mouvement est aussi majeur : *À la rencontre des milieux de pauvreté. De la relation personnelle à l'action collective*[1]. Il a aussi à voir avec le suivant. Car ce dernier est issu d'un Diplôme universitaire des Hautes Études de Pratiques Sociales (Duheps) avec les volontaires d'ATD auquel il a beaucoup contribué[2]. Cette formation coopérative par production de savoirs plus que par consommation de cours, a été conçue pour que les volontaires de la première génération puissent expliciter, formaliser et communiquer les acquis de leur longue expérience de lutte contre la grande pauvreté. Comme pour tout combattant, cette lutte est aux frontières du dicible. Et ainsi disparaissent des trésors de savoirs expérientiels, inédits et inouïs. Alors qu'un des deux objectifs d'ATD pour une transformation sociale d'ensemble, est d'infuser dans la société les savoirs en commun construits par cette lutte en immersion profonde.

C'est la mise en culture sociale plus large d'une longue expérience de terrain que vise l'ouvrage de Maryvonne Caillaux : ***Comme des orpailleurs. De la misère à la pauvreté. Les relations comme chemin de libération***[3]. Maryvonne est volontaire-permanente du Mouvement ATD Monde depuis 1982. Mère de cinq enfants, elle a exercé avec son mari, des responsabilités en France et aux États-Unis. Son interrogation de fond porte sur la façon de découvrir la part lumineuse de chaque être humain, lorsqu'elle est obscurcie par la désespérance et l'effroi qu'engendre une trop grande précarité. Elle propose un chemin : celui des orpailleurs. Ces chercheurs de paillettes creusent et fouillent les sables, les recueillent et les brassent pour les laver et pour en faire ressortir les ressources

---

[1] Brun, P., *À la rencontre des milieux de pauvreté. De la relation personnelle à l'action collective*, Éd. Quart Monde et Chronique Sociale, 2014.

[2] Pineau, G. *et al.*, Ingénierie d'alternances réflexives et production de savoirs. L'expérience du Duheps ATD-Quart Monde (2006-2008*)*, *in* Guillaumin C. *et al.*, *Pratiques réflexives en formation. Ingéniosité et ingénieries émergentes*, Paris, L'Harmattan, 2009.

[3] Caillaux, M., *Comme des orpailleurs. De la misère à la pauvreté. Les relations comme chemin de libération*, Paris, L'Harmattan, 2010.

cachées. Elle utilise cette métaphore pour dire les voies qui conduisent à regarder et découvrir autrement. « Elle met en lumière que si la misère enferme les personnes dans des identités négatives, c'est toujours à travers des relations qui grandissent l'autre, que se fondent les processus de libération » (4e de couv).

***Vers une révolution mondiale des savoirs et des pouvoirs*[1]**

Cette coopération avec le mouvement ATD Quart Monde a connu en 2017 au Centre culturel international de Cerisy, un colloque historique de synthèse auquel Lúcia a pu participer pour présenter son ouvrage. Avec une militante et une volontaire, nous avons osé esquisser *une révolution mondiale des savoirs et des pouvoirs* en croisant le projet d'ATD Quart Monde avec ce qui émerge des épistémologies du Sud : travailler une conception conscientisante du savoir contre une conception bancaire, selon Paulo Freire ; et pour actualiser cette conception, repérer les grandes opérations paradigmatiques à réaliser selon Boaventura de Sousa Santos afin de *décoloniser les savoirs pour réinventer le pouvoir*[2] :

*– repérer les absents. Difficile parce qu'ils sont absents, mais vital pour résister ;*

*– s'ouvrir aux émergences existentielles. Les absents n'ont pas complètement disparu, il y a des voix faibles, il y a des traces ;*

*– développer une écologie des savoirs principalement expérientiels ; comprendre que ces savoirs peuvent être mis en lien quand on met au centre les savoirs expérientiels ;*

*– apprendre une translation culturelle. IL faut travailler à travers et au-delà même de nous-mêmes et des cultures*[3].

---

[1] Pineau, G. *et al.*, « ATD Quart Monde, vers une révolution mondiale des savoirs et des pouvoirs », *in* Tardieu B., Tongley J. (coord.), *Ce que la misère nous donne à repenser, avec Joseph Wresinski*, Paris, Hermann, 2018, p. 399-410.

[2] Santos B. de S., *Descolonizar el saber, reinventar el poder*, Montevideo, Ed. Trilce, 2010.

[3] Pineau, G., Theron, Novert, *ibid*, p. 409.

## Conclusion : le commun, entre uniformisation et unidiversification

Le survol de ces expressions plus ou moins formalisées d'histoires vécues de recherche-formation de vies communautaires montre que les Hautes Études communales d'Eugène, ne ressemblent pas aux Hautes Études commerciales. Elles ne sont pas localisées et instituées dans des buildings hérités avec des entrées et des ascenseurs très policés. Mais elles ne sont pas pour autant utopiques, même si elles sont invisibles de l'intérieur de ces buildings. Elles sont plutôt multitopiques, émergeant de multiples terrains en jachère, comme l'est toute vie en formation qui doit se cultiver pour exister. Toute vie, pour exister, doit conquérir et faire sa place et sa durée, avec et contre les autres, avec et contre les choses. Vitale et incontournable formation permanente. « L'humain existe en formation. IL n'en décide pas. Ce qu'il faut décider, ce sont les conditions de son existence formative[1] ». Et ces conditions sont aux prises avec ce que Morin nomme le grand paradoxe de l'identité humaine : la tension créatrice entre unité et diversité. « Le trésor de l'humanité est dans sa diversité créatrice, mais la source de sa créativité est dans son unité génératrice[2] ». Concrètement, en termes de formation, ce paradoxe se joue de façon tripolaire : un pôle organique intérieur d'unification, le pôle d'autoformation ; et deux pôles extérieurs de diversification, l'environnement social et l'environnement physique, pôle de socioformation et d'écoformation. Chez Morin, ce grand paradoxe conclut une première partie appelée *la trinité humaine.* Et il ouvre les trois autres : l'identité individuelle ; les grandes identités sociale, historique, planétaire et future ; et le complexe humain.

Depuis trente ans, les essais de compréhension de ces émergences expérientielles d'auto-socio-écoformations existentielles ont alimenté la construction d'une théorie de la formation permanente en deux temps : expérientiels/formels et

[1] Bernard, H., *Vers l'œuvre de formation. L'ouverture à l'existence*, Paris, l'Harmattan,1992.

[2] Morin, E., 2001, *La Méthode 5, l'humanité de l'humanité. L'identité humaine*, Paris, Seuil, p. 60.

trois mouvements – subjectivation/socialisation et écologisation[1]. La création et le développement de la collection *Histoire de vie et formation* font partie intégrante de cette recherche-formation de transition paradigmatique au long cours. Pascal Galvani vient d'éditer un précieux ouvrage épistémologique et méthodologique, synthèse de ces trente ans : *Autoformation et connaissance de soi. Une méthode de recherche-formation expérientielle*[2]. Les savoirs expérientiels semblent bien constituer la base *in vivo* des Hautes Études communales. Les communautés entre le Nord et le Sud entrevues au cours de ce texte montrent qu'une écologie de ces savoirs existentiels est en train d'émerger. Elle fait apparaître des liens précieux appelant « l'apprentissage de translations culturelles ». Merci Lúcia, de nous entraîner à *Éduquer pour l'ère planétaire*[3].

[1] Pineau G. et Marie-Michele, *Produire sa vie : autoformation et autobiographie*, Paris, Téraèdre, 1983 (rééd. 2012).
[2] Galvani P., *Autoformation et connaissance de soi. Une méthode de recherche-formation expérientielle*, Lyon, Chronique Sociale, 2020.
[3] Morin E. *et al.*, *Éduquer pour l'ère planétaire. La pensée complexe comme Méthode d'apprentissage dans l'erreur et l'incertitude humaines*, Paris, Balland, 2003.

# LA CONSTITUTION INTERCULTURELLE DU SUJET ENTRE RÉCIT DE SOI ET RÉCIT DE L'AUTRE

*Christine Delory-Momberger*

Le propos de cet article prétend esquisser les lignes d'une anthropologie du sujet interculturel, en soutenant l'hypothèse d'une interculturalité constitutive du sujet et de sa construction identitaire. La situation d'interculturalité en effet n'est pas réservée à quelques individus que la vie aurait mis en contact de façon particulière avec d'autres groupes nationaux ou linguistiques « étrangers » ; elle n'est pas seulement liée à la circulation et aux échanges mondialisés des produits culturels à l'ère de la globalisation cybernétique ; plus originairement, elle est constitutive de l'histoire singulière de chaque individu et des expériences qu'il rencontre dans la multiplicité des espaces sociaux auxquels il participe et des univers culturels qui leur sont liés. Cette interculturalité constitutive du sujet s'est fortement accusée dans les sociétés de la postmodernité, avec l'effacement des grands repères institutionnels et sociétaux, la démultiplication des espaces sociaux et le mouvement croissant d'individualisation et de subjectivation qui les accompagne.

Nous adosserons cette thèse à une thématique que nos propres travaux[1] nous ont amenée à reconnaître comme une donnée anthropologique, à savoir la compétence humaine à *raconter et à entendre des histoires* et *l'intelligibilité* à laquelle donne accès ce *pouvoir des histoires*, non seulement dans le rapport à l'autre et la compréhension de l'autre, mais aussi dans la compréhension et la *mise en intrigue* par chaque individu des

[1] Delory-Momberger, C., *Les Histoires de vie. De l'invention de soi au projet de formation*, Paris, Anthropos, 2004 ; *id.*, *Histoire de vie et recherche biographique en éducation*, Paris, Anthropos, 2005 ; *id.*, *La condition biographique. Essais sur le récit de soi dans la modernité avancée*, Paris, Téraèdre, 2009.

appartenances culturelles plurielles et hétérogènes qui le constituent.

## L'interculturalité constitutive du sujet

Chaque individu participe tout au long de son existence à de multiples *cultures*, c'est-à-dire à des ensembles de schèmes d'action et de pensée qui ont leurs modes de traduction symbolique et constituent des systèmes référentiels valorisés. Ces ensembles sont entre eux dans des rapports de proximité, de complétude, mais aussi de confrontation ou d'opposition. La famille constitue une culture, au même titre que le quartier, la ville, la région, jusqu'aux entités plus classiquement reconnues de l'appartenance ethnique, de la communauté linguistique ou de la nation, en passant par les catégories socioprofessionnelles du métier et de l'entreprise ou les cercles d'activités extraprofessionnelles (sportives, culturelles, politiques, humanitaires, etc.). Tentons de retracer à grands traits l'ontogenèse de cette interculturalité intrasubjective : l'enfant est à la conjonction de la double culture familiale de son père et de sa mère, dont il hérite, dans l'inscription généalogique de leur transmission (figures ancestrales, rituels, propos et sentences, « histoires de famille »), les habitudes alimentaires, les modes de civilité, les principes de conduite quelquefois contradictoires. À travers cette double inscription familiale, il relève aussi d'entités culturelles plus larges, – classe(s) sociale(s), communauté(s) linguistique(s) –, qui peuvent être plurielles et entrer en contradiction les unes avec les autres. Dans la fréquentation de ses camarades, l'enfant est mis en contact avec des cultures familiales et sociales différentes ou semblables ; l'école à son tour lui apporte d'autres cadres et modèles de références qui vont, selon les cas, conforter, contredire, délocaliser sa ou ses cultures d'origine. Les socialisations secondaires qui vont ensuite se succéder au cours de la vie personnelle, sociale, professionnelle amèneront à leur tour l'adolescent puis l'adulte à participer et à se confronter à d'autres espaces de codes, de repères, de valeurs formant chacun une *culture* particulière imposant des comportements, des modes de conduite, des styles de vie distincts.

Chaque individu a sa façon propre d'intérioriser et de vivre ses affiliations et ses appartenances culturelles. À l'égal des groupes et des ensembles sociaux auxquels il appartient, il est le lieu de processus d'acculturation et, si l'on nous permet ce néologisme, d'interculturation, c'est-à-dire de co-présence, de mise en relations, de confrontation, de réinterprétation d'éléments relevant de cultures plurielles[1]. Sur quels matériaux ces processus d'acculturation et d'interculturation opèrent-ils ? La présence intrasubjective d'ensembles culturels multiples s'objective dans des formes symboliques que le sujet investit de valeurs spécifiques : figures personnelles, lieux et objets, scènes et « événements », paroles et langages, gestes et attitudes du corps. Ces formes symboliques *font voix*, *font geste*, *font sens.* La parole de l'individu, son corps, ses modes de comportement, ses représentations mentales portent les traces de cet entrecroisement de cultures plurielles et des rapports qu'à travers lui elles entretiennent entre elles, selon des registres qui peuvent aller de l'harmonie et de la complétude à la confrontation et au conflit. À ce titre, l'interculturalité est ce qui m'échoit en héritage et en partage, la présence du même et de l'autre, individuel ou collectif, dans chacun de mes gestes ou de mes actes, la culture du même et de l'autre dans chacune de mes expériences. Ce *dialogisme* ou *plurilogisme* intrasubjectif, pour reprendre et prolonger la notion développée par Bakhtine dans les domaines de la langue et de la littérature[2], renvoie à la pluralité culturelle constitutive du sujet. Cette pluralité cependant n'est pas un syncrétisme, comme pourrait le faire

---

[1] Les notions d'*acculturation* et de *réinterprétation* que nous transposons du domaine des relations entre groupes culturels au niveau intrasubjectif sont ainsi définies par les anthropologues : « L'acculturation est l'ensemble des phénomènes qui résultent d'un contact régulier et direct entre des groupes d'individus de cultures différentes et qui entraînent des changements dans les modèles (patterns) culturels initiaux de l'un ou des deux groupes [...]. La réinterprétation est le processus par lequel d'anciennes significations sont attribuées à des éléments nouveaux ou par lequel de nouvelles valeurs changent la signification culturelle de formes anciennes. » (*Mémorandum pour l'étude de l'acculturation* de Melville Herskovits, 1936).

[2] Bakhtine, M., *Esthétique de la création verbale*, Paris, Gallimard, 1984.

croire une compréhension selon nous erronée de l'interculturalité : le sujet ne crée pas, à partir des cultures dont il participe on ne sait trop quel monstre informe empruntant à chacune d'entre elles. S'il y a syncrétisme ou plutôt *incorporation* dans le sentiment d'une forme unique, c'est au niveau du ressenti physique et mental que le sujet a de lui-même et de son identité personnelle, mais cette *conscience de soi* se construit sur des identités culturelles qui restent multiples. Il faut donner tout son sens au préfixe *inter* : le sujet est et se constitue *entre* les cultures. Il se définit précisément par sa capacité à se reconnaître comme un, comme identique à lui-même, à travers son hétéronomie culturelle.

## La société de l'*homme pluriel*

Ce modèle général connaît à l'évidence de grandes variations selon les époques et les sociétés : l'*exposition* du sujet à la pluralité et à la diversité des *cultures* est loin d'être la même au sein d'une société agraire traditionnelle et dans une société politiquement et économiquement développée, où les fonctions sociales, les institutions qui les représentent et les espaces sociaux qui leur correspondent sont démultipliés. Mais ce sont les sociétés dites *postindustrielles* ou *postmodernes* qui présentent assurément les conditions les plus ouvertes à cette exposition pluriculturelle et à cette constitution interculturelle du sujet. Les sociologues ont décrit la mutation qui affecte les sociétés modernes à partir des années 1970 : les sociétés occidentales du XIX$^{e}$ et de la première moitié du XX$^{e}$ siècle s'étaient construites sur la base d'États-nations identifiés à un territoire géographique, à une langue, à une histoire et à une culture nationales ; elles reposaient sur une forte structuration des ressources et de la production économiques (industrielles en particulier), sur la polarisation centralisée des forces sociales (sous la forme de classes sociales antagonistes nettement définies et saturant la majeure partie du corps social) et sur la présence d'institutions (au premier chef la famille et l'école, mais aussi les partis politiques, les organisations syndicales, les églises, etc.) à fort coefficient intégrateur. Le dernier tiers du

XX^e siècle voit progressivement se déliter cette configuration sociétale. Dans le domaine économique, la nouvelle emprise des technologies avancées concurrence l'ancienne organisation industrielle reposant sur de fortes concentrations entrepreneuriales, et impose de plus en plus le modèle de structures très réduites, fortement délocalisées, mouvantes et adaptables ; l'organisation du travail dans les sociétés postindustrielles recourt à des dispositifs (restructurations, travail temporaire, précarité des emplois) qui contribuent à périphériser une partie de leurs membres, en générant de l'exclusion de manière structurelle. Dans le domaine social, les organisations sociopolitiques traditionnelles (partis, syndicats) sont impuissantes à prendre en charge un certain nombre de revendications qui n'entrent plus dans un cadre strictement catégoriel, et nombre de « mouvements sociaux » (les femmes, les homosexuels, les sans-papiers, les chômeurs, les minorités ethniques, etc.) mobilisent leurs partisans et mènent leurs combats en dehors des forces et des organisations traditionnelles. Les grandes institutions intégratives qu'étaient en particulier la famille et l'école sont soumises elles aussi à des évolutions qui font éclater leur cadre et leur mission traditionnels. De nouveaux comportements (augmentation du nombre de divorces, naissances hors mariage, recompositions familiales) et de nouvelles formes d'association (concubinage, union contractuelle) montrent que le mariage et la famille sont de plus en plus des choix individuels et des expériences menées sur une période délimitée de la vie, et non plus des astreintes institutionnelles engageant la totalité de l'existence ; par ailleurs de nouveaux modes familiaux apparaissent (famille monoparentale, famille homoparentale) qui conduisent à redéfinir les rôles parentaux et les figures du masculin et du féminin. Le même processus de désinstitutionnalisation affecte l'école, dont les finalités sont devenues plurielles, hétérogènes et quelquefois contradictoires : acquisition d'une « culture », formation du citoyen, socialisation secondaire, qualification et adaptation au marché. L'école ne fait plus l'objet d'un consensus institutionnel défini en termes de valeurs et d'objectifs partagés : elle est le lieu d'une « expérience » individuelle dont chacun, élèves et, pour une large part, enseignants, construit la signification subjective.

Une des conséquences des mouvements de décentration et de désinstitutionnalisation qui affectent les sociétés postmodernes est en effet l'effacement de la notion de rôle et de statut prédéfinis et univoques et la nécessité pour les individus de construire par eux-mêmes le sens de leur activité sociale. La *société individualisée* qui caractérise l'ère postmoderne repose de moins en moins sur la fonction d'intégration généralisée qui caractérisait les sociétés nationales et centralisées, où les individus s'identifiaient en termes d'appartenances, de rôles, de statuts, de trajectoires sociales. Plus que par des rapports d'intégration et d'identification, l'activité sociale de l'individu postmoderne est régie par des rapports temporaires et réversibles d'*inclusion* dans des sous-systèmes auxquels il accède selon les secteurs de sa vie qui en relèvent ; il est devenu *l'homme pluriel* décrit par Bernard Lahire[1], qui n'est plus le représentant d'un groupe et de la logique sociale inhérente à ce groupe, mais le produit complexe d'expériences socialisatrices multiples. Le parcours biographique se définit dès lors comme le mouvement selon lequel un individu enchaîne et relie des profils d'insertion multiples à travers l'espace social : il est travailleur, consommateur, marié, contribuable, assuré, parent d'élève, membre d'une association sportive, électeur, etc., et il incorpore des modèles d'action différents et éventuellement contradictoires.

Dans le contexte d'une société qui n'est plus définie comme un ensemble centralisé, fonctionnel et homogène, la conduite des acteurs n'est plus réductible à des rôles sociaux et à des programmations culturelles clairement et uniment définis, elle doit faire face à des logiques plurielles et à des rationalités hétérogènes. Ce mode de conduite par lequel les acteurs « expérimentent » le social engage leur subjectivité et leur réflexivité : dans leur capacité à gérer des logiques d'action hétérogènes et à leur appliquer des procédures de sélection, de combinaison, de négociation, les acteurs se construisent comme

[1] Lahire, B., *L'Homme pluriel. Les ressorts de l'action*, Paris, Nathan, 1998.

des *sujets sociaux*. Cette dimension de la subjectivité ne présuppose nullement le retour d'un sujet atemporel et essentialiste, libre et maître de ses actes et de ses pensées (le sujet de la *philosophie du sujet*) ; elle est elle-même socialement construite et renvoie à l'autonomie relative d'un acteur social à qui il revient d'expérimenter les ressorts de son action et de trouver en lui-même les ressources de son histoire et de son identité.

## Le récit comme opérateur d'identité « interculturelle »

Le récit, en particulier sous la forme de *l'histoire que l'individu se raconte de sa vie*, est un puissant opérateur de cette réflexivité en acte par laquelle le sujet donne une forme à la pluralité d'appartenances et de fonctions de l'individu social. L'être humain se saisit de sa vie et de lui-même à travers des histoires. Avant même qu'il ne raconte ces histoires pour les communiquer à d'autres, ce qu'il vit ne devient *sa* vie et il ne devient *lui-même* qu'à travers les constructions narratives sous lesquelles il se représente son existence « L'histoire tient lieu de l'homme », selon la formule du philosophe Wilhelm Schapp[1]. Nous n'avons pas d'autre moyen pour accéder à notre vie que de percevoir ce que nous vivons à travers l'*écriture* d'une histoire ou d'une multiplicité d'histoires : en quelque sorte nous ne *vivons* notre vie qu'autant que nous la *biographions*, qu'autant que nous l'*écrivons* dans le langage des histoires. L'« écriture de la vie », à laquelle renvoient l'étymologie et le sens commun du mot *biographie*, doit être ici entendue comme une attitude première et spécifique du vécu humain : avant même de laisser de notre vie une quelconque trace écrite, avant tout discours, oral ou écrit, tenu sur nous-mêmes, nous *écrivons* mentalement notre vie. Cette capacité anthropologique selon laquelle les hommes perçoivent leur vie et ordonnent leur expérience dans les termes d'une *raison narrative* constitue le

[1] Shapp, W., Die Geschichte steht für den Mann, *in* Schapp W., *Empêtrés dans des histoires. L'être de l'homme et de la chose*, traduction de J. Greisch, Paris, Éditions du Cerf, 1992.

*fait biographique* premier. Sur lui se construisent tous les espaces des histoires humaines : celui de la rétrospection de la vie passée, celui de l'anticipation de l'heure ou du jour à venir, celui de la projection de la vie future, ceux des aventures les plus rares et singulières comme des faits les plus quotidiens et routiniers. Nous ne cessons de fait de nous *biographier*, c'est-à-dire d'inscrire notre expérience dans des schémas temporels orientés qui organisent mentalement nos gestes, nos comportements, nos actions, selon une logique de configuration narrative. Ces *opérations de biographisation* assurent le sentiment que nous avons de nous-mêmes à travers le temps ; elles nous permettent de structurer et d'interpréter ce que nous sommes en train de vivre, en le constituant précisément comme relevant de notre *expérience* propre. Cette activité de *biographisation* apparaît ainsi comme une *herméneutique pratique*, un cadre de structuration et de signification de l'expérience par lequel l'individu se donne une figure dans le temps, c'est-à-dire une *histoire*, qu'il rapporte à un *soi-même*.

Le *récit*, sous l'espèce de l'« histoire de vie » ou sous la forme des fragments narratifs qui constituent très souvent le fond de nos échanges quotidiens avec autrui, apparaît comme la forme la plus familière de cette écriture du vécu. Pour reprendre la terminologie de Paul Ricœur, c'est par la *mise en intrigue* qu'opère le récit que nous faisons de notre vie une histoire[1]. Par le récit, nous transformons les événements, les actions et les personnes de notre vie en *épisodes,* en *intrigues* et en *personnages* ; nous construisons entre eux des relations finalisées entre un commencement et une fin ; nous leur assignons une place dans des ensembles construits et orientés selon une logique narrative. Par le récit, nous nous faisons le

[1] Paul Ricœur analyse le récit comme le produit d'une *opération de configuration* qu'il désigne sous le terme de *mise en intrigue.* La mise en intrigue transforme une diversité d'événements ou d'incidents successifs en une histoire organisée et prise comme un tout : « Une histoire doit être plus qu'une énumération d'événements dans un ordre sériel, elle doit les organiser dans une totalité intelligible [...]. La mise en intrigue est l'opération qui tire d'une simple succession une configuration. » Ricœur, P., *Temps et récit* I, Paris, Gallimard, 1983, p. 102.

propre *personnage* de notre vie et nous donnons à celle-ci une *histoire*. Autrement dit, *nous ne faisons pas le récit de notre vie parce que nous avons une histoire* ; mais au contraire, *nous avons une histoire parce que nous faisons le récit de notre vie.*

La démarche configurative à l'œuvre dans la production du récit donne une forme à ce composé hétéroclite d'altérités qu'est l'être humain, lui donne l'épaisseur et la compacité d'une existence reliée à elle-même, intégrant dans une dynamique porteuse de sens son hétérogénéité culturelle. Le sujet retrace sa trajectoire individuelle qu'il inscrit dans des appartenances familiales, affectives, socio-professionnelles, économiques et idéologiques et c'est dans l'expérience singulière qu'il fait de lui-même au travers de ses inscriptions sociales et culturelles multiples qu'il trouve et reconnaît son *ipséité*, le sentiment de son être propre. Le récit n'est pas le simple véhicule ou le simple miroir de la diversité des cultures auxquelles participe le sujet, mais c'est dans le récit que ces appartenances et ces univers symboliques pluriels trouvent leur espace de confrontation, de négociation, d'échange : le récit exerce un véritable travail de *métabolisation* par lequel le narrateur intègre dans une histoire et un espace, pour lui doués d'unité et de cohérence des polarités multiples et éventuellement contradictoires. Ce que le récit ressaisit, c'est la multiplicité des voix qui habitent son auteur et des dialogues qu'elles instaurent en lui, en ce *for intérieur* dont l'étymologie révèle le caractère éminemment public (Ricœur[1]). Foyer d'un *dialogisme* incessant, *forum* où s'entrecroisent et se répondent les voix des multiples appartenances du narrateur, le récit est le lieu de production d'une histoire qu'il reconnaît pour *sienne* et où chacune de ces voix peut trouver sa place.

## Le récit de l'autre, une expérience d'interculturalité

L'expérience de l'autre, de sa différence et de sa ressemblance, implique toujours un rapport de langage, et c'est

[1] Ricœur, *ibid.*, p. 26. *L'éthique des mots*, art. « Souvenons-nous que l'expression "for intérieur" vient du mot "forum" : nous sommes tous un petit forum privé ».

dans le langage, autrement dit dans les formes multiples de codification et de symbolisation selon lesquelles se construisent les représentations et les conduites individuelles et interindividuelles, que se produit l'expérience de l'interculturalité. Ce rapport à l'autre – l'autre individuel, l'autre culturel –, passe en particulier par des histoires et des récits : je me raconte *à* toi et tu te racontes *à* moi, et ce rapport d'*internarrativité* est producteur d'interculturalité. La dimension d'interculturalité, constitutivement présente dans le récit d'autrui, interroge le processus de compréhension du récit d'autrui : quelle est la nature de cette compréhension ? Quelles sont les opérations que nous mettons en œuvre pour accéder à l'univers de forme et de sens déployé par le récit de l'autre ? On montrera que c'est dans la mesure où il crée un objet et un espace nouveaux entre les partenaires de la relation narrative que le récit constitue un des lieux et un des gestes privilégiés d'interculturation.

Selon une représentation très courante, la compréhension que nous manifestons du récit d'autrui est assimilée à une attitude d'*empathie* qui postule notre capacité d'être humain à partager les sentiments, les émotions, les pensées, d'un autre être humain. Or la compréhension que l'auditeur ou le lecteur développe du récit d'autrui ne peut prétendre coïncider avec la construction dont ce récit est à la fois le produit et le lieu de production. L'auditeur ou le lecteur n'est pas dans un rapport d'immédiateté et de transparence avec l'univers qu'autrui lui *transmettrait* et qui prendrait pour lui la dimension objective d'un *document* : la compréhension que je développe du récit d'autrui s'inscrit dans un jeu d'interrelations qui fait de ce récit, non pas un objet unanimement et identiquement décodable, mais un *en-jeu* entre autrui et moi, et entre moi et moi-même. Je ne peux (re) construire le *monde-de-vie* du récit que j'entends ou que je lis qu'en le rapportant à mes propres construits biographiques et en le faisant entrer, en le *com-prenant* dans des rapports de résonance et d'intelligibilité avec ma propre expérience biographique. Dans l'acte de sa réception, le récit de l'autre est aussi écriture de soi par et dans le rapport à l'autre. Pour marquer le parallèle avec la position *autobiographique*, entendue comme écriture de soi par soi-même, j'ai proposé de nommer *hétérobiographie* la forme d'écriture de soi que nous pratiquons lorsque nous sommes confrontés au récit et à l'écriture de l'autre[1].

La manière dont est reçu le discours de l'autre ne peut pas être abstraite de l'horizon d'attentes, de projets, d'intérêts, de celui qui le reçoit. Elle n'est en rien une réception passive, mais elle met en mouvement une activité et un processus. Les théoriciens de la lecture ont développé l'idée que la réception d'un texte s'inscrit toujours dans un horizon d'attente, lui-même conditionné par l'état de la *bibliothèque* du lecteur, c'est-à-dire de l'ensemble des textes lus antérieurement, des expériences de lecture et des « savoirs » de toutes sortes qu'ils ont permis de constituer. Horizon d'attente et bibliothèque conditionnent la construction du sens du texte nouveau proposé à la lecture. De la même façon, la réception du récit mobilise ce que nous pourrions appeler, en référence à cette théorie de la réception littéraire, une *biothèque*, c'est-à-dire l'ensemble des expériences et des savoirs biographiques du récepteur. Et de la même façon que, dans l'acte de lecture, la donation de sens est orientée et finalisée par l'horizon d'attente du lecteur, la réception du récit d'autrui se construit et prend son sens par rapport au projet de soi du narrataire et à ses intérêts de connaissance. Autrement dit, dans le récit de l'autre, je me saisis prioritairement des *biographèmes* (personnels, sociaux, historiques, culturels, imaginaires) qui peuvent être intégrés à ma propre construction biographique.

La compréhension de l'autre à travers son récit n'est donc pas affaire d'empathie ou d'altruisme ; les émotions, les sentiments, les opinions, les jugements qui me traversent à la lecture du récit d'autrui sont les miens et non ceux de l'autre, et je ne peux jamais dire en toute rigueur que je les partage avec lui, car ce serait supposer une identité ou une équivalence invérifiable. L'autre que je construis est une figure fictive, ce qui ne veut pas dire une figure « fausse » ni une figure dénuée de réalité pour moi ou entre lui et moi : cette figure ne peut prétendre coïncider avec l'auteur du récit, et elle ne trouve sa

---

[1] Delory-Momberger, Ch., *Biographie et éducation. Figures de l'individu-projet*, Paris, Anthropos, 2003, p. 33-36.

*vérité* que dans un rapport : rapport *de moi à moi-même* et rapport *de moi à l'autre*. Dans le récit d'autrui, je m'approprie, c'est-à-dire je fais mien et je me rends propre ce que je crois entendre, comprendre chez l'autre qui s'ajuste et que j'ajuste à ma construction biographique et à mon projet. C'est à partir de ces indices que je procède à l'établissement des structures de signification du récit et que j'en (re) construis la configuration d'ensemble. L'objet que je construis est très étroitement lié au système d'interprétation constitué par ma *biothèque* personnelle et par le réseau de *biographèmes* qui sont à ma disposition.

L'activité de compréhension du récit de l'autre est ainsi une activité fortement *médiate*, en ce sens qu'elle se construit, non sur des objets fixés une fois pour toutes (le récit produit par le narrateur, le récit reçu par le narrataire), mais sur des objets qui sont pris dans des jeux de relations, et qui se déplacent, se délocalisent, au point que le véritable objet est la relation elle-même, c'est-à-dire l'*inter*, le fait d'*être entre*, ou plutôt le fait de *l'entre*. Cet entre-deux que le récit installe ne laisse pas indemnes les partenaires de la relation narrative : il tend à délocaliser et à reconfigurer, dans un système en perpétuelle mouvance, les figures de soi et de l'autre saisies dans le réseau de relations où elles prennent forme l'une par l'autre. Ces relations ne sont pas cependant des relations de *subjectivité* à *subjectivité* : ce qui résulte des opérations de compréhension du récit, c'est un nouvel objet : le récit tel qu'il se trouve entre autrui et moi, entre autrui narrateur qui l'énonce et moi narrataire qui le reçoit. Cet objet nouveau, il ne nous appartient en propre ni à l'un ni à l'autre, mais il forme entre nous un nouvel espace que nous pouvons *avoir en partage* : non pas au sens sentimental et fusionnel d'une communion des cœurs et des esprits, mais au sens spatial d'un territoire où nous *avons part* l'un et l'autre. Et non pas parce que nous y avons mis chacun notre part, non pas parce que de part et d'autre nous avons œuvré à son invention (nous serions ici dans la figure de la *co-opération* ou de la *col-laboration*) : mais parce que nous avons en commun ce nouvel espace (qui n'est pas forcément un lieu de compréhension mutuelle, de résolution des conflits, d'harmonie), parce que nous avons un lieu où être-ensemble, un *lieu où être en même temps dans le même lieu*, un lieu non pas où *co-naî*tre selon une métaphore spiritualiste trop souvent utilisée, mais un lieu où *com-paraî*tre, un lieu où paraître en commun.

Ce qui est dit ici du récit comme *entre-deux*, comme espace commun, me semblerait pouvoir assez bien s'appliquer à l'interculturalité en général : l'interculturalité, ce n'est pas la communion des cœurs et des esprits, ce n'est pas l'intersubjectivité en ce qu'elle viendrait transcender les différences culturelles, ce n'est pas non plus la réduction par intégration ou assimilation des différences culturelles, c'est l'expérience d'un espace où les uns et les autres peuvent avoir part, peuvent trouver le lieu de leur *être-en-commun*, non pour l'habiter *à l'identique*, non pour devenir *mêmes*, mais pour *exposer* (afficher, dévoiler, mais aussi prendre le risque de) les unes aux autres leurs singularités.

# LE CREUSET INTERCULTUREL D'HISTOIRES DE VIE COMMUNAUTAIRE AU BRÉSIL ET DANS LE MONDE

*Christian Leray*

## Introduction

Mon travail de recherche-action interculturelle au Brésil a commencé en 1981 lors du Congrès du Mouvement pédagogique Freinet à l'Université de Blumenau dans l'État brésilien de Santa Catarina où j'étais invité avec d'autres collègues en tant que responsable départemental du mouvement Freinet en Bretagne. Suite à ma Conférence pédagogique, dans mes ateliers ont notamment participé deux membres de la « Comunidade Alfa Gente » de Florianópolis (capitale de l'État de Santa Catarina) qui m'ont demandé par la suite de venir les aider à mettre en place une école dans cette favela (bidonville du Morro de Mocotó transformé progressivement en communauté de base).

Ce travail de suivi pédagogique de l'école de la communauté de Mocotó a duré cinq ans comme en témoigne mon livre *Brésil, le défi des communautés,* paru dans la collection Logiques Sociales des Éditions L'Harmattan en 1985 et dont témoignent aussi divers interviews et articles dans les journaux *Le Monde – Éducation*, la rubrique « Racontez-nous » d'Ouest-France, la Revue internationale du Mouvement Freinet : *L'Éducateur* ainsi que diverses revues universitaires de Rennes, Nantes et des Universités fédérales brésiliennes de Santa Maria (Rio Grande do Sul), de Florianópolis, de Campinas et de l'Université d'État de Bahia en ce qui concerne notamment une Recherche-Formation prenant appui sur des récits de vie en commun facilitant la confiance et le partage communautaire. Précisons que ce « partage communautaire » n'a rien à voir avec le « repli sur elles-mêmes de certaines communautés » qu'on appelle en France le « communautarisme ». En effet, ici il s'agit de « communautés ouvertes » et nous entendons par la « mise en commun » ou le « partage communautaire », le développement des interactions, non seulement entre les habitants d'une communauté, mais aussi avec d'autres partenaires extérieurs, notamment par la correspondance et les échanges internationaux.

## 1- Résumé historique des histoires de vie entrecroisées

Ainsi que je l'ai exprimé dans mon article « Le creuset interculturel de l'histoire de vie »[1], les chercheurs Thomas et Znaniecki apparaissent comme des pionniers dans le croisement interculturel d'histoires de vie. En effet, suite à leurs travaux, « des sociologues de l'École de Chicago utilisèrent le recueil de récits de vie afin d'expliciter divers faits sociaux »[2]. Ce fut notamment le cas du célèbre chercheur Oscar Lewis auteur du livre *Les enfants de Sanchez. Autobiographie d'une famille mexicaine*[3]. Ainsi que je l'ai écrit dans la *Revue Histoire de Vie*[4].

> Ces ouvrages vont rapidement rencontrer un vif succès en raison de leur capacité à présenter un ensemble de faits vécus de façon dynamique. En effet, ces recherches permettent aux anthropologues de restituer le mode de vie des populations observées comme une totalité signifiante et non plus comme un simple agglomérat d'éléments artificiellement juxtaposés.

L'importance de *l'espace-temps parole* est justement l'un des points forts des Arbres à palabres et à récits que la chercheuse Fatimata Hamey-Warou et moi avons développés récemment à Rennes, dans la région Bretagne et maintenant en

---

[1] Leray, C., *Le creuset interculturel de l'histoire de vie. Écarts d'identité*, 2000.

[2] Leray, C., *ibid.*, p. 3.

[3] Lewis, O. *Les enfants de Sanchez. Autobiographie d'une famille mexicaine*. (Traduit de l'anglais par C. Zins. Un document produit en version numérique par J.-M. Tremblay). Paris, Éditions Gallimard, 1963. Repéré à http://classiques.uqac.ca/classiques/Lewis_oscar/Lewis_oscar.html

[4] Leray, C. *Revue Histoire de Vie*, Rennes, Édition des Presses Universitaires de Rennes, 2003, p. 81.

Afrique, notamment au Niger, juste retour d'intérêt pour un Arbre à palabres symboliquement ancré *dans la* mémoire culturelle et l'histoire africaines que nous avons retrouvé avec des Afro-descendants d'esclaves à Salvador de Bahia[1].

En effet, cherchant avec Fatimata des descendants d'esclaves africains de son ethnie Haoussa (Nigéria et Niger), nous avons rencontré Clarindo Silva, l'une des figures du Pelourinho (quartier historique de Salvador de Bahia classé au patrimoine mondial de l'UNESCO), qui nous a introduits auprès des responsables de l'Associação Protetora dos Desvalidos fondée en 1832 pour aider les esclaves affranchis à trouver un emploi et un lieu d'accueil. N'oublions pas que l'abolition de l'esclavage ne s'est réalisée au Brésil qu'en 1888 ! C'est dire l'important travail d'apprentissage de la citoyenneté que cette Association avait créé notamment au sein de son propre petit Parlement, caché dans une église de Salvador de Bahia. C'est aussi dans cette capitale de l'État de Bahia que nous avons animé à maintes reprises des « Rodas de conversa da Cidadania » très proches de notre conception de l'Arbre à Palabres et à Récits favorisant à la fois une prise de parole personnelle et collective participant au développement de la Citoyenneté.

## 2- Du carrefour interculturel au creuset interculturel des récits de vie

L'histoire de vie est le lieu d'un entrecroisement et d'une confrontation de cultures en tant que parole d'un sujet qui se ressaisit au travers de la multiplicité de ses appartenances (culturelles, associatives, familiales…) et des voix qu'il fait entendre (*polyphonie des voix* communautaires, familiales…)[2].

---

[1] Leray, C. et Hamey-Warou, F., *L'Arbre à palabres et à récits. De l'Afrique au Brésil en passant par la Bretagne* (Préface de J.-M. Vanhoutte). Paris, L'Harmattan, 2014.

[2] Leray, C., *A língua como vetor identitário*, in Coracini, M.-J., *Identidade e Discurso*, Campinas, UNICAMP, Editora ARGOS, p. 119-136, 2003. Leray, C., "Historia de vida intercultural em formação de professores",

Mais le carrefour est aussi un endroit où se croisent plusieurs voies pouvant ouvrir de nouveaux chemins, de nouvelles perspectives... Belle métaphore que ce *carrefour interculturel* qui en appelle une autre, car l'histoire de vie ne fait pas qu'interrelier différentes voies/voix, elle est aussi un *creuset interculturel* en tant qu'espace-temps où se fondent les langues, les coutumes, les rencontres de vie[1].

En consultant le dictionnaire étymologique d'Albert Dauzat[2], j'ai lu que ce terme « creuset » est apparu au XIIIe siècle par altération de *creux* et changement de suffixe de l'ancien français *croisuel* qui est une lampe à deux mèches croisées. En écrivant précédemment que la métaphore de *carrefour* en appelle une autre, je pensais justement à ce *croisuel* d'où jaillit la lumière. En tout cas, ce terme « creuset » qui désigne cet outil en creux où s'effectuent, par exemple toutes sortes de mélanges d'éléments minéraux, constitue bien un symbole de la diversité des éléments psycho-socio-linguistiques mis en œuvre au cours d'une histoire de vie. Le chercheur trouve dans les histoires de vie des personnes et par là même dans leur histoire de langues en interaction, un matériau riche pour travailler les dynamiques langagières et interculturelles des individus et des groupes sociaux dans des situations bilingues, voire plurilingues. C'est l'intrication de ces matériaux dans le creuset interculturel de l'histoire de vie qui nous permet de dégager les problématiques constantes et les solutions communes là où chacun·e s'exprime de façon personnelle. En cercle autour de l'Arbre à palabres, les personnes parlent de leurs différentes langues, plusieurs sont bilingues ou trilingues, et réfléchissent alors sur les circonstances dans lesquelles ces personnes utilisent leurs différentes langues. Cette communication entre elles développe l'entraide réciproque lors des différents ateliers de récits de vie couvrant parfois plusieurs générations. La notion d'interrelation permet alors de poser l'instance de personnes co-énonciatrices comme espace-temps du creuset interculturel de l'histoire de vie.

---

*Revista da FAEEBA, Educação e Contemporaneidade*, 17 (29), p. 43-50, 2008.

[1] Entrevue Christian Leray, Gaston Pineau http://www.asihvif.com

[2] Dauzat, A., « Creuset », *Dictionnaire étymologique*, Paris, Larousse, 1938.

Avant de créer des Arbres à palabres, j'avais effectué des recherches de sociolinguistique dans des veillées aussi bien à Concoret (pays de Brocéliande) qu'en Italie ; un ouvrage collectif intitulé *La veglia in Garfagnana. Un'esperienza formativa fra tradizione e progetto*[1] regroupe ces recherches. Au cours de ces veillées fleurissaient non seulement des contes traditionnels qui étaient autant d'objets d'interrelations entre les co-énonciateurs et co-énonciatrices, mais aussi des histoires de vie sociale au cours de soirées thématiques comme l'eau, les fêtes. L'histoire de vie sociale fait aussi partie de l'étape identitaire leur permettant de se construire des réseaux d'identification, une quête de dépassement et une manière d'être d'ordre qualitatif. Une telle pratique de l'histoire de vie se caractérise par une conception du lien social qui met au centre la valeur du respect de la personne capable d'orienter son existence à partir des déterminants sociaux de son histoire, à la fois personnels et collectifs, en les transformant en projet existentiel sociologiquement inscrit[2]. Ainsi que je l'ai précédemment montré dans ce livre, l'histoire de vie dans une dynamique interculturelle associe au réexamen d'un héritage culturel, la définition d'un *à venir* à inventer en établissant des liens entre héritage culturel et singularité créatrice. Il ne s'agit donc pas seulement de faire retour sur son passé, mais au contraire l'histoire de vie participe aussi d'une mise en mouvement dynamique du sujet devenant acteur social de sa vie.

C'est justement ce qui se met en place autour des Arbres à palabres, car la palabre permet d'élaborer ensemble le *commun* dans le respect pour toutes les personnes du même référentiel des Droits de la personne. Cette référence partagée permet d'accueillir, dans leur diversité, des pratiques et des sensibilités qui viennent chacune enrichir le *vivre ensemble* pour mieux *construire ensemble* et *faire ensemble*. Les Arbres à palabres permettent de donner du temps à la palabre avant de prendre des

---

[1] Leray, C., *Capitolo secondo: La veglia in Brocéliande, interculturalita e intertestualita*. Dans P. Orefice et G. Viccaro (dir.), *La veglia in Garfagnana : un'esperienza formative fra traditions e progetto*, p. 135-147. Firenze, Edizioni ETS, 1999.

[2] Leray, C., « Recherche sur les Histoires de vie en Formation ». *Revue française de pédagogie*, 9 (112), p. 77-84, 1995.

décisions ou de développer un projet commun, car la production narrative requiert un climat de confiance mutuelle qui soutient la reconnaissance de la singularité et l'ouverture à l'altérité vécue comme une humanité partagée. Dans cette production narrative, les paroles au cours du dialogue en cercle ouvert et les récits sont significatifs des liens sociaux et humains que les individus tissent ensemble. C'est donc un espace d'écoute mutuelle, de concertation et de prise de décisions ainsi que je l'avais déjà montré avec mon livre sur la favela de Florianópolis (Ozório, 1985)[1], dans laquelle j'ai participé avec les membres de la communauté de base à des « Rodas de conversa » ou « Cercles de paroles » qui ont permis l'amélioration de leur milieu de vie, en prenant par exemple conscience que la propreté de leur favela dépendait de chacun et aussi d'une organisation communautaire pour enlever les ordures précédemment jetées à n'importe quel endroit de la favela. Ainsi, ai-je cité des échanges entre adultes lors de ces « Rodas » et aussi des échanges entre enfants à l'école où l'enseignante s'inspirait des idées du chercheur brésilien Paulo Freire et du pédagogue français Célestin Freinet pour alphabétiser les enfants à partir de leurs « mots personnels » acquis dans leur environnement. Il en est ainsi, par exemple, pour le texte d'enfant concernant la culture du *feijão* ou haricot noir.

> Le 27 mars, la petite Helena a planté les haricots noirs. Elle a planté les haricots dans la terre de notre patio… Afin que les haricots croissent, ils ont besoin d'eau, de lumière et d'air… Quand le haricot naît, une petite feuille sort de la terre. Il est nécessaire de faire attention à nos haricots sinon ils meurent. Nous devons les arroser tous les jours. Nos haricots s'appellent José, João, Helena et Maria… Nous allons faire une petite clôture avec des bouts de bois afin que les chiens ne tuent pas nos haricots noirs ou que les poules ne picorent pas et n'arrachent pas les jeunes pousses[2]…

Un tel texte montre l'intérêt d'une démarche pédagogique basée sur leur vécu et développant ainsi leur expression orale et

---

[1] Leray, C., *Brésil, le défi des communautés*, Paris, L'Harmattan, Logiques sociale, 1985.
[2] Leray, C., *ibid.*, p. 80-81.

écrite à la fois personnelle et collective tout en développant dès leur plus jeune âge leur « sens du bien commun » confectionné par les activités quotidiennes d'une communauté humaine. Cette prise de conscience à l'intérieur de la communauté Alfa Gente de Florianópolis a permis d'éviter le repli communautaire notamment lorsque, découvrant que l'eau du puits était polluée et avait été la cause de la mort d'enfants, ils ont manifesté devant la Mairie de Florianópolis (Prefeitura en Portugais du Brésil) pour réclamer une adduction d'eau au titre de citoyens à part entière de la ville de Florianópolis.

### 3- Développement du « sens citoyen du bien commun »

Ma recherche-action effectuée de 1981 à 1985 avec cette petite communauté de base peuplée d'environ 1 300 habitants m'a permis d'analyser l'évolution de ce « sens citoyen du bien commun » : tout ayant commencé par la prise en charge communautaire du problème des ordures ménagères réglé par eux-mêmes après des conflits entre les habitants du haut du *morro* (morne ou petite colline) et ceux du bas de ce même *morro* qui ont été envahis par les ordures jetées par ceux du haut, lors de violentes pluies tropicales. Les « *Rodas de conversa* » ont permis non seulement de régler leur problème en commun mais leur prise en charge citoyenne du problème leur a permis, par la suite, de demander légitimement, en tant que citoyen de la ville de Florianópolis, de bénéficier du transport, par les services de la ville, des bidons-poubelles rangés proprement en bas du *morro*.

Ils ont compris que ces « biens communs » sont à entretenir et à partager, qu'ils soient fournis par la société humaine, la culture ou la nature. Le problème c'est qu'avant ces « *Rodas de conversa* » au sein de leur communauté, ils leur paraissaient invisibles tant qu'une partie des membres de la communauté ne subissaient pas de dérèglement de fonctionnement. Grâce à ces « cercles de dialogue citoyen », il est possible de leur redonner une vraie visibilité qui développera la prise de conscience qu'ils sont indispensables au « Bien commun » de l'Humanité. C'est ainsi que l'on peut sensibiliser toutes les générations humaines à la lutte contre la dégradation de leur milieu de vie. Il s'agit d'apprendre à partager dès le plus jeune âge, d'où l'intérêt des pédagogies Paulo Freire et Freinet développées dans le monde par l'Institut Coopératif de l'École moderne (ICEM) qui, tout en ayant une approche dynamique de l'enseignement des savoirs se préoccupent de la « conscientisation » des jeunes aux valeurs d'une société humaine. De même, c'est en s'appuyant notamment sur le concept de « bio-politique » que Lúcia Ozorio a bien explicité « la façon dont les habitants de la favela s'approprient le sens de communauté pour nommer le lieu où ils vivent[1] » car, à l'instar des contes et poèmes notés dans mon livre *Brésil, le défi des communautés*[2], l'existence de la favela devenue « *comunidade* » se donne à voir, non pas dans une approche mythifiée de la pauvreté mais « comme une richesse collective débordant très largement les frontières de la favela[3] ».

Ce sens retrouvé du « bien commun » réconcilie les personnes avec leur milieu de vie ainsi que le prouve ce texte poétique d'une jeune habitante de la communauté Alfa Gente de Florianópolis :

Dans ma favela,
il y a un puits d'amour,
des maisons rouges et vertes
et ton petit cœur à la fenêtre !
Marcia

Fatimata et moi avons retrouvé des textes poétiques semblables à celui-ci, suite aux Arbres à Palabres animés dans un quartier périphérique de Rennes-Villejean. Cela montre que pour les « *Rodas de conversa* » ou « Cercles de parole » et les « Arbres à palabres » la démarche d'écoute réciproque, de développement de l'expression orale et écrite est semblable.

Remarquons cependant que l'originalité de l'Arbre à palabres d'origine africaine tient dans le fait que les résolutions de conflits, les décisions participent d'une démocratie du consensus : il ne s'agit pas d'obtenir une majorité absolue

---

[1] Ozorio, L., *La favela de Mangueira et ses histoires de vies en commun. Travailler avec les périphéries*, Paris, L'Harmattan, 2016, p. 13.
[2] Leray, C., *ibid.*
[3] Ozório, L., *ibid*, p. 9.

comme dans nos démocraties occidentales, mais de parvenir à un consensus entre les citoyens. Ce fonctionnement démocratique est très intéressant et participe à la fois de la réflexion sur la démocratie et la formation citoyenne.

## 4- Accompagnement des paroles et récits des citoyens

En effet, au-delà de la résolution des conflits, l'Arbre à palabres peut constituer aujourd'hui un outil d'accompagnement des paroles et récits de membres de la communauté. Si généralement les thématiques ne sont pas définies avant la réunion, elles peuvent avoir été proposées au *Comité des sages*, formé de personnes élues par leurs pairs, et elles découlent des activités quotidiennes du groupe. Le *Comité des sages* veille à ce que toutes les personnes puissent s'exprimer autour de l'Arbre symbolique qui les rassemble afin que chacun puisse devenir un acteur social capable de participer pleinement à la vie citoyenne.

La palabre est donc une institution démocratique permettant à toutes et à tous de s'exprimer en cercle autour d'un Arbre réel ou symbolique, car ce qui est important, c'est qu'il inspire le récit de tout le monde, la rencontre avec « Soi-même comme un autre » ainsi que le dit si bien Paul Ricœur[1]. Cette intercommunication avec l'autre, les autres, est formative et créative comme l'a montré récemment l'*Association L'âge de la tortue* basée à Rennes. Elle a donné la parole, en collaboration avec des chercheurs universitaires[2], aux migrants.es qui sont

[1] Ricœur, P., *Soi-même comme un autre*, Paris, Éditions du Seuil, 1990.

[2] Psychologues, sociologues et sociolinguistes, par exemple du Pôle de Recherche PREFICS sur l'interculturel dont fait partie le Centre de Recherche sociolinguistique sur les francophonies, le CERESIF auquel Christian Leray est associé (se reporter aussi à ses livres plus récents) ; Leray, C., *Histoire de vie & Dynamique langagière*, Rennes, Presses Universitaires, 2000 ; Leray, C. et Campos, A., *Correspondência*, Recife, Editora FASA, 2016 ; Leray, C. et Warou, F. « Le creuset interculturel d'histoires de vie de migant-es. Des études biographiques de Znaniecki et Thomas aux récits de migrant-es autour des Arbres à palabres », in Slowik, A., Rywalski, P., Souza E-C., *Approches [auto]biographiques et nouvelles épreuves de transitions-Construire du sens*

devenu-e-s co-auteurs ou co-autrices d'une *Encyclopédie des migrants* regroupant des lettres témoignages de la Bretagne à Gibraltar en passant par le Portugal et l'Espagne. Notre Association de Recherche sur les Histoires de Vie (AREHVIE, association bretonne reliée à l'association internationale ASIHVIF) a proposé deux membres, Marisa (d'origine brésilienne) et Fatimata (d'origine nigérienne), qui ont, chacune d'entre elles, réalisé une lettre-récit de vie qui fait partie du volume de l'Encyclopédie remis officiellement à la Mairie de Rennes. Nous pouvons noter que des personnes en situation de migration (cf. similitudes avec les apports scientifiques de Thomas et Znaniecki) et sollicitées pour témoigner ont parfois refusé alors que celles ayant participé en Bretagne à un Arbre à palabres du *mieux vivre ensemble,* où elles avaient déjà échangé entre elles des récits de vie à la fois personnels et collectifs, notamment dans le quartier Villejean de Rennes (Mairie des quartiers Nord-Ouest et Centre social Villejean-Kennedy), ont, à l'instar de Fatimata et Marisa, répondu positivement à la demande d'écriture. Nos réunions autour de l'Arbre à palabres et à récits leur ont permis de mieux comprendre la démarche de co-construction citoyenne au cœur de ce projet européen constitué d'un réseau de huit villes européennes partenaires.

## Conclusion

La palabre est aussi un récit, d'où le titre de notre ouvrage *L'Arbre à palabres et à récits,* car on peut parler de *mise en récit des personnes* comme Fatimata et moi-même l'avons fait autour de notre premier Arbre à palabres et tel que nous le racontons justement dans la première partie de notre livre[1]. Autour des Arbres à palabres se disent des récits qui parient sur l'échange avec l'autre pour développer des perspectives sociétales et citoyennes. Avec la Palabre, nous entrons dans un véritable réseau de médiations qui dépasse les conflits culturels

---

*avec des parcours de vie*, Paris, L'Harmattan, col. Histoire de Vie & Formation, 2019.

[1] Leray, C. et Hamey-Warou, F., *ibid.*

potentiels par le *mieux-vivre et faire ensemble*. Que ce soit au Niger, au Brésil, en France ou en Belgique[1], des recherches-actions, comme dans un espace d'entr'aide communautaire appelé au Brésil « *mutirão* », dont je rends compte dans mon article « Le *mutirão* : un espace-temps bio-politique » sur le site Academia, s'effectuent autour de la communication interculturelle que développent ces Arbres à palabres. Nous pouvons parler à ce propos d'une psycho-sociologie ainsi que d'une sociolinguistique pragmatique et formative qui ouvrent de nouvelles perspectives, comme l'a montré dernièrement Lúcia Ozório[2] avec le *Papo de Roda* ou *Cercles des histoires de vies en commun* de la communauté de Mangueira au Brésil, objet d'une thèse et d'un livre dont j'ai rendu compte sur le site Asihvif.

Gageons que suivront aussi de nombreuses recherches-actions autour de l'Arbre à palabres symbolisant l'enracinement culturel, mais aussi l'ouverture culturelle par les nombreuses branches qu'il développe dans une dimension d'historicité telle que je l'ai aussi décrite dans mon livre *Brésil, le défi des communautés*[3] en écrivant notamment que

> Tout commence, tout peut commencer, lorsque ces femmes et hommes découvrent les mots de leur propre histoire et, plus particulièrement, que leur vie peut s'écrire, qu'il y a place pour elle dans l'Histoire humaine.

---

[1] Voir sur YouTube les vidéos *Arbres à palabres de Bruxelles* avec Mehdi Beduin (2016) et celles que Christian Leray et Fatimata Hamey-Warou ont enregistrées chez L'Harmattan (2014). Lire aussi les articles de Leray-Ueberschlag sur le site ICEM Educateur (1986) « L'apport brésilien à la pédagogie Freinet » repéré sur https://www.icem-pedagogie-freinet.org/node/27995 ; Freinet, C., *Œuvres pédagogiques*, Paris, Seuil, 1994 ; Freire, P., *Pedagogia do oprimido*, Rio de Janeiro, Paz e Terra, 1968. Leray, C., Le mutirão brésilien : un espace-temps bio-politique, repéré sur https://www.academia.edu/36400728 [archive], 2015 ; LERAY, C., in Orefice, P. et Viccaro, G. (org.), *La veglia in Garfagnana : Capitolo secondo : La veglia in Broceliande, interculturalita e interstualita un'esperienza formative fra traditions e progetto*, Firenze, Edizioni ETS, 1999, p. 135-147.

[2] Interview Lúcia Ozório à Christian Leray : Ashivif n 61 à propos du livre : Ozorio, L., *La favela de Mangueira et ses histoires de vies en commun. Travailler avec les périphéries*, Paris, L'Harmattan, 2016. Format Livre : https://issuu.com/asihvif/docs/asihvif2017-61
Format PDF : http://www.asihvif.com/1/upload/asihvif2017_61.pdf

[3] Leray, C., *Brésil, le défi des communautés*, Paris, L'Harmattan, 1985, p. 9-10.

# PROCESSUS DE SUBJECTIVATION ET DROITS DE L'HOMME : DES PISTES DE RÉFLEXION POUR UN DÉBAT EN PSYCHOLOGIE COMMUNAUTAIRE

*Pedro Paulo Gastalho de Bicalho*

La tâche que nous attendons, habituellement, de la psychologie est celle qui a pour but l'individualisation de la subjectivité afin de révéler une « essence » déterminée du sujet. Parmi tant de questions liées à cette hégémonie, nous avons choisi, pour une discussion sur les Droits de l'homme, celle des processus de subjectivation articulés à un débat que nous plaçons dans ce qu'on appelle psychologie communautaire. Comment peut-on avoir accès à un monde commun et le construire ? Avec quelles politiques du commun peut-on s'allier et avec quelles conceptions peut-on s'engager éthiquement et politiquement ?

Nous proposons d'analyser, ici, des discours hégémoniques ayant le pouvoir de marquer, stigmatiser et tuer autrui, à travers la force et la présence d'une certaine perspective épistémologique, de coupure positiviste. Nous insistons, en même temps, sur un projet objectiviste, aseptique, neutre, inodore et incolore pour la psychologie, dont les demandes voudraient intervenir, résoudre, ou bien, émettre des expertises et des avis sur des « profils psychologiques ».

De manière hégémonique, la psychologie s'est constituée comme outil pour une adéquation et un ajustement intime, universel, naturel et non-historique. Ainsi, ne se pose pas la question des pratiques datées historiquement qui ont institué des modèles d'être dans le monde, selon une convention de normalité, considérée comme unique et vraie, qui rend inférieurs et inaptes tous ceux qui sont considérés comme différents, anormaux, dangereux, en les séparant de leurs contextes socio-historico-politiques et les rendant non-humains.

Ceux-là seraient constamment surveillés, contrôlés, mis sous tutelle. Cette psychologie aurait la tâche de révéler (sous le statut du diagnostic), la différence.

L'existence des droits humains naturels, c'est une idée qui a surgi dans certains contextes historiques, à partir de conditions qui rendaient possible l'apparition de cette conception comme vérité unique et indiscutable. Nous les reconnaissons comme « des nécessités humaines fondamentales pour que les personnes puissent survivre et se développer » et qui doivent être protégés non seulement par les Nations, mais aussi par un ordre juridique mondial « qui devrait proposer un minimum de règles pour éviter des excès, à partir de la question de savoir comment empêcher de nouvelles atrocités ».

Les Droits de l'homme seront pensés, alors, non comme une donnée naturelle ou un ordre juridique, mais en tant que production de subjectivité, engagement social, donc une pratique, une pratique quotidienne. De cette façon, nous nous intéressons aux forces matérialisées comme des rapports de pouvoir en tant que lignes qui composent un réseau (rhizome), aux dépens des formes qui, elles, sont bio-politiquement capturées comme des critères de définition des limites de l'humain (et, par conséquent, de ses « droits »).

L'Organisation des Nations unies (ONU) a été créée, en 1945, à San Francisco, par la Chartre des Nations qui proposait à la communauté internationale la discussion et la protection des notions de droits humains. Ces propositions sont devenues « concrètes »[1] avec la publication, en 1948, d'une déclaration qui, malgré le manque de force légale, a été présentée comme une lettre de recommandations, composée d'un préambule où il y avait sept considérations suivies de trente articles. Les vingt-et-un premiers de ces articles portaient sur des droits civils et politiques (des droits et des garanties de l'individu) ; les sept articles suivants portaient sur les droits économiques, sociaux et culturels et les deux derniers, respectivement, portaient sur la responsabilité de l'individu par rapport à sa communauté et

[1] Pour ceux qui croient que le thème « Droits de l'homme » se limite au droit positif.

l'interdiction d'interprétations susceptibles de « nuire » aux droits et aux libertés qui y ont été établis.

C'est ainsi que le thème des droits de l'homme s'est fait connaître : comme s'il n'existait pas une histoire antérieure à la Déclaration universelle de 1948, avec toutes ses implications pendant la Seconde Guerre mondiale et la création de l'ONU[1].

En 1966, deux pactes ont été proposés aux pays signataires (des exigences plutôt que des recommandations) : le Pacte international, relatif aux droits civils et politiques et le Pacte international, relatif aux droits économiques, sociaux et culturels, ayant pour objectif la création d'instruments pour l'application effective de ces droits. Chaque région a créé ainsi des organismes internationaux pour réguler lesdits droits de l'homme, comme la Cour interaméricaine et la Cour européenne des droits de l'homme et la Chartre africaine de droits de l'homme et des peuples. Des traités et des conventions spécifiques ont aussi été créés, telles la Convention sur le génocide (1948), la Convention pour la protection du patrimoine mondial, culturel et naturel (1972), Convention sur l'élimination de toutes les formes de discrimination à l'égard des femmes (1979), Convention contre la torture et autres peines ou traitements cruels, inhumains ou dégradants (1984), Convention relative aux droits de l'enfant (1989), Convention sur la diversité biologique (1992) et d'autres.

Trindade[2] attire l'attention sur le fait que, au nom des idéaux d'égalité et fraternité contenus dans les nombreuses conceptions de droits de l'homme, il s'est imposé, pendant la dictature civil-militaire (1964-1985), un des régimes ayant commis le plus de crimes contre ces mêmes droits pendant toute l'histoire brésilienne. Ou encore Mein Kampf d'Adolph Hitler, livre sur lequel lui-même avait écrit : « Les droits de l'homme sont au-dessus des droits de l'État ». Pour nous, il reste, enfin, la question : si les Droits de l'homme sont utilisés comme arguments par tant de pratiques sociales différentes, de quels

[1] Celle-là est l'histoire officielle. La question des Droits de l'homme, pourtant, avait déjà été annoncée il y a longtemps, surtout à partir des Révolutions Bourgeoises.

[2] Trindade, J. D. L., *História Social dos Direitos Humanos*, São Paulo, Fundação Peirópolis, 2002.

droits parlons-nous, en fait, ou de quels types d'humains s'agit-il ? Comme nous dit Trindade[1] :

> Ces deux cents dernières années, il n'y a sans doute pas eu, au moins dans l'Occident, un oppresseur n'ayant pas utilisé le langage des Droits de l'homme. Hitler n'a été que l'un d'eux [...]. Pourquoi est-il si facile de parler des droits de l'homme et pourquoi cette expression est-elle devenue si complaisante et flexible, prononcée sans honte par les personnages les plus insolites ? « Que signifie-t-elle exactement ? »

Foucault pense l'homme comme le visage d'une forme dominante, une résultante des relations de forces qui composent cette forme[2]. L'homme est ainsi pensé comme relation, comme « un singulier qui ne peut pas exister sans l'autre »[3]. Il est aussi pensé comme subjectivation, comme forme-homme qui résulte des rapports de force (toujours par rapport à d'autres forces) qui constituent le pouvoir. De la même manière, Foucault n'emploie pas le mot *sujet* en tant que personne ou forme d'identité, il utilise le terme « subjectivation » comme processus. Il s'agit, alors, de l'invention des modes d'existence et des possibilités de vie qui ne cessent de se recréer, et non pas des personnes ou des identités[4].

C'est dans ce sens que Foucault nous apprend que l'homme ne possède pas une intériorité, puisqu'il est formé comme le résultat des forces qui le traversent. Des forces qui se configurent en tant que pratiques historiques qui l'objectivent, le subjectivent et provoquent un exercice éthique[5]. Ce sont des productions qui concernent un terrain historique où sont réunis des arrangements politiques, des jeux de savoir, de pouvoir et des techniques de soi. L'homme est donc l'effet d'une

---

[1] *Ibid.*, p. 5 ; 16.

[2] Deleuze, G. et Foucault, M., *Pourparlers*, Paris, Les Éditions de Minuit, 1990.

[3] Bicalho, P. P. G., "Direitos humanos e movimentos sociais: desafios à democracia (e à psicologia) brasileira", *in A Psicologia Social e os atuais desafios ético-políticos no Brasil*. Porto Alegre, Editora ABRAPSO, 2015, p. 180.

[4] Deleuze, G. et Guattari, F., *Traité de nomadologie : la machine de guerre*, in Mille Plateaux, 1980.

[5] Revel, J., *Le Vocabulaire de Foucault*, Paris, Ellipses Édition, 2002.

constitution qui se donne dans l'immanence historique, sans essences, sans naturalisations, sans caractère *d'a priori* ou de transcendance.

Nous partons alors du présupposé que le monde, les objets y existant, les sujets qui y habitent et leurs pratiques sociales sont historiquement produits, n'ayant pas une existence en soi, des choses déjà données, une essence ou une nature. Nous sommes sollicités, selon Guattari et Rolnik[1]

> tout le temps et de tous les côtés à investir la puissante fabrique de subjectivité en série, productrice de ces hommes que nous sommes [...] Il n'y a souvent pas d'autre issue. Nous courons le risque de nous retrouver isolés quand nous osons créer des territoires singuliers[2], indépendants des séries subjectives.

Ou encore :

> Le sujet, selon toute une tradition de la philosophie et des sciences humaines, est quelque chose que nous trouvons comme un « être-là », quelque chose appartenant à une supposée nature humaine. Je propose, au contraire, l'idée d'une subjectivité de nature industrielle, machinique, c'est-à-dire essentiellement fabriquée, modelée, consommée [...] La production de subjectivité constitue la matière première de toute production [...] La problématique micropolitique ne se situe pas au niveau de la représentation, mais au niveau de la production de subjectivité [...] Tous les phénomènes importants de l'actualité comprennent des dimensions du désir et de la subjectivité[3].

Des subjectivités normalisées sont produites de manière hégémonique, articulées par des systèmes hiérarchiques, par des

---

[1] Guattari, F. et Rolnik, S., *Micropolítica. Cartografias do Desejo*, Petrópolis, Vozes, 2000, p. 12.

[2] Le nom « singularisation » est employé par Guattari pour désigner les processus de rupture avec le mode de production de la subjectivité capitalistique. Guattari attire l'attention pour l'importance politique de ces processus, parmi lesquels seraient situés les mouvements sociaux, les minorités – enfin, les déviations de toute espèce. Guattari emploie aussi d'autres noms comme *révolution moléculaire*, *minorisation* ou *autonomisation*. D'après lui, « C'est un devenir différentiel qui refuse la subjectivation capitalistique ».

[3] *Ibid.*, p. 25-28.

systèmes de valeur et de soumission, internalisés par une idée de subjectivité qui a besoin « d'être remplie », s'opposant à un mode de subjectivation singulier que Guattari et Rolnik[1] appellent « procès de singularisation » – qui refuserait les modes de manipulation préétablis.

Le droit de l'homme, comme nous dit Almeida (2002)[2], est « le droit de bien vivre, le droit d'avoir accès aux politiques, le droit de vivre dans la diversité, le droit de vivre avec tous dans un monde meilleur[3] ». Les « Droits de l'homme » (substantif), au contraire, sont conçus – depuis leur genèse – en tant qu'objet naturel, comme prérogative inaliénable à l'essence d'un certain modèle d'homme.

Penser les droits de l'homme comme production de subjectivité, c'est affirmer les droits locaux, discontinus, fragmentaires, processuels, en constante construction, produits par le quotidien de nos pratiques et actions. Ainsi, nous ne comprenons pas la notion de droits de l'homme à partir d'une histoire linéaire marquée par de grands événements et séparée en périodes historiques, mais à partir de la notion d'événement[4] comme des conditions de possibilités qui signalent des formes différentes de savoir et de pouvoir, qui représentent des ruptures dans la façon de connaître les choses ou dans la forme des relations de pouvoir.

---

[1] *Ibid.*

[2] Almeida, T. M. S. "Homenagem a D. Paulo Evaristo Arns", *in Conselho Federal De Psicologia. Psicologia e Direitos Humanos – Práticas Psicológicas: Compromissos e Comprometimentos*. São Paulo, Casa do Psicólogo, 2002.

[3] *Ibid.*, p. 23.

[4] « L'événement pour Deleuze, Guattari et Foucault, même si on prend en compte les subtiles différences de compréhension entre ces auteurs, est un effet sans corps, un tracé de lignes et de parcours qui croisent des structures différentes et des ensembles spécifiques. L'événement n'a pas lieu à partir d'une intension primordiale ou comme résultat de quelque chose ; il met en scène le jeu des forces qui émerge par hasard dans la lutte. Il produit des ruptures, décomposant ce qui se présente comme totalité excluante ; il est daté, localisé et fonctionne par connexion et contagion. Il n'a pas de sujet. Les brisures qu'il produit peuvent se répandre, trouver des résonances dans une multiplicité d'autres événements encore invisibles, et ses inventions potentielles dans une forme d'actualisation. » Neves, 2002, p. 2-3.

Donc, cela n'a aucun sens de continuer à parler de « droits de l'homme » de façon générique, sans remettre en question de quels droits et de quels hommes – et de quelle conception de citoyenneté – nous parlons. Il nous faut des politiques du commun, comme un « être avec » en détriment d'un « connaître sur ».

Nous pouvons rappeler d'autres exemples de luttes pour les droits de l'homme, quand on pense à l'esclavage et au trafic de « chair humaine noire[1] », ou à la première grève de femmes ouvrières, le 8 mars 1857, à New York, quand 129 fileuses ont arrêté le travail et ont exigé la réduction de leur emploi du temps – jusqu'alors de quatorze heures – et pendant laquelle la police a entouré et mis le feu à l'édifice. La manifestation s'est terminée de manière tragique.

Nous pouvons encore citer la bombe atomique d'Hiroshima et Nagasaki, ou la Commune de Paris, expérience de construction d'un pouvoir populaire, pendant laquelle plus de 20 000 Parisiens sont morts au combat – des milliers ont été fusillés après la reddition – 43 000 ont été faits prisonniers et 13 400 ont été condamnés à mort, aux travaux forcés à perpétuité, ou bien à la déportation.

Nous avons encore eu les mouvements ouvriers européens et le premier mai 1886, à Chicago quand, pendant une grève revendiquant huit heures de travail journalier, la police a tué et blessé des ouvriers et lancé une bombe sur des grévistes qui se trouvaient réunis sur une place.

Nous pensons aussi à la période qui suivit la Première Guerre et ses effets sur une enfance qui en a été la victime, aussi bien qu'à l'encouragement à la formation éducative d'une génération basée sur la paix et la démocratie. Ce contexte a produit la première Déclaration des droits de l'enfance, en 1924, ayant comme objectif la protection de l'enfance.

Nous citerons encore le génocide des juifs, des Roms et des homosexuels. Ou bien le mouvement connu comme

[1] Référence à « La chair la moins chère du marché, c'est la chair noire/ Et elle est gratuite pour la prison et pour le sac plastique/ Elle est encore gratuite pour le sous-emploi et pour les asiles ». Extrait d'une chanson brésilienne « A carne », de Marcelo Yuka, Wilson Capelletti et Seu Jorge, enregistrée par Elza Soares (album « Do coccix até o pescoço », 2002).

« Stonewall », le 28 juin 1969, date où se commémore aujourd'hui la Journée internationale des fiertés Lgbt. Cet événement marque le jour où des lesbiennes, des gays, des bisexuels et des transsexuels qui fréquentaient le bar Stonewall Inn, dans le Greenwich Village, à New York, ont, pour la première fois, réagi aux agressions de la police. Au Brésil nous avons eu aussi des événements locaux (il y en a plusieurs) tels que le massacre de la Candelária, en plein centre-ville de Rio, Vigário Geral, dans la banlieue, ou bien celui qui a été connu comme « le massacre du Pan », qui a eu lieu au Complexo do Alemão, un des plus grands bidonvilles de Rio. Et bien d'autres, qui se produisent, en général, dans les lieux les plus démunis de la ville de Rio[1] – des subjectivités qui unissent, naturellement et sans séparation, la pauvreté et la criminalité. Nous devons alors nous demander, en ce qui concerne les droits de l'homme, non seulement quels sont ces droits (ou ce qu'ils sont), mais aussi ce qu'est l'humain, tâche que la psychologie ne peut pas refuser, aussi complexe que puisse être son objet[2]. Nous n'allons pas ici lui trouver vraiment une définition, mais signaler que la manière dont on parle de cela ne correspond pas à une « vraie nature » de l'humain, mais à la construction d'un modèle possible, à partir de technologies de contrôle social, venues d'un contexte et d'une idée hégémonique et bourgeoise de ce qui est (ou pourrait être) le monde dans lequel nous vivons. Nous allons reprendre la question de Canguilhem, dans « Qu'est-ce que la psychologie ? » et essayer de répondre : cela dépend des forces qui se l'approprient.

Nous allons, enfin, tel que le suggèrent Deleuze et Guattari[3], avec le concept de machine de guerre, avoir l'audace d'analyser quelques productions de subjectivités – les unes hégémoniques,

---

[1] Negri, A., "Alma Venus, prolegômenos sobre a pobreza", in Kairòs, Alma Vênus, *Multitudo: nove lições ensinadas a mim mesmo*, Rio de Janeiro, DP&A, 2003 : « Dans la modernité [...] le monde des droits de l'homme est, en même temps, proclamé et rompu par l'usage productif et par l'assujettissement politique du pauvre » (trad. Mod.) (p. 123).

[2] Canguilhem, G., « Qu'est-ce que la Psychologie ? » *Cahiers pour l'analyse*, n° 2, 1966.

[3] Deleuze, G. et Guattari, F., « Traité de nomadologie : la machine de guerre », in *Mille Plateaux*, 1980.

d'autres moins – qui forgent un certain visage pour l'objet Droits de l'homme. De telle manière que ces visages puissent nous prévenir contre nos pratiques quotidiennes de violation de différents droits, pour que nous ne perdions pas notre capacité à être surpris et, par conséquent, à nous indigner, en même temps que nous croyons à la possibilité d'expérimenter des outils qui affirment différentes puissances de vie.

Cela signifie, alors, penser ces visages comme étant datés historiquement ; ils ne seront donc pas naturels, puisqu'ils concernent la manière dont nous parlons, agissons et pensons dans le monde, à partir d'un processus permanent de modélisation selon les forces qui sont tout le temps produites dans l'histoire – constructions compétentes et efficaces venues des équipements sociaux les plus divers. Celles-ci sont toujours présentes, soit en traversant, soit en influençant et transversalisant les pratiques quotidiennes. Nous nous référons aussi à des pratiques de psychologie prises comme des processus puissants et efficaces de subjectivation qui forgent des existences, des vies, des bandits et des héros, des vagabonds, des malfaiteurs, des exclus et des voyous.

La mise en analyse de nos pratiques ne signifie pas être au-delà ou en deçà d'une acceptation ou d'un refus de leurs énonciations. Ce qui nous intéresse, ici, c'est de les problématiser et de les penser dans leurs effets, dans les agencements qu'elles produisent et actualisent et qui seront exprimés dans les différentes formes d'être dans les verbes de la vie[1].

Des auteurs comme Foucault et Deleuze nous apprennent que la production sociale de l'existence est tissée au milieu de la complexité des liens entre les forces présentes et agissantes chez l'homme, venant du monde qui entoure et traverse l'humain ; cela produit une forme donnée hégémonique et qui peut toujours se métamorphoser. « Chaque configuration historique montre ses dominances entremêlées aux processus de savoir, de pouvoir et de la subjectivation[2] ».

---

[1] Neves, C. E. A. B., "Interferir entre desejo e capital", Thèse (doctorat en psychologie clinique). Pontifícia Universidade Católica de São Paulo, 2002.
[2] *Ibid.*, p. 40.

Le *socius,* ici, n'est pas pensé comme un tout autonome, mais en tant que

> [...] champ de variations entre une instance d'agrégation (machines molaires – techniques et sociales) et une surface d'errance (machines désirantes) comme des régimes différents d'une même production immanente[1].

D'un côté cette affirmation implique la dénaturalisation de certaines analyses qui inscrivent le champ social dans une dichotomie totalisante et excluante entre molaire (macro politique) et moléculaire (micro politique)[2].

La psychologie compose l'immense appareil de savoirs et de pratiques qui vont, de différentes manières, intervenir dans les modes d'existence de l'humain. Baptiste[3] dit que des discours hégémoniques considèrent la différence et l'existence en dehors de la norme comme étant négatives, et transforment les sujets en des êtres démunis et dignes de pitié, qui peuvent encore être éliminés par leur condition sub-humaine. L'auteur affirme encore que certaines pratiques qui disqualifient certaines populations sont génocidaires, puisqu'elles éliminent des modes d'existence et des puissances de vie.

Foucault comprend l'apparition de la psychologie en tant que science de l'individu, comme une discipline de la norme qui règle, qui surveille, qui réalise une orthopédie des

---

[1] *Ibid.*, p. 44.

[2] « Molaire et moléculaire sont deux manières de découper la réalité. Ce sont des plans qui ne peuvent pas être dissociés, quoique leurs modes propres de fonctionnement se traversent tout le temps [...]. Le plan molaire serait le plan de la segmentarité dure, du visible, des processus constitués où nous trouvons la prédominance des lignes dures (famille, profession, travail ...). Celles-là sont subordonnées à un point de référence qui leur donne du sens et impliquent des dispositifs de pouvoir divers qui surcodent les agencements en de grands ensembles, identités, individualités, sujets et objets. Le plan moléculaire, [...] relève du plan de formalisation du désir, de l'invisible, où nous n'avons pas d'unités, mais des intensités. Nous avons ici la prédominance de lignes flexibles (flux, devenir) qui cherchent à dévier du surcodage totalisateur des lignes dures et des lignes de fuite qui, lorsqu'elles composent un plan sous-moléculaire nous connectent à l'inconnu, opérant ainsi des ouvertures pour un champ de multiplicités. » Neves, 2002 p. 45.

[3] Baptista, L. A., "A atriz, o padre e a psicanalista – os amoladores de facas", in *Cidade dos Sábios*, São Paulo, Summus, 1999.

subjectivités. Selon cet auteur, elle est née à la fin du XIXe siècle, dans un exercice de pouvoir qui n'était plus centré sur le corps, mais sur la subjectivité. C'est une science dont l'outil technique est la norme. Un tel outil de pouvoir permet d'étudier et comparer les individus, d'élaborer une courbe normale à travers une mathématique politique – la statistique – qui crée des normalisations, construit des modèles *a priori* de normalité et les impose ensuite aux individus qui sont soumis à cette courbe, où sont marquées leurs déviations ou leur normalité. Ensuite, ces déviations sont nommées, instituées et les diagnostiques et les traitements sont prescrits. À travers la psychologie il est possible d'évaluer et de valider les comportements, selon les règles. Elle produit un savoir épistémologique et aussi technologique et, d'une certaine façon, un savoir clinique (tel que la psychiatrie et la criminologie). Nous comprenons alors que la psychologie apparaît pour rendre compte des individualités, ce qui transforme cette systématique en problème politique, et non pas technique, car il s'agit d'un savoir producteur de rituels et de techniques, de réalité.

La psychologie a contribué à des modèles disciplinaires et s'est constituée en ces modèles qui proposaient de cadrer les transgresseurs, en même temps qu'elle les laissait en marge du système, décrivant des personnalités-modèles de transgresseurs. Actuellement – bien que cela continue encore – elle agit dans la promotion de la dignité et des Droits de l'homme des condamnés ; elle cherche un meilleur modèle qui puisse faire, avec d'autres discours et pratiques, des propositions dites plus humaines. Nous produisons des formats-modèles de dignité et d'humanité pour ceux qui se trouvent en marge du système, mais nous ne remettons pas en question ces discours et ces pratiques, nous ne pensons pas à de nouveaux modes d'existence, nous ne questionnons pas notre validation de ce qui configure un modèle pour l'acquisition des Droits de l'homme. Nous aurons donc des savoirs et des actions qui, s'ils ne sont pas remis en question, seront considérés comme autant de vérités uniques.

Une pratique de la psychologie engagée dans les Droits de l'homme peut produire d'autres alternatives qui ne concernent ni la criminalisation ni la tentative d'adéquation des modes d'existence. Les psychologues n'ont pas besoin (et ne doivent pas) occuper le lieu d'orthopédistes sociaux. Au contraire, ils peuvent analyser des pratiques naturalisées et re-signifier la différence, considérée comme négative, pour la possibilité d'invention de nouveaux processus d'expérimentation du monde et ses relations, en permanente transformation.

Cette psychologie-là n'est pas apprise à travers des modèles et des expositions théoriques sur les Droits de l'homme ou même des explications sur le Code d'éthique professionnelle. Il y a une dimension de cet apprentissage qui a lieu quand elle rejoint le politique. Car, si nous parlons d'une pratique des Droits de l'homme, nous avons, en fait, besoin de travailler dans l'exercice de cette pratique. Il n'y a pas de réponse toute faite, il n'y a pas de formation en psychologie en tant que savoir prêt à être obtenu, conclu et appliqué. Nous devons penser de façon éthico-politique dans les défaillances de cette formation et dans la complexité de son champ problématique. Pour cela, il est nécessaire de tenir ferme contre l'urgence des solutions qui sont exigées de nous, en vue de la construction d'un champ de questions sur les forces qui traversent la production d'une demande.

Or, quels sont les effets qui ont été produits dans notre quotidien ? Quels sont les sujets, les savoirs et les objets – lesquels n'existent pas en soi – que nous produisons tout le temps ? Il faut analyser nos pratiques et discuter sur le type de psychologues que nous sommes en train de produire et sur les savoirs qui sont solidifiés.

Nous refusons, ici, la perspective qui rend incompatibles la psychologie et la politique, un type hégémonique de rationalité qui impose la position dichotomique entre théorie et pratique, science et idéologie. Généralement, quand nous intervenons comme psychologues, cela présuppose l'analyse d'un territoire individuel, intériorisé, ou, au maximum, circonscrit à des relations interpersonnelles qui transfèrent les productions politiques, sociales et économiques dans le champ d'études d'un « autre spécialiste ». « Ils sont extérieurs à la réalité psychique », c'est sans doute l'argument. Le défi consiste à parcourir d'autres chemins et à refuser ce destin, employant une « boîte à outils » théorico-conceptuelle. Il faut refuser le rôle d'« orthopédiste social », avec ses savoirs tout prêts dans des schémas méthodologiques aseptisés, tout en sachant qu'en plusieurs occasions, nous avons été (nous sommes) capturés par la perspective positiviste.

Nos pratiques comprennent une conception du monde, de société, d'homme et d'humain exigeant une opinion sur la finalité de l'intervention que nous faisons, laquelle comprend la certitude que nos pratiques ont toujours des effets qui demandent une prise de position.

Jullien[1] distingue trois concepts : l'universel, l'homogène et le commun. Selon lui, l'universel est un concept provenant de la théorie de la connaissance qui affirme la signification d'une nécessité logique. L'homogène est défini comme le « double perverti de l'universel[2] », d'après les intérêts de la production et de l'économie. Il concerne l'uniformisation des modes de vie, discours et opinions qui conduisent à une dictature discrète et insidieuse. Les subjectivités en série du monde contemporain[3] sont un exemple de réalisation de l'homogène. Quant au commun, c'est un concept politique. Il n'est pas donné *a priori*, mais il est fondé dans l'expérience, s'approfondit et s'enrichit avec elle. Nous devons construire un commun qui n'est pas fondé en relations de ressemblance et d'identité non plus.

Le commun est donc produit par la transversalité réalisée par des pratiques de la participation. Le concept de commun se définit par la consistance de ses expériences et sa participation concrète. Il constitue un défi permanent à affronter. Commun est ce qui est vécu comme appartenance dans le collectif. Il s'agit d'un concept politique par excellence : c'est ce qu'on partage, ce à quoi on appartient, ce à quoi on s'engage[4].

Le commun est un exercice. Et l'exercice est toujours l'exercice d'une politique. Ici, la politique du commun. Comment devons-nous faire pour accéder à (et construire) un

---

[1] Jullien, F., *De l'universel, de l'uniforme, du commun et du dialogue entre les cultures*, Paris, Éditions Fayard, 2008.

[2] *Ibid.*, p. 13.

[3] Guattari, F. et RolniK, S., *Micropolítica. Cartografias do Desejo*, Petrópolis, Vozes, 2000.

[4] Kastrup, V. et Passos, E., "Cartografar é traçar um plano comum". *Fractal: Revista de Psicologia*, vol. 25, n° 2, 2013, p. 263-280.

monde commun ? Comment ferons-nous pour construire un collectif avec ses territoires et ses sémiotiques particulières ? Comment faut-il faire pour travailler avec différents acteurs et trouver un espace pour qu'ils y deviennent protagonistes ? Que ces questions soient toujours posées. Il est nécessaire d'accéder à (ou tracer) un plan commun, sans lequel l'intervention n'aura pas lieu. Que la psychologie soit ainsi au service de l'école, de la justice ou des entreprises et qu'elle se constitue comme une psychologie du commun. Que cela soit, vraiment, le sens d'une psychologie communautaire.

# L'IMPORTANCE DE LA PSYCHOLOGIE SOCIALE COMMUNAUTAIRE POUR LE DÉVELOPPEMENT DURABLE ET LE RÔLE DE LA GOUVERNANCE

*Tania Barros Maciel*
*Monalisa Barbosa Alves*

La psychologie est une science qui étudie l'homme au niveau subjectif aussi bien qu'au niveau interpersonnel et dans sa relation avec l'environnement. De sorte que tout ce qui a de l'influence dans la vie de l'homme, ou qui est en relation avec lui, fait l'objet de la psychologie. Les conceptions de développement exercent une influence directe sur la vie, les valeurs de l'homme et sa relation avec l'environnement[1].

Dans ce sens, quand nous étudions l'être humain, nous devons considérer son histoire, sa culture et son environnement. L'être humain, en tant qu'être social, a un rôle actif dans les constructions des relations, lorsqu'il fait partie des groupes et de la société. C'est ainsi que nous pouvons affirmer que l'individu et le milieu social sont indissociables. C'est ainsi qu'on doit considérer l'être humain dans son mouvement de produire et de se produire, en tenant compte de son histoire personnelle, mais aussi par rapport à l'histoire de la société. C'est dans l'action collective que l'être humain trouve la possibilité d'agir comme sujet, en même temps qu'il mobilise ses dimensions subjectives et donne un sens à sa vie, à travers la production collective et la réalisation de ses puissances. Dans ce contexte, l'individu ne peut pas être vu comme un être isolé, car il établit des relations et fait partie de différents groupes qui composent une société.

---

[1] Maciel T. B., "Da sustentabilidade à sustentabilidade do ser: por um Desenvolvimento Humano Durável", *in* d'Ávila Neto, M. I. et Pedro, R. M. L. (org.). *Tecendo o desenvolvimento*, Rio de Janeiro, MAUAD, 2003, p. 49-63.

Selon Nasciutti, l'individu ne doit pas être considéré tout simplement comme le résultat de déterminants d'ordres différents, mais comme acteur social, doté de liberté d'action, face à un contexte social qui le précède et détermine sa place. Il doit être compris comme « individu, membre d'une culture, mais aussi comme sujet psychique doté de pulsions, d'affects, de défenses, de projections, d'identifications et de désirs, faisant partie du social qui le constitue[1] ».

Dans les années soixante et soixante-dix, au Brésil, plusieurs chercheurs se sont interrogés sur le rôle de la psychologie sociale et son objet d'étude. Cette période a été caractérisée, dans la plupart des pays latino-américains, par la pauvreté, la concentration économique urbaine et agraire, sous une grave répression politique. Dans ce contexte surgit un mouvement critique de la psychologie sociale classique qui propose l'adoption de l'engagement social et la transformation sociale comme objectif des études et des recherches de cette science. Lane dit que les chercheurs de ce domaine ont été obligés de mener une réflexion critique sur l'Université et son rôle social, sur la connaissance qu'elle était censée produire, dont le but était la recherche de nouveaux chemins pour un savoir scientifique qui pourrait contribuer à une action transformatrice[2]. Les recherches ont remis en question le positivisme de la psychologie sociale nord-américaine, dominante au Brésil, ainsi que l'orientation clinique et le caractère anhistorique des démarches relatives à l'objet de la psychologie en général.

C'est dans ce contexte que naît, au Brésil et en Amérique latine, la psychologie sociale communautaire, résultat d'un mouvement de crise et de transformation de la psychologie sociale, profondément influencée par les mouvements populaires et par les problèmes vécus dans ce continent (Góis,

---

[1] Nasciutti, J. C. R., "Reflexões sobre o espaço da Psicossociologia", *Revista Documenta.* Rio de Janeiro, n° 7, p. 51-58, 1996.

[2] Lane, S., "Histórico e fundamentos da psicologia comunitária no Brasil", *in* Campos *et al.* (orgs.). *Psicologia social comunitária: da solidariedade à autonomia*, Petrópolis, Vozes, 2006. p. 17-34.

2005 ; Monteiro, 2002)[1]. Pour Montero (2004)[2], le paradigme qui émerge de cette crise se caractérise, entre autres choses, par l'importante orientation de la réalité sociale, donnée aux études psychologiques, la reconnaissance du caractère actif des êtres humains comme des producteurs d'histoire, la prise en compte du conflit comme faisant partie de l'action humaine et l'encouragement à l'autonomie et à l'émancipation sociale. À la fin du XXe siècle et en ce début de XXIe, la psychologie sociale communautaire a incorporé le sens de la résistance contre l'oppression et de la lutte pour la citoyenneté complète[3].

Toutefois, dans le domaine de la psychologie sociale communautaire, la communauté est considérée comme instance de construction collective et consciente de la réalité, dans laquelle les individus ont un lieu assuré pour la participation et l'expression de leurs positions. Dans cette perspective, le concept de communauté est lié à un espace de consensus, mais aussi de contradictions, et de convivialité entre les personnes[4].

Face à ce contexte, le processus de gouvernance, compris comme un lieu d'articulation, intégration et coopération entre les différents acteurs sociaux en quête d'un bien commun, devient un outil important pour le développement durable. C'est dans ce sens que ce chapitre veut présenter une réflexion sur l'importance de la psychologie sociale communautaire pour le développement durable et la gouvernance.

---

[1] Góis, C. W. L., *Psicologia Comunitária: atividade e consciência.* Fortaleza, Instituto Paulo Freire de Estudos Psicossociais, 2005 ; Montero, M., "Vidas Paralelas: Psicología Comunitária en Latinoamérica y Estados Unidos", *in* Montero, M., *Psicología Social Comunitária: teoria, método y experiencia. Guadalajara*, Universidad de Guadalajara, 2002.

[2] Montero, M., *Introducción a la psicología comunitaria. Desarrollo, conceptos y processos*, Buenos Aires, Editorial Paidós, 2004.

[3] Sawaia, B. B., "A apropriação científica de um conceito tão antigo quanto a humanidade", *in* Campos *et al* (org.). *Psicologia social comunitária: da solidariedade à autonomia*, Petrópolis, Vozes, 2006, p. 35-53.

[4] Ximenes, V. M. et Moura Junior, J. F., "Psicologia Comunitária e comunidades rurais do Ceará: caminhos, práticas e vivências em extensão universitária", *in* Ferreira, J. L. et Dimenstein, M. (org.). *Psicologia e Contextos Rurais*, Natal, EDUFRN, Editora da UFRN, 2013, p. 453-476.

## Psychologie sociale communautaire

La psychologie sociale communautaire utilise les mêmes démarches théoriques que la psychologie sociale, attribuant plus d'importance au travail des groupes, collaborant pour la formation de la conscience critique et pour la construction d'une identité sociale et individuelle, ayant en vue des règles dont l'éthique est humaine[1]. De cette façon, elle veut développer des tâches capables de contribuer à la promotion des relations de coopération et de solidarité ainsi qu'à la construction de sujets plus critiques et réflexifs. Ceux-ci relèveront les problèmes et contribueront à la transformation de la réalité, à travers les méthodes d'insertion et de représentation communautaire[2].

D'après Góis[3], l'objectif de cette insertion communautaire est le développement du sujet communautaire, face aux actions collectives de développement de la communauté. Selon Ximenes et Moura Júnior[4], les processus d'insertion et de développement des activités, dans la communauté, sont fondés sur une interaction sociale produite sur des conduites dialogiques, affectives et coopératives.

Le travail développé par la psychologie sociale communautaire présente des stratégies dont les objectifs sont multiples : recueillir des informations sur la vie, les conditions d'habitation et de survie de la communauté et son histoire ; identifier les besoins et les problèmes vécus par la population

---

[1] Freitas, M.F.Q., "Psicologia na comunidade, psicologia da comunidade e psicologia (social) comunitária: práticas da psicologia em comunidade nas décadas de 60 a 90, no Brasil", *in* Campos *et al.* (org.), *Psicologia social comunitária: da solidariedade à autonomia*, Petrópolis, Vozes, 2006, p. 54-80.

[2] Góis, C. W. L., *Psicologia Comunitária: atividade e consciência*, Fortaleza, Instituto Paulo Freire de Estudos Psicossociais, 2005 ; Montero, M., "Vidas Paralelas: Psicología Comunitária en Latinoamérica y Estados Unidos", *in* Montero, M., *Psicología Social Comunitária: teoria, método y experiência*, Guadalajara, Universidad de Guadalajara, 2002.

[3] Góis, C. W. L., *ibid.*

[4] Ximenes, V. M. et Moura Junior, J. F., "Psicologia Comunitária e comunidades rurais do Ceará: caminhos, práticas e vivências em extensão universitária", *in* Ferreira, J. L. et Dimenstein, M. (org.), *Psicologia e Contextos Rurais*, Natal, EDUFRN, Editora da UFRN, 2013, p. 453-476.

dans son quotidien, en termes de processus psychosociaux qui touchent les personnes. Il veut aussi détecter les modes alternatifs de lutte et les résolutions trouvées par les habitants, dans leur quotidien et dans les relations établies, en plus des discussions avec la communauté et ses représentants, les alternatives et les décisions à adopter, aussi bien que les stratégies pour les rendre possibles. Des groupes sont constitués pour l'exécution de ces alternatives, pour évaluer en continu et reformuler les voies adoptées, en fonction des besoins et des empêchements apparus tout au long du travail.

Les travaux de la psychologie sociale communautaire, à travers les méthodes et les processus de conscientisation, cherchent à travailler avec des groupes populaires de façon qu'ils accèdent progressivement au « rôle de sujets de leur propre histoire, conscients des déterminants sociopolitiques de leur situation et qui cherchent activement des solutions pour leurs problèmes[1] ». L'objectif est de promouvoir la conscience et de diminuer l'aliénation, de promouvoir la participation réflexive des groupes avec lesquels elle travaille dans la définition des priorités d'action, planification, exécution et évaluation de leurs activités.

La psychologie sociale communautaire s'applique à comprendre et à intervenir sur le scénario des questions psychosociales caractéristiques d'une communauté. Pour cela, elle cherche, appuyée sur la compréhension de la communauté, à créer des pratiques et à produire des connaissances, adoptant une démarche interdisciplinaire et un travail d'équipes multi-professionnelles. Sawaia[2] souligne que le concept de communauté figurait rarement dans l'histoire des idées psychologiques, cela jusqu'aux années soixante-dix, quand la psychologie sociale a commencé à devenir communautaire.

---

[1] Campos, R. H. F., *Psicologia Comunitária, cultura e consciência.* Petrópolis, Vozes, 2010, p. 10.

[2] Sawaya, A. L., *Políticas públicas: pontos de método e experiências. Estudos Avançados*, São Paulo, vol. 20, n° 56, p. 130-147, 2007. Disponible sur : <http://www.revistas.usp.br/eav/article/view/10126/11709>. Accès le 13 août 2018.

Pour Campos[1], la communauté, qu'elle soit géographique ou psychosociale, est le lieu où une grande partie de la vie quotidienne est vécue. La dimension communautaire est le *locus* stratégique pour la construction de changements dont l'accent sera mis sur les personnes en tant qu'êtres sociaux.

D'après Montero[2], lorsqu'elle se propose de travailler avec la communauté, la psychologie sociale communautaire cherche à rendre plus forts les acteurs sociaux et leur capacité à produire des changements aussi bien que les analyses critiques de la réalité. Les éléments fondamentaux de ce processus sont, entre autres, la participation, l'autogestion, la réflexion critique et l'engagement.

## La participation dans la perspective de la psychologie sociale communautaire

À l'heure actuelle, où nous constatons de grandes transformations sociales et où les êtres humains ont établi une nouvelle relation avec eux-mêmes et avec l'environnement dans lequel ils vivent, la participation devient la question-clé dans le débat autour du développement durable, de la gouvernance et de la qualité de vie. Il est important de considérer que la participation est un processus complexe de construction continue qui se produit dans la dynamique de la société et s'exprime dans la réalité du quotidien des segments divers de la population. Dans ce sens, elle peut être comprise en tant que question sociale et culturelle[3]. Sociale, parce qu'elle concerne l'homme en société, dans sa relation avec l'environnement, avec les autres et avec lui-même. Culturelle, parce qu'elle parle d'êtres humains, de leurs subjectivités, singularités et modes de vie.

---

[1] Campos, R.H.F., "Introdução: A psicologia social comunitária", *in* Campos *et al.* (org.), *Psicologia social comunitária: da solidariedade à autonomia*, Petrópolis, Vozes, 2006. p. 9-15.

[2] Montero, M., *Teoría y práctica de la Psicología Comunitaria: la tensión entre comunidad y sociedade*, Buenos Aires, Paidós, 2010.

[3] Souza, M. L., *Desenvolvimento de comunidade e participação*, São Paulo, Cortez, 2004.

Il existe de nombreux points de vue sur le thème de la participation, ainsi que leurs usages. Pour Bordenave[1], « énumérer les contributions de la participation pourrait conduire à un concept tout simplement instrumentaire, sous peine d'y voir quelque chose qui puisse être manipulée ou exploitée dans ses résultats ». Demo[2] partage aussi cette opinion, lorsqu'il affirme que la ruse la plus intelligente du pouvoir, c'est de faire semblant d'être une source de participation. Il est nécessaire de se libérer de cette démarche de la participation et de l'analyser en tant que processus capable de produire une nouvelle dynamique d'organisation sociale impliquée dans des questions relatives au bien commun.

Bordenave dit aussi que la participation est à l'ordre du jour à cause du mécontentement général dû à ce que le peuple est tenu à l'écart des sujets qui intéressent tout le monde et qui sont décidés par un petit groupe. « Des associations les plus diverses surgissent, alors, ici et là : les amis du quartier, des mouvements écologiques, des associations des habitants, des communautés religieuses et d'autres[3] ». On y voit une tendance à intensifier les processus de participation.

Les questions proposées dans ces débats sont discutées, du point de vue local – à travers des conseils, des associations, des organisations non gouvernementales (ONG) – au point de vue global, par les conférences et les accords internationaux, tels que la Conférence des parties (COPs) sur les changements climatiques et les Objectifs du développement durable (ODD). Dans ce contexte, les pays participent aux forums internationaux, où sont prises des décisions qui affectent l'avenir du monde. La participation des personnes a lieu au sein de leur famille, dans leur communauté, au travail, dans la lutte politique, entre autres.

L'apparition de la psychologie sociale, au Brésil, nous renvoie à la présence de plusieurs professionnels, à la fin des années soixante-dix, qui essayaient de travailler pour une réalité

[1] Bordenave, J. E. D., *O que é participação*, São Paulo, Brasiliense, 2013, p. 14.
[2] Demo, P., *Participação é conquista*, São Paulo, Cortez, 2001.
[3] Bordenave, *ibid.*, p.7.

plus juste et qui soulignaient l'importance de la participation[1]. Cependant, c'est alors que surgit une question importante : comment répondre à cet engagement de participation face aux processus de développement ? Pour réfléchir à cette question, notre travail part des référentiels théoriques de la psychologie communautaire.

La psychologie sociale communautaire, telle qu'elle a été traitée auparavant, est un domaine de la connaissance qui surgit d'une psychologie soucieuse de la citoyenneté et dont un des éléments fondamentaux est la participation sociale. Elle met l'accent sur la participation comme vecteur du développement humain et de l'autonomie ; elle privilégie le travail avec la communauté et cherche à collaborer à la formation de la conscience critique des personnes. Elle poursuit la promotion de la participation pour la prise de conscience, par rapport aux questions sociales et humaines, ainsi qu'elle contribue à renforcer les liens communautaires. Dans ce sens, elle renvoie à une participation engagée avec le social.

Selon Irving[2], la participation serait un principe concernant n'importe quel projet de développement et constitue la garantie éthique de la durabilité. Toutefois, la plupart du temps, les projets de développement sont faits dans le contexte d'une centralisation politico-administrative qui lance les décisions vers le centre, en même temps qu'elle les déforme et les détourne de toute réalité.

Hô affirme que pour rendre efficace la participation, en tant que moyen de redéfinition des acteurs du développement, une décentralisation est nécessaire, « ayant comme corollaire le déplacement de la prise de décision qui reviendra à la communauté elle-même »[3]. Selon cet auteur, ces stratégies ont

---

[1] Lane, S., "Histórico e fundamentos da psicologia comunitária no Brasil", *in* Campos *et al.* (orgs.), *Psicologia social comunitária: da solidariedade à autonomia*, Petrópolis, Vozes, 2006, p. 17-34.

[2] Irving, M. A., "Reinventando a reflexão sobre turismo de base comunitária: inovar é possível?", *in* Bartholo, R. *et al.* (org.), *Turismo de base comunitária: Diversidade de olhares e experiências brasileiras*, Rio de Janeiro, Letra e Imagem, 2009, p. 108-119.

[3] Hô, P. N., "O desenvolvimento endógeno como alternativa: potencialidades e obstáculos ao seu desdobramento", *in* Maciel, T. B. (org.), *Caminhos para o*

plus de chances de réussir parce que, à travers la participation dans un contexte socioculturel qui lui est familier, la population sera plus à même de donner un sens au développement auquel elle aspire.

En effet, défendre la participation dans ces processus, c'est reconnaître la capacité des individus à construire leurs propres chemins et à intervenir dans leur réalité. Dans cette perspective, le sujet ne doit pas être compris tout simplement comme objet, mais aussi en tant que protagoniste de tout ce processus. La participation ne consiste pas dans la réception passive des bénéfices de la société, mais dans l'intervention active de sa construction. De cette façon, la participation prend le caractère d'un processus collectif qui transforme[1]. Dans ce contexte, il est important de discuter les instruments de participation, avec pour but la construction des projets collectifs pour un développement dont l'objectif serait des bénéfices économiques, environnementaux, sociaux et culturels pour la communauté.

Dans ce sens, choisir la perspective de la participation exige, avant tout, qu'on se pose les questions : pourquoi la participation ? En fonction de qui ? Qu'est-ce que la participation[2], au fait ? Si nous partons de la perspective de la psychologie sociale communautaire et de l'approche du développement durable, nous dirons qu'il y a participation parce que les acteurs, liés directement au processus de développement, sont ceux qui savent le mieux expliciter leurs demandes, leurs nécessités, leurs priorités. Il y a participation en fonction de ces personnes, touchées dans la réalité par les conséquences et les bénéfices du processus de développement. La participation, dans ce contexte, comprend la liaison et l'engagement des individus dans les questions qui apportent des contributions au groupe social dont ils font partie. Pour Loureiro. Marcus et Franca, la participation peut être définie comme un « processus social qui produit l'interaction entre les

---

*desenvolvimento-Século XXI*, Rio de Janeiro, UFRJ/Cátedra UNESCO de Desenvolvimento Durável da UFRJ/EICOS, 2006, p. 82).

[1] Bordenave, J. E. D., *ibid.*

[2] Souza, M. L., *Desenvolvimento de comunidade e participação*, São Paulo, Cortez, 2004, p. 81.

différents acteurs sociaux dans la définition de l'espace commun et de l'avenir collectif[1] ».

Toujours d'après Bordenave[2], la participation renvoie à l'importance de la représentation sociale, à la solidarité et, avec la décentralisation des décisions, elle montre le chemin le plus adéquat pour affronter les problèmes les plus graves et les plus complexes des pays en développement. Pourtant, il souligne les différences dans la qualité d'une participation. Il existe des circonstances de différents types qui conditionnent le degré, le niveau et la qualité de la participation. Parmi celles-là, il relève la philosophie sociale de l'institution ou du groupe qui exerce de l'influence sur l'étendue possible de la participation, la structure sociale avec ses inégalités et intérêts divers et encore l'ambiance interne des organisations, propice ou défavorable à la participation.

Selon cet auteur, la participation, cela veut dire « faire partie », « prendre part ». Cependant, il signale la différence entre ces expressions. Il est possible de faire partie sans prendre part et voilà la différence « entre la participation passive et la participation active, la distance entre le citoyen inactif et le citoyen engagé[3] ». Dans ce sens, il affirme que la participation des personnes dans leur communauté est la meilleure façon de les préparer pour être citoyens dans la société globale. Par conséquent, les participations les plus efficaces peuvent être trouvées plus facilement dans des groupes plus petits, tels que les associations des habitants et les organisations non gouvernementales. La communauté est le lieu où les relations démocratiques se structurent mieux.

C'est dans ce sens que Góis souligne que la participation implique que

> la personne, influencée par les conditions et les situations historico-sociales qui, de manière générale, la concernent matériellement ou existentiellement, décide de participer aux activités socialement significatives de son milieu[4].

---

[1] Loureiro, C. F. B. *et al.*, *Educação Ambiental e Gestão Participativa em Unidades de Conservação*, Rio de Janeiro, IBAMA/IBASE, 2003.

[2] Bordenave, *ibid.*

[3] *Ibid.*, p. 22.

[4] Góis, C. W. L., *ibid.*, p. 150.

Quant à Demo (2001)[1], il dit que pour le plein exercice de la citoyenneté, il faut que la communauté soit préparée pour la participation et connaisse ses droits et devoirs, à partir de la notion de formation, et non pas de domptage ; de la notion de participation ; de la notion de sujet social et non pas d'objet social ; de la notion de droits et devoirs, surtout ceux qui sont fondamentaux ; de la notion de démocratie, en tant que forme d'organisation socioéconomique et politique ; de la notion de liberté, égalité et communauté ; de la notion d'accès à des aptitudes capables d'augmenter la créativité du travail.

Bordenave (*ibid.*) y ajoute la satisfaction d'autres nécessités qui ne sont pas moins importantes, telles que l'interaction avec d'autres hommes, l'auto-expression, le développement de la pensée réflexive, le plaisir de créer et recréer des choses et aussi la valorisation de soi-même par autrui. Ainsi, la participation peut être considérée comme un des aspects fondamentaux du développement personnel et collectif. À partir de cette perspective, il faut considérer que la participation permet à l'individu d'avoir de l'autonomie et aussi la perception des problèmes sociaux vécus, en même temps qu'elle le rend conscient de son rôle principal dans l'élaboration d'une analyse critique sur la réalité sociale locale.

Les moments où la participation se concrétise peuvent devenir des espaces formateurs des citoyens et ceux-ci peuvent en profiter pour se développer et agir de manière consciente et responsable face à la société dans laquelle ils vivent. Cependant, il existe quelques défis pour créer et rendre plus forts ces espaces de participation. Parmi ceux-là, nous pouvons considérer certains aspects problématiques comme le besoin de surmonter les inégalités de pouvoir entre les différents acteurs qui participent à cette sphère, ainsi que la question des différentes temporalités de l'État, de la société civile et du secteur privé. Le temps de l'État est caractérisé par des aspects bureaucratiques et administratifs. En ce qui concerne la société civile, le temps est celui du monde, de la vie, ses impératifs et ses urgences. Dans le privé, c'est le temps de l'économie et du

[1] Demo, P., *Participação é conquista*, São Paulo, Cortez, 2001, p. 52-53.

marché qui domine[1]. Pourtant, l'effort pour une société plus juste et participative n'est pas facile à réaliser. Devant ce scénario, il est fondamental de reprendre des projets, ayant pour but un développement durable.

La participation est essentielle, chez Hô, dans la mesure où elle est vue en tant que « processus social, à travers lequel le projet de développement prend racines et s'imprègne des valeurs spécifiques de ce milieu[2] », en même temps qu'elle assure la diversité des styles de développement adaptés au contexte propre à chaque société, à chaque communauté. C'est à travers la participation que nous pourrons atteindre un développement plus conforme aux réalités locales. Nous devons faire confiance à la capacité et à la sagesse de cette population pour identifier ses problèmes et essayer des solutions originales pour les résoudre.

Nous pouvons constater qu'à partir de la valorisation de ces espaces locaux, les théories du développement y trouvent le champ propice pour traiter l'importance de la culture et de la participation de la population locale à la construction de son propre développement. Pour Santos[3], c'est un ensemble d'initiatives qui viennent créer ou conserver des espaces de sociabilité, à petite échelle, communautaires, fondés sur les relations face à face, contrôlés par des logiques coopératives et participatives. Dans ce contexte, nous signalons l'existence, aujourd'hui, d'expériences matérialisées par l'économie solidaire, par le projet de participation, par la formation des réseaux, par les associations, par le tourisme communautaire, entre autres. Ces initiatives, ainsi que les principes de la psychologie sociale communautaire, proposent la transformation des individus en sujets du processus, en même temps qu'elles créent des occasions pour éveiller leurs puissances et leurs capacités.

---

[1] Santos, B. de S., *Produzir para viver*, Rio de Janeiro, Civilização Brasileira, 2005.
[2] Hô, P. N., *ibid.*, p. 68.
[3] Santos, B. de S., *Globalização: fatalidade ou utopia*, Lisboa, Afrontamento, 2001.

Cette idée, partagée par Escobar[1], affirme l'importance de rendre visibles les différentes logiques de production de culture et d'identités et des pratiques écologiques et économiques qui surgissent sans cesse des communautés du monde entier. Pour Hô[2], chaque société doit vivre son propre processus d'innovations multiples, multiformes et multidimensionnelles, aussi bien dans le domaine technologique que dans le domaine culturel et idéologique, en même temps qu'elle adopte des chemins originaux et diversifiés de développement.

Selon la perspective de la psychologie sociale communautaire, participer, signifie, alors, partager les responsabilités dans la construction collective d'un processus dont l'objectif serait de rendre plus forte la société civile pour pouvoir construire des chemins qui montrent une réalité sociale nouvelle, sans injustices, sans exclusions, sans inégalités, sans préjugés. Cela comprend un processus social qui produit l'interaction entre les différents acteurs sociaux pour définir l'espace commun et l'avenir collectif. Dans ce sens, la psychologie sociale communautaire contribue à valider les processus de gouvernance, encourageant la participation, à travers un dialogue qui discute les problèmes et réfléchit sur la réalité vécue et partagée.

## Gouvernance : engagement dans la participation sociale en tant que présupposé pour rendre plus fortes les stratégies du développement durable

D'après la discussion présentée ci-dessus, la participation comprend le concours des individus dans les discussions, planifications, projets et autres questions dont le but est d'apporter leur contribution pour le groupe social dans lequel ils sont insérés. Il s'agit d'un exercice de citoyenneté et d'interaction entre l'être humain et le monde où il vit, à travers

---

[1] Escobar, A., "O lugar da natureza e a natureza do lugar: globalização ou pós desenvolvimento ?", *in* Lander, E. (org.), *A colonialidade do saber: eurocentrismo e ciências sociais. Perspectivas latino-americanas*, Buenos Aires, CLACSO, 2005, p. 133-168.

[2] Hô, P. N., *ibid.*

la collaboration et l'assurance du bien commun. Bref, la participation la plus efficace doit avoir pour objectifs : décentraliser les décisions, stimuler la citoyenneté, améliorer la qualité de vie, établir des partenariats, augmenter la qualité et l'efficacité de la politique publique, réduire les inégalités et conquérir la liberté. Il s'agit, donc, d'améliorer la qualité de vie de la population ; c'est le véritable objectif du développement. Cependant, un des grands défis de l'actualité serait de trouver, dans le travail avec les acteurs sociaux locaux, des alternatives en termes de développement durable, humain et social.

Selon Irving, le débat sur la durabilité vient de la perception des risques et de la crise liée aux modes de vie de la société, à partir de la discussion sur le développement durable qui a surgi, de manière officielle, d'un document de la Commission mondiale sur l'environnement et le développement, de l'ONU, *Notre Avenir à tous*, aussi connu comme Rapport Brundtland, de 1987. Pour l'auteur, ce débat s'est élargi ces dernières années et la discussion sur la durabilité a exigé une réflexion éthique et politique profonde impliquant un sens de citoyenneté planétaire.

> La discussion sur la durabilité a connu d'autres nuances orientées par un biais social qui va défendre des engagements pour la réduction des inégalités sociales et pour la démocratisation des occasions d'accès à des modèles dignes de qualité de vie, dépassant l'intérêt pour la conservation de la nature qui a orienté ce débat à son origine[1].

La durabilité est quelque chose qui dépend de la multiplicité des manifestations culturelles et de l'autonomie des peuples, dans la définition de leurs chemins et de leurs choix, dans les relations intégrées aux caractéristiques de chaque écosystème et le territoire dans lequel nous vivons, c'est ce que pense Loureiro[2]. En ce sens, nous avons une question sociale dont les

---

[1] Irving. M. A., "Por que a Psicossociologia e a Ecologia Social? Em busca de alternativas para a produção de conhecimentos no campo da sustentabilidade", *in* Maciel, T. B. M. et Souza, C. M. (org.). *Inovação e trajetos: comunidades, desenvolvimento e sustentabilidade*, Curitiba, Appris, 2018, p. 137-138.

[2] Loureiro, C. F. B., *Sustentabilidade e Educação: um olhar da ecologia política*, São Paulo, Cortez, 2012.

protagonistes seront plutôt les sujets que les objets du processus.

Ainsi, lorsqu'il ajoute la dimension sociale au débat sur la durabilité environnementale, le concept de développement durable suscite un problème à discuter à des échelles multiples de temps et d'espace. La durabilité « est fondée sur le double impératif éthique de solidarité synchronique avec l'actuelle génération et de solidarité diachronique avec les générations futures[1] ». Les nouvelles perspectives de développement proposent l'intégration entre l'individuel, le social et l'environnemental dans l'espace et le temps.

Dans cette perspective, les sciences humaines et sociales qui, à leur origine, étaient éloignées des discussions sur l'environnement, se trouvent, à partir de ces nouvelles perspectives de développement, impliquées de manière intrinsèque dans la question. D'un côté, si nous ne pouvons penser au développement que sous l'optique du progrès sans limites – ce qui nous conduit au développement durable – de l'autre côté, l'objectif seul de protection environnementale ne tient plus dans le concept de durabilité. Celle-ci nous mène à formuler deux présupposés de base sur la conception d'environnement et de développement :

L'environnement ne peut pas être vu comme une donnée isolée, mais comme une donnée de la culture d'une communauté. Nous ne pouvons pas dissocier les actions dites de développement, qu'elles soient de préservation ou de modifications de l'environnement, de l'homme qui y habite et par conséquent de sa dynamique culturelle[2].

Toutefois, la psychologie et la sociologie ont beaucoup à apporter à la discussion méthodologique et politique, quand elles affirment que le vrai développement est le développement de l'homme. Dans cette perspective, en 1989, de manière novatrice, la psychologue Maria Inácia D'Avila Neto a créé le

---

1 Sachs, I., *Desenvolvimento: includente, sustentável, sustentado*, Rio de Janeiro, Garamond, 2004, p. 15.

2 Maciel, T. B. et D'Ávila Neto, M. I. "Comunidades e participação: desafios para a pesquisa e ação. O caso do Pantanal", *in* D'Avila Neto, M. I., *Desenvolvimento Social: desafios e estratégias*, Rio de Janeiro, Cátedra UNESCO de Desenvolvimento Durável - UFRJ/EICOS, 1995, p. 245-246.

Programme d'études interdisciplinaires de communautés et d'écologie sociale (EICOS). Il s'agissait d'un regard psychosociologique tourné vers les théories et les pratiques des méthodes qualitatives et participatives, tout autant que vers la recherche communautaire, l'écologie sociale et la durabilité. Maria Inácia a fait partie du premier cours de formation en psychologie qui a été créé, en 1964, dans une université publique, après la reconnaissance de la profession de psychologue. Elle a consacré toute sa vie à l'enseignement et à la recherche. Ses premières études s'occupaient, principalement, de questions sur les femmes et l'autoritarisme. Elle a essayé de comprendre les groupes défavorisés, spécialement les femmes. Ses recherches se concentrent sur ses préoccupations pour les questions concernant l'éthique de la durabilité mondiale, la construction de la solidarité, la territorialité et ses paradoxes culturels et l'identité culturelle de l'Amérique latine.

En 1989, dès la création de l'EICOS, elle a présenté une proposition pionnière et novatrice, à partir du domaine de la psychologie sociale, parce qu'elle a incorporé la perspective psychosociologique et interdisciplinaire à la discussion des questions sociales, au moment où cette perspective était encore embryonnaire dans la formation de psychologie dans le pays. En 1992, la maîtrise en psychosociologie de communautés et écologie sociale a été reconnue, ainsi que le doctorat, en 2002.

Parmi les innovations de l'EICOS, selon Lima[1], nous voyons l'intégration de la recherche aux études académiques, mettant en évidence la relation avec les savoirs locaux et l'inclusion sociale, le ton extrêmement interdisciplinaire du programme et la quête de l'indissociabilité entre la réflexion conceptuelle et la pratique d'intervention.

De nos jours, l'EICOS accentue l'importance du psychosocial, à partir des recherches empiriques universitaires et sur le terrain, dans une interface continue de construction dialogique entre théorie et pratique, comprenant des questions

[1] Lima, R. S., "A Psicologia Comunitária no Rio de Janeiro entre 1960 e 1990", *Psicologia: Ciência e Profissão*, vol. 32, p. 154-165, 2012. Disponível em: http://www.scielo.br/scielo.php?script=sci_arttext&pid=S1414-98932012000500011>. Accès le 21 janvier 2015.

contemporaines sur la durabilité et le développement social et la culture des communautés. Il se consacre aussi à la recherche et à l'enseignement interdisciplinaire, en recourant aux instruments pour mieux comprendre les relations entre les groupes et les communautés, leurs institutions et leur dynamique culturelle.

Dans ce sens, le programme produit des connaissances, ayant pour but la transformation, en même temps qu'il croit que le psychosocial est capable de poser des questions sur la place de l'homme au centre des discussions sur le développement. La psychologie sociale, dans sa compréhension de la construction sociale, enrichit la recherche paradigmatique, lorsqu'elle inclut la dynamique culturelle, les influences réciproques homme/milieu et les valeurs relevées par les différents groupes. De cette façon, le croisement entre les questions du développement durable, de la gouvernance, du tourisme et la psychologie a lieu, là où ces questions concernent le sujet.

Parmi ces projets, nous pouvons citer le *Projet Sinuelo,* réalisé pendant huit ans auprès des communautés du Pantanal[NT] et le Projet de mobilisation sociale – participation communautaire, sous-projet inséré dans le Programme de dépollution de la baie de Guanabara (PDBG), à Rio de Janeiro, qui a duré trois ans. Tous les deux envisageaient le développement culturel et écologique des communautés affectées, à travers la préservation et la conservation des ressources environnementales.

Comprendre ces projets-là, à partir d'une visée intégrée et participative, est fondamental pour que les propositions d'un développement, qui veut la durabilité et comprend des aspects économiques, sociaux, culturels et environnementaux, puissent apporter des changements significatifs pour la population concernée. La promotion de cette durabilité doit être fondée sur des pratiques nouvelles qui reconnaissent la complexité des problèmes et cherchent des stratégies plus vastes, intégrées et participatives, pour les affronter.

---

NdT. Le Pantanal est une écorégion terrestre d'Amérique du Sud. Il s'étend principalement dans l'État brésilien du Mato Grosso do Sul.

Une des grandes perspectives de la psychologie sociale, surtout la psychologie sociale communautaire, dans le travail auprès des communautés, c'est d'apprendre à repérer les problèmes et de chercher ensemble des solutions. La communauté connaît et vit sa propre réalité, étant capable d'identifier ses problèmes et ses besoins, d'évaluer les alternatives, de développer des stratégies et de chercher des solutions visant une meilleure qualité de vie.

La population locale doit être la première à s'intéresser au développement, puisque c'est elle qui connaît le mieux ses besoins et ses aspirations, pouvant donc montrer les meilleurs chemins pour avoir une meilleure qualité de vie. Il estnécessaire d'avoir confiance dans la capacité et dans la sagesse de cette population en ce qui concerne l'identification de ses problèmes et la recherche de solutions originales, ayant en vue son rythme, son dynamisme et ses singularités. C'est une perspective que Sachs a appelée « développement local ».

Pour lui, les discussions autour du thème du développement ont contribué au raffinement du concept, mais contrastent avec le sombre historique du développement existant dans plusieurs parties du monde. Il souligne le besoin de reformuler l'idée de développement, c'est-à-dire de le rendre plus opérationnel. Le débat autour du développement commence à être construit comme résultat de l'insatisfaction due aux limites de la démarche prédominante. Cette insatisfaction est un réflexe de la prise de conscience d'une détérioration progressive des conditions de vie de la majorité de la population et de la pression croissante de la dégradation environnementale.

Or, l'idée du développement ne perdra pas son importance dans les sciences sociales du siècle qui commence, c'est ce qu'on peut en déduire. Le rapport de la Commission pour la paix et l'alimentation (1994) a considéré que le renouvellement de la pensée sur le développement était le plus grand défi intellectuel des prochaines années. Sachs affirme que le monde possède des expériences et des informations suffisantes pour formuler une théorie intégrée de développement, vue en tant que processus social dont le centre serait l'homme. Pour lui, le développement apparaît comme un concept pluridimensionnel relevé par l'usage abusif d'une série d'adjectifs qui l'accompagnent.

L'heure est arrivée de laisser de côté ces qualificatifs pour nous concentrer sur la définition du contenu du mot « développement », à partir de la hiérarchisation proposée : le social en tête, l'écologique comme restriction présumée et l'économique dans son rôle instrumental[1].

Depuis les années soixante-dix, quand le paradigme économique a commencé à être remis en question, l'humanité a commencé à se rendre compte de la limite de cette perspective qui, à elle seule, ne tient pas compte du bien-être humain. Il est important de remettre constamment en question la notion de développement, propre au capitalisme et traditionnellement liée à l'accélération de la croissance économique. Pour autant, il est important de considérer que le développement ne se confond pas avec la croissance économique, celle-ci n'étant qu'une condition nécessaire, mais non suffisante. Le développement qualifie et comprend alors, non seulement les questions économiques, mais aussi environnementales, sociales, culturelles et politiques[2].

C'est encore Sachs qui affirme qu'il est donc souhaitable que tous les protagonistes du développement réinventent constamment cette théorie et qu'elle soit sans cesse confrontée à la pratique, afin de l'enrichir. Pour l'auteur, un des plus grands problèmes du développement est l'harmonisation d'objectifs qui, à première vue, peuvent paraître contradictoires et conduire ainsi à des jugements douloureux[3].

Cette idée de développement comprend l'homme en tant que centre de tout le processus et contribuant à l'établissement de la dimension éthique. Cela signifie un processus qui donne accès aux revenus, à l'emploi, aux soins de la santé, à l'éducation, au

---

[1] Sachs, I., "Em busca de novas estratégias de desenvolvimento", *Estudos Avançados*, vol. 9, n° 25. p. 43-44, 1995. Disponível em: http://www.scielo.br/scielo.php?script=sci_arttext&pid=S0103-40141995000300004&lang=pt>. Accès le 18 décembre 2018.

[2] Sachs, I., *Desenvolvimento: includente, sustentável, sustentado*, Rio de Janeiro, Garamond, 2004.

[3] Sachs, I., "A lógica do desenvolvimento", *Revue Internationale des Sciences Sociales*, Paris, Unesco, Éditions Érès, vol. L, n° 3, p. 26, 1998.

loisir, à un environnement équilibré et aussi à la possibilité de participation dans le planning et la prise de décisions de la communauté, en même temps qu'il stimule la construction des liens de solidarité contribuant à la qualité de vie[1].

Il est donc nécessaire d'investir dans la recherche d'un modèle de développement qui soit, en même temps, souhaitable en termes sociaux, prudent en termes écologiques, faisable en termes économiques et respectable en termes culturels. La participation peut être considérée comme l'élément essentiel qui constitue la garantie de la diversité des modes de développement adaptés au contexte propre de chaque société, de chaque communauté (*ibid.*)[2], dans un projet social ayant ses racines et imprégné dans les valeurs spécifiques de ce milieu. C'est à travers la participation qu'on aboutira à un développement plus conforme aux réalités locales.

Quant à Sen[3], il croit que le principal moyen et le principal objectif de ce développement est de rendre possible l'expansion de la liberté des individus, pour que ceux-ci puissent trouver de meilleures conditions de vie et agir sur les facteurs qui ne sont pas en accord avec une vie digne et de qualité. Face à ce processus, la population peut revendiquer de meilleures conditions de vie et les mêmes droits en ce qui concerne le développement, dans un processus d'intégration sociale où tous deviennent plus participatifs.

Sachs affirme qu'il est nécessaire de répondre aux problèmes les plus urgents et aux aspirations de chaque communauté, de dépasser les goulots d'étranglement qui empêchent l'utilisation des ressources potentielles et oisives et de libérer les énergies sociales et l'imagination. Pour cela, il

---

[1] Rist, G., *Le développement : histoire d'une croyance occidentale*, Paris, Presses de Sciences Po, 1996.

[2] Hô, P. N., "O desenvolvimento endógeno como alternativa: potencialidades e obstáculos ao seu desdobramento", *in* Maciel, T. B. (org.), *Caminhos para o desenvolvimento - Século XXI*. Rio de Janeiro, UFRJ/Cátedra UNESCO de Desenvolvimento Durável da UFRJ/EICOS, 2006, p. 35-91.

[3] Sen, A., *Desenvolvimento como liberdade*, São Paulo, Companhia das Letras, 2000.

faut assurer la participation de tous les acteurs concernés dans le processus de développement[1].

Ces conceptions du développement commencent à considérer l'importance de la culture, en tenant compte des nécessités, des aspirations, des valeurs, des spécificités et des limites de la population locale. Il s'agit de récupérer les cultures locales, investissant dans la qualité de vie fondée sur des valeurs éthiques.

C'est encore Hô[2] qui parle de l'existence d'un type d'homologie entre la culture et le développement où la culture est vue comme la matrice du développement, celle qui le rend unifié et cohérent à travers les projets des peuples. L'intégration de la culture, en tant que dimension et finalité du développement, est essentielle, parce que le développement y trouve sa pulsion fondatrice, ainsi que dans les besoins et les aspirations des individus en tant que collectivités, dans les objectifs proposés et les projets qui les réalisent.

La conscience spécifique des limitations imposées par le modèle de développement adopté aujourd'hui, et les conséquences de l'utilisation démesurée des biens naturels caractérisent une étape de transition où le besoin de changement apparaît comme nécessaire face aux demandes environnementales. Parler de durabilité, dans cette perspective, présuppose le respect de la culture et des habitudes locales, des limites et de la capacité de la communauté d'absorber de nouvelles manières d'interagir avec son milieu et entre ses propres membres. Devant ce contexte, il est nécessaire qu'il y ait un équilibre, un exercice de gouvernance dans la recherche de solutions pour les problèmes et dans la conscientisation d'une culture nouvelle, liée aux préoccupations d'une vie en commun.

C'est ici qu'on voit se détacher les problèmes environnementaux qui constituent une grande préoccupation dans les agendas internationaux. Malgré toute la discussion sur les questions concernant, par exemple, le changement climatique et la destruction des forêts tropicales, les problèmes

---

[1] Sachs, I., *Desenvolvimento: includente, sustentável, sustentado*, Rio de Janeiro, Garamond, 2004, p. 61.

[2] Hô, P. N., "O desenvolvimento...", *op. cit.*, *ibid.*

socio-environnementaux persistent et toute la société mondiale en est atteinte – surtout les pays les plus pauvres et où règnent beaucoup d'inégalités. Toute cette discussion sur la durabilité, la recherche d'alternatives pour le développement, existe depuis toujours. Les sommets internationaux datent de la seconde moitié du XX$^{e}$ siècle et ont commencé en ayant comme objectif de discuter et de chercher des alternatives pour le processus de développement. Ils proposent des concepts, des directives et des actions relatives à la question de l'environnement. La réalisation de ces sommets nous montre combien cette question est importante de nos jours. Mais nous ne voyons pas de changements significatifs dans les modes de vie et dans les sociétés. La question environnementale est aujourd'hui, sociale, culturelle et politique.

Pour un auteur tel que Moscovici[1], dans la mesure où la question atteint toute l'humanité, c'est dans l'espace public et pas seulement dans les salles de conférences que les alternatives doivent être discutées et les responsabilités, prises en charge.

La culture, le social et l'humain sont devenus essentiels dans un discours écologique comme contrepoint aux graves problèmes de biodiversité ou climatiques que nous traversons[2]. Il faut trouver des modèles de gouvernance qui s'adaptent à la spécificité des choix nationaux, mais qui assurent une certaine convergence entre les politiques pratiquées. Une gouvernance qui écoute la population, les agents communautaires, les agents nationaux et internationaux et qui règle les intérêts et les événements mondiaux, les caractéristiques des choix nationaux à l'instar des singularités locales.

La gouvernance est un mode de résolution des problèmes qui présuppose une action collective fondée sur la coordination et la coopération. Elle peut ainsi être comprise comme l'ensemble de mécanismes de gestion d'un système social dont le but est d'assurer les objectifs communs.

La gouvernance émerge du contexte de la mondialisation, parmi des problèmes qui dépassent les frontières des États et

---

[1] Moscovici, S., *Natureza: para pensar a ecologia*, Rio de Janeiro, Mauad X-Instituto Gaia, 2007.

[2] Genevey, R. *et al.* (dir.), *Réduire les inégalités : un enjeu de développement durable*, Paris, Armand Colin, 2013.

qui demandent l'intervention des autorités supranationales, la décentralisation et la prolifération d'acteurs, tels que les associations, les mouvements sociaux, les organisations internationales, les ONG, entre autres. La nécessité d'une gouvernance mondiale est due, premièrement, aux effets de la mondialisation et du système économique actuel, tels que l'augmentation de la concentration des richesses dans les pays riches au détriment des pays plus pauvres, l'aggravation des inégalités sociales à l'intérieur de presque toutes les sociétés nationales, les changements climatiques, la guerre, le développement des technologies.

Il semble qu'en ce moment, l'usage du mot « gouvernance » ne répond pas aux critères analytiques qu'il exige. Le terme est appliqué dans différents domaines, avec des significations différentes. Il faut donc expliciter son sens dans le contexte où il est utilisé. Le concept de gouvernance lui-même doit être imprégné d'historicité et employé dans des contextes sociaux et culturels spécifiques.

Santos précise que le concept de gouvernance « ne se limite, toutefois, ni aux aspects administratifs et gestionnaires de l'État, ni au fonctionnement efficace de l'appareil de l'État ». Quand elle discute le sens du terme gouvernance, elle dit qu'il est associé à des modèles d'articulation et de coopération entre des acteurs sociaux et politiques et des arrangements institutionnels qui coordonnent et règlent les affaires, dans et à travers les frontières du système économique, y compris non seulement les mécanismes traditionnels d'articulation d'intérêts, tels que les partis politiques, mais aussi des réseaux sociaux informels, des hiérarchies et des associations de différents types[1].

En 1995, à partir d'une sollicitation du secrétariat général des Nations unies (ONU), la Commission de la gouvernance mondiale élabore le rapport « notre communauté mondiale », où le concept de gouvernance est présenté comme un processus

[1] Santos, M. H. C., "Governabilidade, Governança e Democracia: Criação da Capacidade Governativa e Relações Executivo-Legislativo no Brasil Pós-Constituinte", *Dados*, vol. 40, n° 3, p. 342, 1997. Disponible sur : <http://www.scielo.br/scielo.php?script=sci_arttext&pid=S0011-52581997000300003>. Accès le 14 août 2018.

continu, à travers lequel il est possible de réunir des intérêts opposés ou différents et de réaliser des actions coopératives. La gouvernance concerne non seulement les institutions et régimes formels autorisés à imposer l'obéissance, mais aussi des accords informels qui répondent aux intérêts des personnes et des institutions[1].

Plusieurs auteurs, dont M. Hufty[2] considèrent que le concept de gouvernance répond à la nécessité de qualifier la transformation actuelle de la gestion publique, où la rationalité hiérarchique de l'État ouvre de plus en plus l'espace pour les réseaux autonomes qui réunissent leurs ressources communes et coordonnent leurs actions pour rendre les résultats plus efficaces.

Le Galès[3] définit la gouvernance comme un processus de coordination d'acteurs, de groupes sociaux, d'institutions pour atteindre des objectifs propres, définis et discutés collectivement. Pour Muller et Surel[4], la gouvernance ne passe plus par l'action d'une élite politico-administrative, relativement homogène et centralisée, mais par l'exécution des modèles de coordination multi-niveaux et multi-acteurs dont le résultat, toujours incertain, dépend de la capacité des acteurs publics et privés de définir un espace de sens commun.

Les discussions du séminaire Démocratie et gouvernance mondiale qui ont eu lieu au Forum social mondial, en 2001, ont montré un changement dans la conceptualisation de gouvernance, en opposition à la notion dominante jusqu'alors, centrée, exclusivement, sur des principes d'efficacité économique. Sous l'inspiration des impératifs éthiques de l'Organisation des Nations unies pour l'éducation, la science et la culture (UNESCO), le séminaire a discuté du besoin de

---

[1] Comissão Sobre Governança Global, Rio de Janeiro, Nossa Comunidade Global, Rio de Janeiro, Ed. FGV, 1996, p. 2.

[2] Hufty, M. *et al* (org), *Jeux de Gouvernance : regards et réflexions sur un concept*, Paris, 2007.

[3] Le Galés, P., « Gouvernance », *in* Boussaguet, L *et al.* (dir.), *Dictionnaire des Politiques Publiques*, Paris, Presses de la Fondation Nationale des Sciences Politiques, 2006.

[4] Muller, P. et Surel, Y., *Análise das Políticas Públicas*. Pelotas, Educat, 2004.

donner un contenu plus substantiel à la notion de gouvernance, traditionnellement comparée à la bonne gestion des processus de prises de décisions et à l'efficacité des gestions politiques (« bonne gouvernance »), ainsi qu'au besoin d'incorporer d'autres acteurs au processus, en plus des institutions gouvernementales. Plus précisément, il s'agit d'élargir la conceptualisation de gouvernance, jusqu'ici presque exclusivement limitée au planning et à la gestion du développement économique, en établissant des liens avec le développement social et la participation démocratique dans les décisions de tous ceux qui sont concernés.

C'est ainsi que l'on propose d'inclure les principes de la démocratie, du respect des droits de l'homme et des cultures locales, la participation des acteurs de la société civile au processus de négociations, la distribution du pouvoir et de la décentralisation de la gestion en tant que dimensions essentielles d'une gouvernance démocratique.

Bourdin[1] dit que la gouvernance est un art qui associe les acteurs locaux, publics ou privés, économiques ou sociaux, à une action collective. Elle doit, cependant, chercher à coordonner et à prendre des décisions pour un objectif commun. Irving et d'autres auteurs corroborent cette définition en introduisant, dans le débat sur le déplacement de la notion de gouvernance, la perception du besoin de coopération et de collaboration entre État et société civile qui veut produire des actions dont l'intérêt est collectif. Pour les auteurs, le concept de gouvernance est toujours en construction et gagne de nouvelles significations en politiques publiques, surtout à partir des années quatre-vingt, quand il apparaît, plus fréquemment, dans des documents sur la gestion publique, dans lesquels sont inclus d'autres acteurs en plus des institutions formelles de gouvernement[2].

Le conflit d'intérêts existera toujours, lorsqu'il s'agit de différents acteurs, mais la question centrale de la gouvernance est là, dans le savoir-faire et la prise des meilleures décisions

---

[1] Bourdin, A., *La question locale*, PUF, Paris, 2000.
[2] Irving, M. A. *et al.*, *Governança e políticas públicas: desafios para a gestão de parques nacionais no Brasil*, Equador, FLACSO, 2007, p. 83.

d'intérêt général. Il faut savoir gérer les conflits et analyser les points forts et faibles, en même temps qu'on y trouve quelque chose de faisable pour la totalité de la population en question. La solution qui pourra fonctionner est extrêmement complexe et viendra d'un ensemble diversifié de politiques, de relations et de dialogues entre les acteurs. C'est cela, la gouvernance, des acteurs qui s'organisent autour d'une question, qui ne voient pas le problème de manière isolée, mais dont l'objectif commun est de trouver la solution.

La gouvernance, considérée comme outil théorique, permet d'obtenir une espèce de photographie de tous les modèles de prise de décision utilisés par les États et d'autres acteurs. Cependant, ce concept décrit une réalité en mouvement. Il est nécessaire d'incorporer la gouvernance tout en tenant compte de l'inégalité des acteurs, des études sur le pouvoir et des intérêts.

Sous cette perspective, la gouvernance sera un mode de résolution des problèmes qui présuppose une action collective fondée sur la coordination et sur la coopération. Elle peut être comprise comme l'ensemble des mécanismes de gestion d'un système social ayant en vue la garantie des objectifs communs[1].

Ses systèmes, à des niveaux locaux, nationaux et internationaux, sont capables d'assurer la participation des sociétés, avec en vue des processus de développement impliqués avec la durabilité. Elle peut alors être comprise comme un rapport entre l'homme et le monde où il vit et la recherche d'alternatives dont le but est le bien-être de l'humanité.

L'amplitude de l'univers contenant différents points de vue pour une même terminologie montre la complexité de son entendement, en même temps qu'elle inspire des controverses sur ce qu'elle voudrait exprimer. Pourtant, la perspective adoptée par cette étude est ancrée dans l'entendement qui l'associe aux compromis de participation sociale, en tant que présupposé décisif pour rendre plus fortes les stratégies de

---

[1] Maciel, T. B., "Governança e sustentabilidade em uma época de diversidade cultural", *in* Maciel, T. B. *et al* (org.), *Fronteiras e diversidades culturais no século XXI: Desafios para o reconhecimento do Estado global*, Rio de Janeiro, Mauad, 2012, p. 187.

développement durable. Et cet entendement accompagne la perspective où la participation sociale favorise la capacité de l'individu, ou des groupes organisés, d'influencer les processus de décision.

La gouvernance peut être comprise en tant qu'organisation des structures de décisions locales. La culture, les besoins et les aspirations, les limites et le rythme de la localité sont des données essentielles à l'intérieur de ces projets qui, fondés sur des actions participatives, viennent ouvrir un nouveau chemin où tout le monde peut participer.

Les stratégies de gouvernance doivent surgir des contextes particuliers. Grindle[1] affirme que les stratégies de gouvernance bien réussies sont le résultat de processus historiques particuliers. Il ne nous est pas possible d'élaborer une longue liste de « bonnes pratiques », tel un manuel de la bonne gouvernance, une fois que certaines d'entre elles ne sont pas applicables dans certains contextes. Il est fondamental de définir, pour chaque contexte, quelles sont les caractéristiques vraiment nécessaires et lesquelles sont impossibles à réaliser. Cet effort de définition implique la connaissance des réalités et de la culture locales. Lorsque la gouvernance assume l'importance de la sphère locale et de la culture, elle considère que la participation est un de ses présupposés.

Le développement doit être fondé sur de nouvelles pratiques qui reconnaissent la complexité des problèmes et cherchent des stratégies intégrées et participatives pour les résoudre. Plus grande est la capacité des personnes à se réunir autour d'intérêts communs, meilleures seront les perspectives de développement. Devant ce nouveau scénario, l'éthique doit revendiquer un rôle important dans un processus de gouvernance fondée sur le dialogue entre les acteurs sociaux et dans la construction de la vision de l'avenir d'une société.

La lecture de Zapata nous montre que nous entrons dans un temps historique plein de nouvelles complexités, d'interdépendances et de changements sans précédents. Zapata précise que le développement dépend de la génération d'une

---

[1] Grindle, M., "Good enough governance revisited", *Development Policy Review*, vol. 25, n° 5, 2007, p. 553-574.

capacité sociale d'apprentissage de nouveaux modèles et de compétences d'action collective.

Le développement humain passe par un projet de changement institutionnel et éthique. Il faut réinventer la politique et la réévaluer en tant qu'action nécessaire de chacun dans l'intérêt de tous. Voilà un nouveau chemin d'apprentissage pour la construction d'institutionnalités qui stimulent des conduites organisatrices, solidaires et efficaces[1].

Sur ce fond, les politiques publiques auront un rôle fondamental. Ces stratégies permettront à la communauté locale d'avoir l'occasion de montrer sa capacité à identifier des potentialités, des possibilités, des problèmes, des limites et des obstacles à son développement. Étant participatives, elles contribueront au développement individuel et collectif, en même temps qu'elles augmenteront les possibilités de participation de la population locale et faciliteront le processus de gouvernance.

## Considérations finales

La psychologie sociale communautaire, dans sa compréhension de la construction sociale, enrichit la recherche paradigmatique lorsqu'elle incorpore la dynamique culturelle, les influences réciproques homme/environnement et les valeurs privilégiées par les différents groupes. Seul un nouveau regard de l'humain qui y reconnaît notre propre humanité rendra vraiment possibles l'exercice de la liberté et la conquête du bien-être. L'interface entre les questions du développement, de la durabilité, de la gouvernance et la psychologie se produit justement sur le point où tout cela concerne l'homme.

Selon Montero[2], la psychologie sociale communautaire conçoit la communauté comme un être dynamique, composé par des agents actifs, des acteurs sociaux constructeurs de la

---

[1] Zapata, T., *Desenvolvimento humano,* 2008. Disponible sur <http://www.iadh.org.br/wpcontent/uploads/2011/08/Desenvolvimento-humano-Tania-Zapata.pdf>. Accès le 15 août 2018.

[2] Montero, M., *Introducción a la psicología comunitaria. Desarrollo, conceptos y processos*, Buenos Aires, Editorial Paidós, 2004.

réalité où ils vivent. Dans ce sens, la communauté représente une dimension fondamentale dans la notion de développement et durabilité.

C'est ainsi que ce travail apporte la perspective adoptée par le Programme EICOS qui comprend l'individu en tant que sujet historique, social et communautaire cherchant à contribuer à la construction d'une nouvelle réalité sociale et, par conséquent, à une meilleure qualité de vie dans la communauté. La psychologie sociale et, plus exactement, la psychologie sociale communautaire peuvent beaucoup contribuer, théoriquement et méthodologiquement, aux discussions, actions et interventions concernant le développement et la durabilité. Le résultat de cet échange de connaissances se trouve dans la rencontre de possibilités permettant que la communauté elle-même construise des relations plus solidaires et humaines, dans le processus de développement. De cette façon, la psychologie sociale communautaire peut apporter des contributions importantes pour le développement durable, surtout dans la consolidation d'une perspective de construction scientifique intéressée par les processus subjectifs liés à la formation critique de l'être humain et de sa capacité à agir de manière créative dans sa réalité. C'est par là que nous pouvons aboutir à un processus de développement plus conforme aux réalités locales avec une meilleure qualité de vie.

À partir de la réflexion présentée, nous voyons surgir le besoin d'aller au-delà des discussions sur les problèmes issus de notre conduite et d'entreprendre la recherche des modes alternatifs de vie, fondés sur des comportements conscients. Nous avons besoin de modes plus créatifs et inventifs de vie, de nouvelles technologies, de nouveaux modèles de réponse à la société. Nous avons encore besoin de paradigmes qui valorisent la vie, la culture, la nature, les idées et notre énorme capacité de créer et d'inventer. Bref, il nous faut des systèmes de gouvernement qui soient capables, aux niveaux locaux, nationaux et internationaux, d'assurer la participation des sociétés aux processus de développement durable.

# DROIT À LA VIE ET À LA VILLE POUR LES JEUNES BAHIANAIS

***Julie Lourau***

## Introduction

Qu'est-ce qu'être un jeune de la périphérie dans le contexte bahianais[1] ?

Les épistémologies classiques (et dominantes) décrivent la périphérie comme un lieu de carences (de services publics, de revenus, de loi, d'opportunités, etc.) et de problèmes (violence, drogue, etc.). Dans ce type de recherche, la périphérie et ses habitants sont pensés en tant que problème pour lequel, dans le meilleur des cas, on pourrait trouver quelques solutions, ou bien imputer la faute à la population locale en la marquant d'un stigmate. Dans l'imaginaire populaire brésilien (renforcé au quotidien par les médias), la population de la périphérie est dangereuse et ce, quasi par essence. En effet, depuis la colonie la population noire et métisse de Salvador a été tenue à l'écart des centres de pouvoir et d'intérêts par l'élite blanche et maintenue dans un cadre de pauvreté et de dépendance. Ainsi, la pauvreté devient une caractéristique essentielle, chronique, de la périphérie et de la population afro-descendante. La population noire et métisse, dans ce scénario, est paresseuse, retardée et prédisposée au crime. Les jeunes sont perçus *a priori,* comme des criminels. Cet imaginaire permet à la police de tuer d'éventuels suspects ou même de simples badauds sous prétexte qu'ils vivent dans une localité où il existe du trafic de drogue. Le simple fait de résider là autorise à les assimiler au crime, au banditisme ou au trafic de drogue et à leur infliger la

---

[1] Bahianais se réfère aux habitants de l'État de Bahia au Brésil. Dans les recherches menées, nous nous situons plus exactement à Salvador, la capitale de l'État de Bahia.

peine capitale, sans même leur donner le droit à un jugement (si ce n'est celui du préjugé néfaste et létal porté sur la périphérie). Le type d'épistémologie classique et dominante intègre toujours en partie cet imaginaire lorsqu'elle le pense comme source du problème. Nous proposons donc d'aborder notre recherche à partir d'une épistémologie critique qui prenne en compte la dimension du racisme structurel propre au contexte brésilien et qui donne la voix aux jeunes de la périphérie pour qu'ils content leur pratique de droit à la vie et à la ville dans ce contexte périphérique violenté (par les pouvoirs publics et l'imaginaire social).

Cet article se basera sur plusieurs recherches de terrain que nous avons menées dans un quartier périphérique de Salvador depuis une dizaine d'années. Dans un premier temps, nous entendrons parler de la violence policière qui touche les jeunes hommes de la périphérie depuis leur pré-adolescence, dans une éducation à la marginalité mise en œuvre par la police ; dans un deuxième temps, nous chercherons à comprendre à partir de la pratique artistique et de l'écriture de soi de jeunes artistes comment se donne le droit à la vie et à la ville pour ces jeunes de la périphérie ; enfin, nous serons amenés à découvrir ce que signifie avoir accès à l'université grâce au système de quotas pour de jeunes Noirs ou Indiens. Ces trois moments correspondent à trois recherches menées entre 2014 et 2019, 1/sur le génocide de la jeunesse noire, 2/sur la musique comme moyen d'exister pour les jeunes de la périphérie et 3/sur l'activisme et l'engagement politique et poétique de ces mêmes jeunes.

## La réalité du génocide de la jeunesse noire et métisse de Salvador et le racisme structurel

À partir d'une rencontre organisée chez nous le 23 avril 2015 ayant pour thème le génocide de la jeunesse noire de la périphérie, nous avons discuté, avec des jeunes de la périphérie ayant une pratique artistique engagée, des questions relatives aux violences policières. Nous avons été surprises par le fait que ces jeunes subissent des interpellations fréquentes de la police dès l'âge de 11 ans, comme une forme d'apprentissage et d'adaptation au contrôle policier et une prise de conscience du danger qu'ils représentent pour la société. Le prétexte de ce contrôle est en principe le contrôle d'identité mais la vraie raison est d'insuffler la peur de la police et d'assimiler les jeunes à des suspects… suspects de transporter des drogues, d'en consommer ou de faire partie du trafic. À ce stade, la violence est bien plus psychologique que physique et se constitue comme expérience traumatique pour celui qui la vit. C'est comme si cet apprentissage servait à leur faire percevoir le danger d'être habitant de la périphérie et à prendre conscience qu'il existe des stades bien pires de violence auxquels ils échappent encore du fait de leur jeune âge. Marcelo, 24 ans, relate :

> Quand tu penses à ça et que tu es un jeune, Noir, et que tu côtoies les autres… tu penses que c'est normal, tu vois ? Ah ! Je me suis ramassé une claque… mais tu sais qu'un autre s'est fait tabasser, hein… ou qu'ils ont cassé la jambe d'untel… Bon, tu te dis, ben moi… je ne me suis pris qu'une claque après tout… tu comprends… Ça fait peur quand tu y penses ». Marcos raconte, lui, comment il s'est fait aborder par la police alors qu'il n'avait que 11 ans : « Alors les flics ont fait une marche arrière et nous ont tous fait mettre le dos contre le mur, t'imagines le trip… et puis nous, des gamins, on n'avait pas notre carte d'identité sur nous, nous… on savait pas, on était juste venu bavarder, en soirée, au coin de la rue. Et puis les flics nous ont demandé notre pièce d'identité… et puis nous, ben on ne l'avait pas… Ben, le flic il est arrivé et il m'a filé une tape et il m'a dit rentre vite chez toi espèce de sale pigeon ! C'est ce type d'abordage indigne que les flics font. Ils viennent t'agresser alors que toi t'as rien fait, t'es tranquille, c'en est presque grotesque… Ils ne viennent pas poliment te demander tes papiers, ils nous mettent direct le dos au mur et nous traitent de vauriens, nous font mettre les mains en l'air. Tout le monde s'exécute en vitesse sinon on sait qu'on va se ramasser un coup de pied…

Plusieurs ONG parlent de génocide de la jeunesse noire et métisse brésilienne, prenant en considération les taux d'homicides qui touchent cette population. En effet, les bilans annuels sur la violence[1] permettent de mesurer l'ampleur et la progression des homicides au Brésil. D'un point de vue comparatif, les taux de mortalité par homicides sont de 20,7 pour mille au Brésil, 13,6 pour mille à Mexico ou aux États-Unis et 0,2 pour mille en France. Lorsque nous considérons les chiffres qui concernent les jeunes (15-29 ans) au Brésil, nous observons que les taux ont été multipliés par sept entre 1980 et 2012 : le nombre d'homicides passe de 3 152 en 2002 à 23 867 en 2012. Pour ce qui est de notre terrain, Salvador de Bahia a plus de 50 % de ses homicides qui touchent la population jeune (3 262 homicides de jeunes contre 1 885 de « non-jeunes »).

Cette réalité peut être analysée de différentes façons. Dans notre cas, elle se présente comme une porte d'entrée pour établir une analyse du racisme structurel[2] qui caractérise la société brésilienne, ainsi qu'une critique plus ponctuelle des politiques de sécurité publique et des images négatives diffusées par les médias à partir de l'idée dominante (aussi bien pour les organisations responsables de la sécurité que par les médias et la grande majorité de la population) que les territoires qui chiffrent le plus d'homicides sont les territoires les plus violents. Ce type de raisonnement justifie et encourage les pratiques violentes des agents de l'État qui peuvent (et doivent) intervenir avec force et détermination dans ces espaces, causant ainsi de nombreuses morts de jeunes qui incarnent dans ce scénario le stéréotype du bandit violent qui meurt sous les balles du policier justicier. Il est vrai qu'il existe d'autres causes aux homicides que ceux commis par la police dans un état d'exception ; entre autres le trafic de drogues et ses règles strictes, ayant toujours comme référence et victimes les jeunes des quartiers périphériques.

La peur du bandit alimentée par les médias justifie et autorise la violence de l'État contre la population jeune et noire de Salvador. De fait, une logique qui remonte à la colonie assimile le Noir au pauvre et le pauvre au voleur. Les politiques de ségrégation spatiale au Brésil n'ont jamais été officialisées

---

[1] Waiselfisch, J., *Mapa da violência*, FLACSO, Brasil, 2015. Disponible en ligne : www.mapadaviolencia.org.br

[2] Almeida, S., *O que é racismo estrutural*? Belo Horizonte, Letramento, Justificando, 2018.

par des lois mais ont toujours été en vigueur. Dans une société coloniale où le colon (le blanc) était en minorité numérique, le contrôle des populations esclaves ou affranchies (noires et métisses) avant ou après l'abolition faisait question. La peur causée à l'élite par cette population est donc historiquement justifiée par une peur de la révolte ; ce qui explique sans doute la tradition de subordination, d'exploitation et de contrôle spatial qui touche cette population dans la société brésilienne[1]. Ainsi, les stéréotypes liés à la population noire et métisse (et encore plus à ses jeunes hommes) traversent l'histoire et perdurent jusqu'à aujourd'hui. Il faut dire que les programmes télévisés quotidiens de *reality show* y participent amplement, présentant au quotidien des courses poursuite entre policiers et jeunes de la périphérie. Dans ce scénario, la police est présentée comme défendant l'ordre public de la marginalité incarnée par la jeunesse de la périphérie de Salvador. Les journalistes de ces programmes interrogent toujours de façon humiliante les jeunes qui ont été arrêtés, allant contre les droits les plus élémentaires de dignité et d'intégrité de la personne. De ce fait perdure l'idée que ces jeunes sont des marginaux et que leurs quartiers sont des nids de violence. Ce qui implique, de surcroît, que les images de référence disponibles pour cette jeunesse sont toujours marquées par l'illégalité et la violence.

## Le droit à vivre et de vivre en ville, dans une écriture musicale de soi et du monde

Dans ce deuxième volet, nous rendons compte d'une recherche développée selon une anthropologie de la ville[2] avec de jeunes musiciens d'un quartier périphérique de Salvador.

---

[1] Lourau, J., « Dynamiques spatiales et mécanismes de contrôle à Salvador de Bahia », *in* « Juventudes, violência e vida na cidade », Calazans M. E. et Lourau J. (org.), *Revista Diálogos Possíveis*, vol. 13, n° 1, 2014. En ligne : http://revistas.faculdadesocial.edu.br/index.php/dialogospossiveis/issue/view/25/showToc

[2] Agier, M., « Esquisses d'une anthropologie de la ville. Lieux, situations, mouvements », Academia Bruylant, *Anthropologie prospective* n° 5, Louvain-La-Neuve, 2009, p. 152.

Cette recherche a été pensée comme une réponse aux logiques perverses des politiques de sécurité publique que nous venons d'analyser.

Par anthropologie de la ville, nous entendons un dispositif qui rend compte de la ville dans ses multiples dimensions du vécu. Nous en rendons compte à partir de la trilogie établie par Lefebvre[1] d'espace conçu, perçu et vécu.

- Par *espace conçu*, Lefebvre entend les représentations de l'espace faites par les scientifiques, les planificateurs, les urbanistes, les technocrates. C'est l'espace du point de vue dominant de la société. C'est l'espace produit par les statistiques policières qui renforcent le stigmate sur les quartiers périphériques et ses habitants comme nous l'avons vu. C'est celui qui explique et répond à la violence par la violence sans discerner qui est la victime et qui est l'oppresseur, dans la logique d'une société qui est raciste et d'une institution policière qui ne l'est pas moins.
- L'*espace vécu* de Lefebvre introduit la dimension des représentations. Il s'agit de l'espace des habitants, des usagers, des artistes. C'est l'espace des dominés que l'imagination essaie de s'approprier et de modifier. Cette dimension est celle des musiciens qui cherchent à s'inscrire dans l'espace de leur quartier ou de leur style musical comme nous le verrons dans cette recherche.
- Par *pratiques spatiales*, Lefebvre fait référence aux déplacements faits dans la ville pour aller d'un endroit à un autre, ainsi qu'aux réseaux familiaux, de loisirs, de travail. Cette dimension a pour caractéristique de lier des espaces distants et distincts de la ville. Elle est dans le cas des jeunes de la périphérie un défi : elle présuppose un mouvement hors du quartier alors qu'eux subissent au quotidien des logiques de ségrégation sociale, raciale et spatiale qui tendent à les enfermer dans le quartier.

---

[1] Lefebvre, H., *La production de l'espace*, Anthropos, Coleção Ethno-sociologie, 4ª edição, 2000.

## La ville en représentation : les régions morales

Nous avons rencontré les jeunes musiciens à plusieurs reprises, soit pour des entretiens individuels soit au détour d'une session d'enregistrement, étant donné qu'ils fréquentaient un petit *home studio*[1] à notre domicile. Nous proposions aux jeunes d'enregistrer un titre dans le *home studio* en échange de leur collaboration à la recherche. Nous cherchions ainsi à établir un équilibre d'échanges et non une collecte d'informations prédatrice. Nous rendons compte ici des discussions relatives à la violence dans le quartier car celui-ci est caractérisé, par les données officielles, comme faisant partie d'une des régions administratives les plus violentes de Salvador. Nous privilégions les dimensions du vécu et du perçu ; puis nous recomposons les réseaux familiaux et musicaux de ces jeunes pour comprendre comment se constitue leur relation au quartier et à la ville.

Le concept de régions morales de la ville nous aide dans nos analyses, nous en reprenons la définition donnée par Agier[2], sans ignorer que ce concept a vu le jour avec l'École de Chicago puis l'anthropologie urbaine[3] :

> [...] Ce sens du lieu suppose la ville entière comme contexte de référence. Il correspond à une cartographie imaginaire des citadins qui vivent dans certaines parties de la ville tout en ayant sur les autres espaces au moins quelques expériences, idées ou images[4].

En d'autres termes, il existe une cartographie mentale de la ville :

> Ainsi, c'est à partir d'une configuration particulière de critères moraux que la ville comme un ensemble se fait miroir d'identités, voire « facteur d'ethnicité[5] ».

---

[1] Mon mari, Ednilson, est musicien et dispose d'un *home studio*. Il est souvent en contact avec de jeunes musiciens et m'a facilité le contact avec eux. Je l'en remercie ici.

[2] Agier, M., *ibid.*

[3] Hannerz, U., *Explorer la ville. Éléments d'anthropologie urbaine,* traduction et présentation par Isaac Joseph, Paris, Les éditions de Minuit, 1983.

[4] Agier M., *ibid.*, p. 36.

[5] *Ibid.*, p. 40.

Nous pouvons penser le quartier d'Itapuã qui nous sert de référence en fonction de deux types d'imaginaires. La région morale dominante aujourd'hui est celle que les médias à sensations construisent. Tous les jours, des journalistes procèdent à des interviews en direct humiliantes où les jeunes Noirs ou métis de la périphérie sont arrêtés par la police, associés au trafic ou au vol, et traités comme des criminels sans même avoir droit à la présomption d'innocence. Il y a quelques décennies la région morale était caractérisée par le foisonnement artistique et un style de vie bohème car le quartier, dans les années 1970, était le refuge de jeunes artistes de la musique populaire brésilienne, Caetano Veloso, Maria Bethânia, Toquinho ou Vinicius de Moraes. Ces derniers ont immortalisé le nom du quartier dans une de leurs célèbres chansons, *Passar uma tarde em Itapuã*. À l'époque le quartier était un village de pêcheurs, en dehors de la ville, rempli de dunes de sable fin. Aujourd'hui, les dunes ont été en grande partie recouvertes par le ciment et des milliers de maisons, construites sur les flancs de collines, dans des conditions d'accès difficiles ; l'imaginaire de la criminalité et de la violence a largement pris le dessus.

Pourtant, nous avons été surprises lors de la recherche avec les jeunes musiciens, car aucun d'entre eux ne qualifiait le quartier comme violent. Ils pouvaient ici ou là citer des altercations entre personnes sous l'effet d'alcool, mais rien qui puisse définir le quartier comme violent. Ils s'entendaient tous (en entretien individuel) à qualifier le quartier de « tranquille ». Seul l'un d'eux fera référence aux morts dues au trafic de drogues (il existe dans un sous-quartier d'Itapuã un important trafic de drogues), tout en signalant cela non comme une violence mais comme une « règle du jeu ». « Les règles sont claires et doivent être respectées. Ne meurent que ceux qui ne les respectent pas. Il n'y a pas de deuxième chance. » João.

D'un autre côté, Pedro, qui habite justement dans la région où est établi le trafic de drogue, attribue paradoxalement la tranquillité du quartier au trafic. « Ils [les chefs du trafic] assurent la tranquillité du quartier car ils ne veulent pas attirer l'attention de la police. Le voisinage reçoit des consignes pour ne pas provoquer de bagarre et les voleurs n'ont pas le droit de commettre de vols ou de braquages dans le quartier », Pedro. De ce fait, le voisinage du trafic bénéficie donc d'une tranquillité relative pour ce qui est des cambriolages ou vols à la sauvette, mais il est létal pour les jeunes qui entrent dans le trafic et qui commettent une erreur.

Pedro décrit une scène de violence dont il a été victime, due à la forme spécifique d'abordage que la police adopte dans la périphérie lorsqu'elle est à la recherche de bandits :

> [...] les policiers défoncent les portes d'entrée des maisons, arme à la main, et menacent la population pour qu'elle indique où se cachent les suspects. Pedro raconte qu'ils ont tué son chien car il aboyait beaucoup après la police qui venait de défoncer sa porte d'entrée. Son père a échappé de peu au tir, se trouvant à proximité du chien.

Dans la logique dominante qui fait de la périphérie un refuge pour les criminels, peu importe si l'on tue quelques personnes au passage. S'ils habitent près du centre du trafic, ils y sont naturellement associés. Il est fréquent que des jeunes et moins jeunes meurent sous les balles des policiers et que cela ne génère aucun type de punition puisqu'il existe un statut pour les morts commises en service qui est celui d'autodéfense[1]. Ainsi les policiers prennent littéralement d'assaut les quartiers et tirent indistinctement sur la population sans que cela leur cause problème dans le cadre de l'exercice de leur profession. Nous insistons donc sur la nocivité et létalité de la perspective dominante sur la périphérie. Il est évident que les formes d'interpellation de la police changent lorsqu'ils se trouvent dans des quartiers de la classe moyenne ou de l'élite.

Malgré tout, Pedro n'a pas un imaginaire négatif sur son quartier. Les scènes de violences policières ponctuelles ne sont pas celles qu'il retient pour construire sa relation au quartier et à la ville. Pedro, interprète et compositeur, vit et reconstruit le scénario d'Itapuã quartier bohème à partir de la référence aux

---

[1] Il s'agit des *auto de resistência*, soit la possibilité pour un policier de tirer sur un suspect qui ne se rend pas quand il est interpelé. Si en théorie cela sert à protéger les policiers, dans la pratique cela sert plutôt à tirer indistinctement sur la population, semer la terreur et opérer des règlements de compte. Ces morts ne sont pas comptabilisées dans les chiffres officiels.

grands de la MPB et de la bossa nova qui l'ont fréquenté, tournant le dos aux nouveaux styles musicaux qui remportent un énorme succès auprès des jeunes, comme le pagode, un style moderne de samba.

Les régions morales vues du dedans diffèrent donc de celles produites par l'extérieur et permettent de penser le quartier comme un espace habitable et ses habitants comme des acteurs culturels ou artistiques plutôt que comme des criminels. La perspective du dedans permet également de penser l'espace dans une pluralité. Le quartier est fait de sous-quartier, chacun avec une réalité distincte. Nous attirons également l'attention sur le fait que le centre du trafic de drogues est un sous-quartier dans lequel vivent des gens qui n'ont rien à voir avec cette activité illégale. Cela peut paraître une réflexion banale, ou qui coule de source mais, dans un cadre de racisme structurel, les évidences suivent une autre logique, celle de l'incrimination et de la violence.

## Le droit à la ville et l'analyse situationnelle

L'analyse situationnelle que nous proposons vise à déconstruire les normes spatiales (l'espace conçu de Lefebvre) car elle ne pense pas la situation en relation avec un espace mais en relation avec les interactions des acteurs. Ce contexte peut changer plusieurs fois par jour pour le sujet en fonction de ses activités (travail, famille, loisirs, etc.) L'accent n'est donc pas porté sur une dite culture ou structure sociale mais sur les interactions entre les sujets. Hannerz[1] pour sa part affirme que « *les individus jouent plusieurs rôles* » au quotidien et décide d'appeler « répertoire », l'ensemble des situations qui constituent la trajectoire d'un individu.

---

[1] Hannerz, U., *Explorer la ville. Éléments d'anthropologie urbaine*, traduction et présentation par Isaac Joseph, Paris, Les éditions de Minuit, 1983, p. 136.

## Les réseaux familiers

Nous proposons donc de reconstruire le « répertoire » (au sens de l'anthropologie urbaine) des musiciens qui ont participé à la recherche. Ainsi nous pourrons penser comment se donne le droit à la ville pour chacun d'entre eux. Nous ne chercherons pas une réponse collective mais serons ouverte à la capacité de composition de chacun d'eux en fonction de quelques éléments de départ comme la famille, les loisirs, la musique, les études, le travail.

Henrique ne sort pas de chez lui, ou plutôt, il ne sort pas de devant chez lui ou des 50 mètres alentour. Il me dit qu'ici c'est tranquille. Très tranquille. Le problème c'est qu'il n'est pas heureux. Il voudrait habiter ailleurs. Un autre quartier. À Pituba, un quartier central de la classe moyenne. Il voudrait vivre avec des musiciens.

Henrique vit dans une rue du centre d'Itapuã dans laquelle la réalité diffère de celle de Pedro qui est victime des intrusions violentes de la police. Tous deux vivent donc dans le même quartier mais avec des niveaux de risque différents. Ils sont tous deux musiciens. Henrique joue dans un groupe de pagode (la samba moderne locale), Pedro est chanteur de bossa nova (la version élitiste de la musique populaire brésilienne), ils ont tous deux leur réseau familial dans le quartier : ils vivent tous deux chez leurs parents (Henrique) ou beaux-parents (Pedro). Leur réseau musical dépend aussi du quartier. Henrique a appris la percussion en fréquentant un groupe carnavalesque afro du quartier puis a appris la batterie dans l'église néo-pentecôtiste que fréquente sa famille. Pedro, lui, a développé son goût pour la guitare et le chant lors d'un concours annuel organisé par son collège. Il a ensuite été animateur d'une émission radiophonique de la radio de quartier. Il utilise également, comme tremplin, la scène du centre culturel local.

L'immobilisme d'Henrique est accentué par un boulot qu'il effectue pour les trafiquants du quartier. Comme sa maison se trouve à l'intersection de deux artères qui mènent au centre du trafic, il est chargé de faire le pigeon, de prévenir les trafiquants lorsqu'une voiture de police s'approche. Cela le force à rester toujours aux alentours de chez lui. Sa famille vit dans deux maisons, divisées par étage, pour répartir l'espace selon les noyaux familiaux : la grand-mère et les familles de ses trois filles. Henrique est donc le fils de l'une de ces filles. Tous fréquentent la même église néo-pentecôtiste dans le quartier. Sa mère est chef de famille et élève ses trois enfants en faisant des ménages. Ses tantes sont mariées et femmes au foyer. Henrique a arrêté ses études au lycée et a presque abandonné la musique après avoir fait des crises de schizophrénie. Il continue pourtant à être connu dans le quartier comme musicien (et non comme trafiquant). Cela s'explique, entre autres, par le fait que de 14 à 19 ans il a fait partie d'un groupe carnavalesque afro local, participant aux défilés carnavalesques sur les circuits centraux. Il a aussi joué dans un groupe de Pagode avec les copains et a participé à plusieurs fêtes de quartier. Il explique qu'il est devenu fou car il n'a pas réussi à approcher une de ses idoles, un musicien de pagode qui a eu du succès. Cela l'a abattu. Dans l'expérience d'Henrique, le fait d'habiter dans une région centrale du quartier ne l'a pas aidé à trouver une mobilité. Au contraire, il vit confiné.

Pedro n'est pas né à Itapuã mais il y vit depuis sept ans, il y est arrivé dans l'adolescence. Il a 21 ans aujourd'hui. Il aime beaucoup le quartier et a commencé à faire de la musique au collège public qu'il a fréquenté, encouragé par un concours de jeunes talents. Il a réussi à remporter plusieurs années de suite un prix et a commencé à être reconnu par ses amis du collège comme musicien. Il est ensuite devenu animateur d'une émission radiophonique de la radio locale et a gagné encore plus de visibilité. Il animait une émission de musique dans laquelle les auditeurs appellent et envoient des messages d'amour. Il s'est forgé ainsi une réputation de romantique. Il travaillera cette image en tant que chanteur de bossa nova et autres musiques d'amour. Il donne des concerts dans les bars du quartier. Il joue seul, guitare et chant.

Il travaille également dans la construction civile car la musique n'arriverait pas à nourrir sa famille. Sa femme a repris ses études qu'elle avait laissées lorsqu'elle est tombée enceinte. Elle avait alors 16 ans. Dans ses récits, le fait d'habiter dans le centre du trafic n'a pas d'influence négative sur sa vie, mis à part les intrusions violentes de la police. Pedro a un circuit interne au quartier qui lui permet d'articuler travail, musique, études et famille. Il n'est pas prisonnier de son quartier ou du cadre familial. Il réussit à se construire une identité de musicien romantique.

## Réseaux musicaux
## Le pagode, style de la périphérie

Le pagode est une version moderne de la samba. On pourrait dire que chacun représente une époque. Non pas que la samba soit un style en désuétude ou anachronique mais il est vaguement associé à la vieille garde, même si certains jeunes (souvent plus lettrés) l'apprécient. Le pagode, en revanche, est strictement réservé à la jeunesse. Les rythmes y sont plus accentués, les instruments plus électrifiés et la poésie appauvrie (du moins du point de vue des plus anciens). Si la samba joue sur le double sens et fait souvent des allusions coquines, le pagode ne contient que très peu de vers et fait de franches références à la sexualité. « Rabeta no chão », un classique du style chanté par João engage à frotter le moteur par terre (rabeta signifie moteur mais est très proche de rabo, la queue). S'il existe une petite marge de doute sur le double sens des paroles, les chorégraphies se chargent de le dissiper utilisant un langage clairement sensuel.

Deux musiciens qui ont participé à la recherche s'identifiaient avec le style Pagode : Henrique et João. Le fait de jouer ce style de musique a facilité leur accès aux scènes du quartier. Ils sont reconnus et appréciés par les jeunes du quartier qui écoutent ce style musical. Victor, un autre musicien, fait remarquer que le pagode comme la samba sont les styles reconnus et appréciés à Itapuã. Il existe une demande de la population locale.

Les deux artistes ne jouent que du pagode et ne souhaitent pas en changer. Au contraire, ils établissent des frontières internes au style selon les rythmes utilisés par l'un ou l'autre des chanteurs de succès du moment. Les productions musicales produisent quelques rares artistes issus de la périphérie qui obtiennent beaucoup de succès. Le rêve de João ou Henrique est sans nul doute associé à ce rêve de réussite et succès.

Dans un autre article (sous presse), nous analysons un artiste reconnu de pagode, surnommé « Prince du ghetto ». Là où beaucoup ne voient dans le pagode qu'un style musical médiocre, nous défendons l'idée qu'il est un projet politique nouveau des jeunes Noirs et métis de la périphérie qui souhaitent partager le droit d'exister en tant que porteurs d'une culture propre, périphérique. Ils reprennent à leur compte l'image du bandit dont les médias les affublent et dénoncent les politiques de l'inimitié et nécropolitiques[1] qui les touchent toujours durement. La revendication n'est plus tellement celle d'une culture d'origine africaine (comme cela était auparavant avec les cortèges afro du carnaval), mais celle d'une appartenance à la périphérie des grands centres urbains brésiliens. Dans la perspective du Prince du Ghetto, le territoire d'origine est la périphérie dans sa dimension spatiale et politique. En effet, s'assumer en tant que « périphérique » permet de bénéficier du potentiel explosif qui en fait la définition. L'artiste nourrit ainsi la double image du bandit qui doit être redouté et du citoyen qui demande à être respecté.

## Le rap, et la marginalité musicale

Le rap est représenté dans la recherche par deux musiciens, Vítor et Pedro. Tous deux ont dit avoir été critiqués pour avoir choisi ce style. Les raisons mises en avant sont dues au fait que le rap s'autorise une critique sociale, d'où il est souvent perçu comme marginal. D'après ces critiques, le style est également associé au trafic de drogues. Caractéristique souvent attribuée au pagode. Dans le cas des deux musiciens, au moment de la recherche, le style avait été abandonné (pour Pedro) ou laissé de côté (par Vítor), pour essayer de trouver des styles mieux acceptés et avoir plus de débouchés professionnels. Pedro s'est mis à la MPB et à la Bossa Nova, sur les pas des artistes qui ont marqué le quartier et qui l'aident à penser celui-ci comme un

[1] Mbembe, A., *Politiques de l'inimitié*, Éditions La Découverte, Paris, 2016.

territoire musical. Il y a la grande artère principale qui mène à l'aéroport et qui porte le nom de Dorival Caymmi, le parc d'Abaété qui porte le souvenir des artistes qui marqueront le paysage avec le tropicalisme, etc. L'artiste revêt le quartier de ses habits de scène et balaie l'image de violence qu'on lui attribue communément.
Vítor a commencé la musique avec le ukulélé dans un cours offert par le centre culturel du quartier. Aujourd'hui il intègre un groupe qui mélange le rock, le reggae et le rap. Ses membres sont tous issus du quartier, des élèves du cours de musique qu'il a fréquenté ou des copains. Il commence à composer des raps à l'adolescence, mais il se heurte dès le début à l'absence de scène pour ce style dans le quartier. Le rap s'inscrit dans un réseau de scènes qui vont du vieux centre-ville comme le Pelourinho ou la Mouraria, au quartier à la mode pour la classe moyenne, le Rio Vermelho, en passant par quelques périphéries comme Cajazeiras. Le quartier d'Itapuã, lui, reste attaché au Samba et dans une certaine mesure au samba reggae par la présence du bloc carnavalesque Malê debalê installé là depuis la fin des années 1970 ; et aujourd'hui, sa jeunesse vibre avec le pagode et le funk.

**Les réseaux hors quartier**

Vítor a une expérience qui se distingue de celle d'Henrique, João et Pedro, même s'il les connaît tous. Grâce à sa mère qui est institutrice, il a accès à une bourse d'études dans un lycée privé reconnu, hors du quartier. Nous ne nous étendrons pas sur la question de la qualité de l'enseignement public au Brésil dans cet article mais nous signalerons pour le moins au lecteur français que celui-ci est rongé par l'abandon des classes aisées, la corruption, le rejet des pauvres et le racisme. Une professeure de littérature du lycée privé en question l'encourage à écrire ses musiques qu'il se met à chanter. Il commence alors à fréquenter les scènes de rap et participe aux duels qui y sont organisés. De ce fait, Vítor se met à naviguer entre différents quartiers de la ville et se fait un réseau d'amitiés hors quartier, autour du rap. Cela n'empêche pas Itapuã de rester sa référence affective puisqu'il y a grandi et qu'il y a sa famille et ses amis d'école. Vítor fait aujourd'hui un cours de droit grâce aux politiques de discrimination positive qui lui ont permis d'entrer à l'université. Pendant un temps, il s'est tenu à l'écart des scènes de rap pour faire plaisir à sa mère qui s'inquiétait de ses fréquentations et souhaitait que son fils continue ses études. Il s'était mis à jouer de la MPB et à intégrer un groupe qui mélangeait divers styles, afin de ne pas être exclusivement associé au rap. Maintenant qu'il est à l'université (et que sa mère est rassurée sur son futur), il souhaite réactiver son réseau de rap.

Nous pouvons donc observer qu'à la différence des autres musiciens qui ont participé à la recherche, Pedro a un réseau hors du quartier. Son noyau familial est à Itapuã, il navigue dans le réseau du rap qui le mène à fréquenter divers quartiers, il est inscrit à l'université dans une ville voisine, etc. Il reste pourtant attaché au quartier où il vit toujours. Il y garde aussi des copains d'enfance avec qui il surfe régulièrement, et fréquente le centre culturel où il développe son réseau de musiciens.

### L'accès à l'université depuis les politiques de quotas et la voix des étudiant(e)s noir(e)s et indien(ne)s, qui en sont bénéficiaires

En mars 2018, nous avons organisé une discussion[1] sur le thème de l'artivisme, la pratique culturelle engagée, à l'occasion du Forum social mondial qui se tenait à Salvador. Cette activité s'est déroulée dans le quartier périphérique où nous résidons, dans une démarche de résistance aux centres (aussi bien académiques qu'urbains). L'idée était de faire dialoguer des acteurs de différents domaines : jeunes Indiennes ayant récemment eu accès à l'université grâce aux politiques de

[1] Cette journée a donné suite à deux autres rencontres sur le même thème mais cette fois-ci dans le contexte universitaire de l'Unilab et de l'UCSAL. L'idée étant que ces artivistes aient aussi accès à l'espace académique et que les logiques et savoirs locaux puissent arriver jusqu'aux yeux et oreilles des chercheurs, détenteurs du pouvoir de connaissance. Toutes ces initiatives ont été organisées avec notre collègue Ana Claudia Gomes de Sousa (UNILAB).

discrimination positive dans les universités et jeunes Noirs brésiliens et africains ayant pu s'inscrire à l'université à partir des quotas pour les étudiants autodéclarés[1] Noirs ou métis. Cette politique de quotas s'adresse aux étudiants brésiliens mais il existe, dans une ville voisine de Salvador, une université (l'UNILAB) au projet original qui accueille 50 % d'étudiants des PALOPS (pays africains de langue portugaise) et qui représente en ce sens une forme de politique de discrimination positive (même si elle est en fait le résultat d'un programme de coopération sud-sud). Lors de notre rencontre, dans le parc d'Abaeté, assis en cercle, profitant de la brise ambiante, chaque invité s'est exprimé, a mis en perspective les exclusions dont il souffre et les moyens de résistance artistique ou intellectuelle employés pour y faire face. Le parc d'Abaété a longtemps été considéré comme l'une des merveilles touristiques de Salvador pour ses dunes de sable fin et son lac. Depuis quelques décennies, il s'est retrouvé cerné par une favela (ou invasion, comme on les appelle traditionnellement à Salvador) et, de ce fait, a été délaissé tant par les pouvoirs publics que par les circuits touristiques. Y inscrire des activités de nature académique, sociale et culturelle est important.

Dans notre cercle de discussion ont pris la parole :

- Preto[2], le comédien qui a abandonné le cours de théâtre de son université en signe de contestation. Il a souffert des représailles de l'institution universitaire qui s'est sentie dérangée par un de ses Happening exhibant un corps nu, noir (alors que, dans le même registre, des corps nus blancs étaient

[1] La notion d'auto-déclaration est importante car elle renvoie à une ethnicité vécue. Même si les catégories d'auto-déclaration « noire » ou « métisse » rappellent les théories raciales, elles font en réalité référence aux catégories sociales d'exclusion dues au contexte de racisme structurel qui détermine toujours, comme au temps de la colonie, ses hiérarchies et niveau d'intégration ou d'exclusion à partir de la couleur de la peau, de la forme du nez ou du type de cheveux. Les politiques de discrimination positive prennent en compte cette réalité d'exclusion sociale due au racisme pour offrir des mesures de réparation. Il ne s'agit donc pas de critères qui relèveraient des pseudo théories raciales qui étaient en vogue à la fin du XIX$^{e}$ siècle mais de politiques visant à diminuer les inégalités sociales.

[2] Preto signifie Noir en brésilien.

tolérés). Aujourd'hui, il est étudiant, grâce aux quotas, dans une autre université ;

- Luna, une activiste paraplégique qui, entre autres actions, organise des happenings pour recouvrir de post-it les voitures qui bouchent les accès aux passages pour les porteurs de handicaps ;
- Flávia, l'Indienne aux cheveux crépus et à la peau brune, qui revendique le droit à être reconnue comme autochtone, forçant tout un chacun à déconstruire ses stéréotypes sur l'indianité ;
- les jeunes du collectif « Bairro da paz vivo » venus improviser des poésies sur des rythmes de rap évoquant la réalité des jeunes de leur périphérie ;
- deux jeunes étudiants africains de l'Unilab, qui relatent ce que c'est qu'être africain dans un pays comme le Brésil et ce qu'est l'expérience de se découvrir Noir, racisé par les normes locales inchangées depuis la colonie ;
- le collectif « musicalia » affirmant la présence féminine dans le domaine musical et universitaire. À partir de la pratique musicale dansée, elles travaillent leurs appartenances ethniques d'origine.

Cette journée faite de témoignage en parole, en rap ou en rythme rend compte de la diversité culturelle et révèle les dimensions d'exclusion et de racisme auxquelles les participants font face au quotidien.

Revendiquer le droit à occuper les espaces universitaires qui sont traditionnellement ceux de l'élite est un défi quotidien pour ces jeunes étudiants. Les salles de cours sont des hauts lieux de violence symbolique. Les professeurs reproduisent religieusement les principes eurocentriques et patriarcaux de la science moderne, commettant au quotidien des violences épistémiques contre celui qui ne s'inscrit pas dans le schéma culturel de l'élite blanche. Au quotidien, on rappelle aux étudiants que leur place n'est pas ici et on conte une histoire qui « prend pour cible » les racisés noirs-es, métis-ses, indigènes[1].

[1] Kisukidi, N. Y. « Laeticia Africana Philosophie, décolonisation et mélancolie », *in* Mbembe A. et Sarr, F., *Écrire l'Afrique-Monde*. Dakar, Sénégal, Jimsaan, 2017.

Être à l'université est une possibilité nouvelle pour ces jeunes ; cela les amène à sentir ce qu'est le droit à une vie pleine et à revendiquer une institution universitaire moins élitiste et plus ouverte à la diversité culturelle. Même si s'y maintenir représente un défi.

Les autres étudiants, en grande partie élevés dans la croyance en la méritocratie[1], voient en ceux qui ont eu accès à l'université par le biais des actions affirmatives des tricheurs ou des voleurs (de place à l'université). Cependant, dans la majorité des cas, les étudiants qui sont entrés grâce aux quotas sont les premiers de leur famille à mettre les pieds à l'université et ne se laissent pas décourager par les adversités. Des milliers d'entre eux ont eu accès à des diplômes de 1er cycle et leurs voix s'élèvent, dans et hors contexte universitaire, contre la violence symbolique subie. Ces voix inquiètent les tenants du pouvoir symbolique (entre autres les professeurs des universités, la plupart issus de l'élite, blanche). Ces voix viennent en effet affirmer une présence inattendue (et non désirée, pour beaucoup), une perspective jusqu'alors inexistante, une perspective périphérique sur le monde du pouvoir institué.

Ces récits nous mènent à penser la périphérie de façon plus large que la simple définition qui la relie aux centres urbains. Les jeunes périphériques viennent déstabiliser les relations de pouvoir traditionnelles, contestant leur position subalterne et s'affirmant depuis leur point de vue local (autochtone ou afro-descendant, de la périphérie ou d'un village indien). Dans ce

---

[1] L'accès à l'Université publique se fait au Brésil à partir de tests d'entrée. Traditionnellement, seuls ceux qui obtenaient les meilleurs résultats étaient retenus. Comme nous avons indiqué antérieurement que la qualité de l'enseignement dans les collèges et lycées publics était mauvaise, nous pouvons déduire facilement que l'entrée à l'université était réservée à l'élite. Les politiques de discrimination positive qui existent depuis les années 2000 viennent changer ce scénario, offrant 50 % des places d'entrée à l'université publique aux étudiants issus de l'enseignement public. Dans une reconnaissance du préjugé raciste comme cause des inégalités sociales, un pourcentage de ces 50 % est réservé aux étudiants qui s'auto-déclarent Noirs ou métis. De ce fait, la concurrence pour ceux qui étudient dans les collèges privés s'est resserrée pour entrer à l'université, causant de vives critiques de l'élite.

sens, l'indianité des deux jeunes femmes ayant participé au cercle de dialogue est une périphérie, et cela indépendamment de la localisation géographique de leur village d'origine et du caractère rural ou urbain.

Lors de ces rencontres que nous nommons tables rondes sur les programmes officiels, nous donnons la parole aux acteurs culturels et politiques et servons à peine de médiateur. L'idée rejoint celle d'une écologie des savoirs (Santos et Meneses, 2009)[1] où les hiérarchies traditionnelles sont remises en cause.

Ces expériences qui remettent en cause le dispositif traditionnel de la production de savoirs nous ont menée à nous questionner en tant que chercheuse. Nous nous sommes penchée sur notre espace de parole et sa légitimité, inspirée par les travaux de Djamila Ribeiro sur la *standpoint theory* et notre position dans la généalogie académique et sociale. Nous en profitons pour nous situer en tant que chercheuse et remercier profondément notre père, René Lourau, sociologue, venu d'un milieu pauvre, ouvrier, de nous avoir aidée (menée) à être de ce monde de la science, depuis un point de vue périphérique et contestataire.

D'autre part, mariée depuis plus de 20 ans à un homme noir bahianais et mère de deux enfants métis, je m'inscris du côté de la périphérie, haut lieu de la culture afro-descendante, noire, malmenée et repoussée sur les marges. Le fait d'être la seule blanche de la cellule familiale me fait percevoir, au quotidien, le privilège blanc traduit dans une forme de légitimité qui nous est concédée tout le temps et partout. En tant que blanche (et Européenne), j'appartiens à une catégorie raciale qui se pose comme norme absolue de l'humanité et se légitime ainsi comme détentrice du pouvoir. L'ordre qu'elle instaure fait des non-blancs des racisés. Dans cette logique, le racisé, c'est toujours l'autre. Nous (les blancs), sommes la norme.

Reconnaître cet état de fait est un pas important dans la recherche d'une société plus juste et moins raciste. Il est important que les chercheurs blancs reconnaissent leurs

---

[1] Santos, B. S et Meneses, M.P., *Epistemologias do Sul*, Coimbra, Almeidina, 2009.

privilèges non seulement de classe mais également de race car l'ordre établi est un ordre raciste. Reconnaître que les épistémologies classiques sont garantes de cet ordre (social et racial) est également nécessaire pour que les universités deviennent des espaces accueillants pour tous-tes.

Le féminisme noir, dans sa lecture contestataire du monde, nous paraît un instrument intéressant pour les chercheurs qui souhaitent se repenser et gagnerait à être travaillé en salle de cours par les professeurs et étudiants pour comprendre les points de vue périphériques dans leur complexité et les intégrer en tant que réalités et non en tant que menace à repousser sur les marges.

## Conclusion

Les épistémologies classiques sont instruments de reproduction du pouvoir. Leur questionnement à partir de pratiques de recherches innovantes permet de repositionner le discours et de créer de nouveaux points de vue qui échappent à la science dominante dont nous avons vu les effets néfastes et létaux dans les recherches menées avec les jeunes de la périphérie sur le droit à la ville et à la vie.

Pour reprendre les termes de mon père, René Lourau[1], la position périphérique est une force *instituante*, elle vient déranger les pouvoirs *institués* et ouvrir de nouveaux possibles sur des bases nouvelles. Repenser la science c'est repenser les structures de pouvoir. Ce n'est pas pour rien que les épistémologies critiques rendent fous furieux les « savants » traditionnels qui se voient menacés de perdre leur position d'omniscience. Eux qui se pensaient comme la base et l'origine de tout… se voient questionner leur légitimité et leur espace de parole. Dis-nous qui tu es et depuis quel espace social et culturel tu parles car nous avons également des choses à dire depuis notre espace d'inscription qui est la périphérie. La neutralité qui est brandie comme un garde-fou de la science est

[1] Lourau, R., "O instituinte contra o instituído", *in* Altoé S. (Org.), *René Lourau, analista institucional em tempo integral*, São Paulo, Editora Hucitec, 2004.

démasquée en tant que gardienne du pouvoir de ces savants. C'est cette prétendue neutralité qui permet de rendre normal le point de vue dominant et d'affirmer une universalité aux choses qui sont en fait le reflet des savants. Le corps de la science est « masculin, blanc, bourgeois, européen, habite les centres. C'est le corps du dominant[1] ».

Prendre position et localiser son espace de parole est important pour les chercheurs et chercheuses blanches afin de lutter contre un ordre qui maintient certains dans des privilèges, et cela au détriment des autres. Pour les périphériques, revendiquer le droit à avoir une voix est, comme le dit Djamila Ribeiro[2], rien de moins qu'une revendication du droit à la vie.

---

[1] Kisukidi, N.Y., *ibid.*

[2] Ribeiro, D., *O que é lugar de fala?*, Belo Horizonte, Letramento, Justificando, 2017.

# INTER ET TRANSCULTURALITÉ DANS LA RECHERCHE ET LES PRATIQUES DE SOIN : L'APPORT DE LA SOCIOPOÉTIQUE

***Jacques Gauthier***

*Quand nous marchons sur l'herbe de la terre,*
*nous sommes conscients que nous sommes faits d'air,*
*de la lumière du soleil, de minéraux et d'eaux ;*
*que nous sommes les enfants de la terre et du ciel,*
*liés à tous les autres êtres, animés ou inanimés.*
*Cela est la pratique du non-moi.*
Thich Nhat Hahn.

*La transmutation, et non la négation présomptueuse, est l'épée du maître.*
Thot/Hermès.

## Problématiser l'hétérogenèse

Le commun et l'hétérogenèse, les mutations : hétérogenèse du commun, dans les mutations... La psychologie, comme les autres sciences sociales ou humaines, est en train de vivre une mue, comme un serpent arc-en-ciel dans les eaux, les airs, les feux et les terres. Le plus grand changement : que nous devenions des serpents, inversant ainsi le dit biblique de leur diabolisation, puisque nous sommes faits de boue et de multiplicité. Et la question de la souffrance, qui est fondamentalement la grande affaire que nous affrontons, notre souffrance et celle des autres, demande des transmutations, des passages entre des mondes et des dimensions que nous devons explorer, conquérir, ouvrir et, surtout, découvrir.

L'hétérogenèse sera donc celle de la psychologie elle-même. Je ne vois plus une science qui naisse de la boue fertile d'une seule culture, de l'univers eurodescendant et eurocentré, mais j'aperçois déjà une psychologie interculturelle, et qui sait, transculturelle, non au sens de créer des concepts permettant la compréhension de la souffrance des gens de cultures « autres » (non eurodescendants ni eurocentrés) mais de voir naître cette science de limons multiples, hétérogènes, pas nécessairement bibliques ou adamiques, encore moins académiques.

Le savoir en tant que tel a deux aspects ; disons, pour simplifier, que de la même manière que nous possédons en gros deux « cerveaux » (reliés), à gauche le rationnel et à droite l'intuitif, le savoir a deux faces. Du côté gauche nous parcourons les plis et bifurcations (mot étrange, pourquoi « bi » et non « tri » ou « quadri-furcations » ?), nous entrons dans des polémiques et nous traçons des lignes de fuite dans l'aire peuplée de la psychologie universitaire jusqu'à, en conformité avec l'idéal de rationalité des sciences eurodescendantes, critiquer leurs propres fondements à partir des pratiques révolutionnaires schizo-analytiques où des rhizomes déterritorialisent les savoirs institués, ouvrant ces savoirs à l'incandescence par l'invention de fils colorés qui cousent entre eux des territoires hétérogènes, au travers d'alliances et d'alliages imprévisibles avec des savoirs et des pratiques communautaires venus d'autres mondes. Deleuze dit, dans ses *Dialogues* avec Claire Parnet[1] :

> Vous êtes toujours un agencement pour une machine abstraite, qui s'effectue ailleurs dans d'autres agencements. Vous êtes toujours au milieu de quelque chose, plante, animal ou paysage. On connaît ses proches et ses semblables, jamais ses voisins, qui peuvent être d'une autre planète, qui sont toujours d'une autre planète. Seuls les voisins comptent.

Il nous faudra comprendre comment se font les alliances entre des sources plus que diverses, hétérogènes (savoirs universitaires et savoirs communautaires), comment se jouent ce que Deleuze et Guattari appellent dans *Mille Plateaux*[2] des « doubles captures » où se crée un nouvel être, un nouveau savoir, *entre* ces sources, à la frontière de chacune (liant sans doute les deux hémisphères cérébraux) ; un peu comme dans

---

[1] Deleuze, G. et Parnet, C., *Dialogues*, Paris, Flammarion, 1996, p. 135.

[2] Deleuze, G. et Guattari, F., *Mille plateaux*, Paris, Minuit, 1980.

l'arc-en-ciel il existe des couleurs que nous percevons comme des « transitions » entre celles qui ont un nom dans nos langues.

Reprenons chez nos auteurs l'exemple fameux de l'abeille et de l'orchidée : l'abeille vit un devenir-orchidée dans la mesure où, attirée par la fleur, elle est indispensable à sa reproduction. Réciproquement, l'orchidée vit un devenir-abeille car elle alimente l'abeille. Une intensité se crée *entre* l'insecte et la fleur, hors de chacun de ces êtres. De la même façon existe un devenir-oiseau dans la musique et un devenir-musique dans l'oiseau. Deleuze et Guattari appellent ce phénomène une « double capture ». Ainsi, les catégories et concepts issus des communautés capturent la psychologie académique pendant que celle-ci capture ceux-là, créant *autre chose*, inattendue, et traçant des lignes de fuite dont le destin est imprévisible à l'intérieur des approches instituées. C'est bien ainsi que se crée le « commun », dans des agencements collectifs d'énonciation innovants et féconds. Il faut dire que les degrés de capture peuvent varier beaucoup, jusqu'à atteindre la résistance complète, considérant que le mot « capture » peut sonner mal pour des lecteurs et lectrices qui furent colonisé(e)s.

Par le côté droit du cerveau nous mobilisons nos forces intuitives, le fameux « troisième œil » des yogis, nous buvons à une autre source de la connaissance. La tradition de l'Inde parle du chakra du troisième œil *Ajna* et la Chine taoïste dit que le Cœur est la source de la pensée, le cerveau n'étant qu'une extension étrange de celui-ci ; quant aux traditions africaines, elles nous orientent à penser au travers de pratiques où l'on « sent » la présence du divin, et les traditions indigènes nous poussent à nous métamorphoser en jaguars, oiseaux ou anacondas, afin que nous puissions voyager en d'autres dimensions (qui du point de vue de ces traditions sont la réalité « vraie »), et ainsi, penser. L'homme, la femme ordinaire ne pensent pas vraiment, sauf s'ils vivent un devenir-jaguar, un devenir-aigle, un devenir-colibri, un devenir-boa ou anaconda, etc.). En fait, dans la vision amérindienne, il s'agit plus d'une métamorphose que d'un devenir, car mourant à moi-même, je me transforme en la substance de l'animal, en ses sens, percepts et affects, et *je vis un autre monde.* Au moment où je renais, j'ai en moi ses énergies de lumière spirituelle, de connaissance et de guérison. Dans le langage de Deleuze et Guattari on peut dire que dans l'expérience chamanique nous sommes traversés, par exemple, par des affects et des ondes de serpent, et le serpent, par des ondes et affects que nous identifions comme « humains ». Ainsi se fait ce qu'ils appellent dans le sillage d'Antonin Artaud un « Corps sans Organes », corps d'intensités, d'ondes et de vibrations.

Finalement, pour que se crée le « commun », il faut d'abord, pour nous qui fûmes formés par l'université eurodescendante, que nous acceptions notre côté intuitif et recherchions l'équilibre entre nos deux polarités, rationnelle-discursive et intuitive. Ici au Brésil nous aimons dire que nous valorisons nos racines et flux (les racines étant toujours des racines de feu qui transmutent) africains et indigènes.

Il existe une difficulté, probablement constitutive de notre rapport au savoir ; du côté gauche et rationnel, l'idéal a pratiquement toujours été celui de la transparence et de la lumière solaire, conformément à l'idéal grec de la vérité comme dévoilement. La reconnaissance des limites de notre savoir (du fait que nous ne nous libérerons jamais totalement de notre ancrage dans les idéologies, mieux, dans les dispositifs de pouvoir, savoir et désir des formations sociales où nous vivons) est potentialisée par l'espoir de pouvoir toujours mieux connaître ces limites et donc, les dépasser partiellement... avant que d'autres ne naissent ! Ainsi procèdent la schizoanalyse et l'Analyse Institutionnelle, qui, comme le disait mon ami René Barbier, est la meilleure sociologie qui existe.

Mais du côté droit, de la polarité non rationnelle (je n'écris pas « irrationnel », pour ne pas introduire des contenus négatifs et discriminants), le côté obscur du savoir lui est essentiel, tout comme ses dimensions secrètes, impossibles de dévoiler, d'exposer à la lumière solaire. Le savoir est plutôt lunaire, avec sa moitié d'ombre - et une face cachée : la dimension du sacré, subtilement agissante (peut-être la plus importante).

Il nous faut donc maintenir vive et ouverte cette difficulté, sans essayer de la résoudre ; au contraire, considérer comme une richesse la tension entre les polarités, sans laquelle aucun courant électrique ne saurait passer (on sait que les deux hémisphères cérébraux communiquent entre eux).

Dans cette contribution je vais étudier comment se configure cette tension dans des recherches financées par la FAPESB (Fundação de Amparo à Pesquisa do Estado da Bahia, sorte de CNRS de l'État de Bahia, Brésil) et menées avec des communautés afrodescendantes et amérindiennes. Le thème-source était la notion de santé dans ces communautés, avec pour approche méthodologique la sociopoétique, et la schizoanalyse comme appui philosophique.

## La sociopoétique

1) Pour la sociopoétique est fondamentale la notion de « groupe-chercheur », inspirée des Cercles de Culture selon Paulo Freire et des Assemblées Générales de l'Analyse Institutionnelle : le « groupe-chercheur » est le maître de la recherche, dans laquelle les chercheurs et chercheures universitaires ont seulement la fonction de faciliter le processus. L'institution du groupe-chercheur permet la recherche dans des communautés où tous et toutes ont un droit égal à parler et devenir acteurs et actrices dans la recherche et l'élaboration, en commun, de la connaissance. Pour rendre horizontaux les rapports, ce dispositif prépare la négociation des effets de la recherche, aussi bien dans la communauté qu'à l'Université. Il permet de rendre visibles les différences et hétérogénéités, de s'approcher du mystère et du sacré sans aller au-delà de ce qui est permis (sans exposer ce que la communauté ne veut pas rendre public), de discerner ce qui pourrait paraître confus, de révéler et analyser la complexité des liens et des ruptures, d'agencer des rhizomes de l'intérieur vers l'extérieur, et réciproquement. Rien n'empêche le groupe-chercheur de recevoir des flux et influx d'êtres non-humains, végétaux, animaux et minéraux, incarnés et non-incarnés ou désincarnés, pour l'élaboration de problèmes, la création de *confects* et d'*intuicepts* (mixtes de concepts et d'affects, d'intuitions et de

concepts, dans le jargon de la sociopoétique) et pour d'autres aspects du travail sociopoétique habituel[1].

2) À partir de pratiques de luttes anticolonialistes et antinéocolonialistes ont été créées des techniques de recherche enracinées dans les traditions ancestrales, telles que la danse, l'intuition et la transe dans des rituels, par-delà les techniques coutumières de la recherche universitaire. Et les données ainsi produites peuvent être lues et interprétées – mieux, « expérimentées », comme dirait Deleuze – selon des références variées, où les savoirs populaires et la science des chamanes et des « *pai* » et « *mãe-de-santo* » (sacerdotes du candomblé) dialoguent réellement, en position d'égalité, avec la science universitaire.

3) Dans la continuité logique de cette valorisation des cultures de résistance, indigènes, afrodescendantes, de femmes, populaires, etc., le corps – et particulièrement le Corps sans Organes tel que Deleuze et Guattari le définissaient en 1980, avec ses intensités subites, ses lignes de fuite, ses élans et ses arrêts – contribue de manière prioritaire à la production du savoir sociopoétique ; au minimum, en position d'égalité avec le « cerveau gauche » rationnel. Les devenirs multiples, tels que nos auteurs les listaient : devenir-Indien, devenir-Noir, devenir-femme, devenir-enfant, devenir-animal, devenir-minoritaire, devenir-molécule, devenir-imperceptible..., trouvent ainsi leurs zones d'expression dans des agencements collectifs d'énonciation par double-capture, réciproque et égalitaire, entre la science des communautés et la science académique. En référence à des cosmologies indigènes, il faudrait aller plus loin et parler de « devenir-silence et vacuité ».

4) Pour mobiliser toutes les puissances de connaître du corps (qui incluent la rationalité critique universitaire), des techniques artistiques de construction de la connaissance, collectives et individuelles, permettent, dans la sociopoétique, le dépassement des limitations que s'imposent les techniques habituellement utilisées, très rationnelles et qui privilégient l'auto-observation

---

[1] Gauthier, J., *O oco do vento: metodologia da pesquisa sociopoética e estudos transculturais*, Curitiba, CRV, 2012.

au détriment de l'expression directe ; l'exposition, principalement dans les entretiens de recherche, de ce dont nous sommes déjà conscients (et que nous savons déjà), au détriment du non-encore-conscient et encore inconnu de nous. À mélanger l'art et la science dans la conception d'une science nouvelle, plus complexe, interactive et dialogique, la sociopoétique ouvre un espace et un temps à la spiritualité : ne peuvent se développer spirituellement que ceux et celles qui découvrent et affrontent ce qu'ils ne savaient pas ou, pour le moins, ne savaient pas qu'ils savaient (inconsciemment). Les rituels sont d'excellents lieux pour la production de connaissances non conscientes – y compris parce qu'ils donnent sur d'autres types de temporalité et d'autres dimensions du réel dont, dans la vie quotidienne, nous ne percevons rien ou presque.

5) Enfin, la décision sociopoétique de laisser dans les mains du groupe-chercheur la responsabilité du devenir de la recherche, en co-responsabilité avec la communauté hôte de la recherche, ferme les portes à quelle tentative que ce soit de manipulation, appropriation colonisatrice ou exclusivement académique de celle-ci, l'idéal étant l'autogestion totale de la recherche par le groupe-chercheur, qui a une responsabilité supérieure vis-à-vis de sa communauté.

Inspirées de la recherche-action, les étapes d'une recherche sociopoétique sont les mêmes que celles employées par de nombreux chercheurs et chercheures en éducation populaire et interculturelle :

– Négociation avec la communauté hôte des divers aspects de sa réalisation, institutionnels et communautaires : espaces, temps, lieux, dépenses, etc.

– Institution du groupe-chercheur responsable du devenir de la recherche, et choix du thème-source de celle-ci, qui peut être le thème de recherche du chercheur ou de la chercheure universitaire, ou bien un thème qui importe prioritairement à la communauté.

– Production des données à partir d'une technique d'inspiration artistique. À ce sujet, il est important de noter que ces données sont produites dans un état de relaxation de type freudien ou méditatif, afin que surgissent des contenus pré-, sub- ou inconscients.

– Cercle de parole à chaud entre les auteurs des productions artistiques, expliquant, interrogeant, etc.

– Étude de ces données par le facilitateur ou la facilitatrice, comme si le groupe était un seul penseur, un intellectuel-sensible collectif, un Corps sans Organes pluriel, un seul philosophe parcouru de lignes convergentes et divergentes, de conflits, contradictions et paradoxes, alliances et alliages, etc.

– Restitution de cette étude aux autres membres du groupe-chercheur appelés cochercheur (e) s au travers d'un dialogue critique, avec approfondissement des problèmes collectivement élaborés, des *confects* et *intuicepts* créés, et identification du « personnage conceptuel » qui s'exprime à travers le groupe[1] : il est marqué par des traits émotifs, relationnels, dynamiques, juridiques et existentiels). Nous appelons ce moment « contre-analyse ».

– Entretiens personnalisés, individuels ou en petits groupes, pour mieux comprendre les différences, singularités et hétérogénéités de chacun et chacune des membres du groupe-chercheur.

– Socialisation, en co-responsabilité entre université et communauté, des résultats de la recherche.

Pour des recherches de niveau master, une seule technique de production de données peut suffire, à condition d'être suivie d'entretiens (ceux-ci étant toujours réalisés *après* la contre-analyse collective, car ce qui compte est l'expression des différences et singularités, et non la recherche d'un profil moyen). Pour un doctorat, il est important d'avoir au moins deux techniques différentes, car chacune produit des données de nature différente (avec du théâtre on ne favorise pas les mêmes dévoilements qu'avec de la peinture ou de la poésie, ou encore, avec des rituels indigènes !). Bien sûr, on met ensuite en relations dialogiques les résultats de la recherche avec les théories universitaires de référence sur le thème d'investigation.

Dans le processus continu d'élaboration de la sociopoétique, nous donnons naissance à des notions telles que les *intuicepts*

---

[1] Deleuze, G. et Guattari, F., *Qu'est-ce que la philosophie ?*, Paris, Minuit, 1991.

(mixtes d'intuition et de concept), ou encore, des mixtes de percepts et concepts, etc. Puisque le corps pense, les concepts sont hybridés par les autres sources de connaissances que possède le corps. Dans la suite de cette contribution, on verra comment *fonctionnent* – en référence à notre recherche sur la notion de *santé* en milieux indigènes et afro-brésiliens – certains confects et personnages conceptuels. On obtient des formes de problématisation et conceptualisation philosophiques jamais pensées par les philosophes professionnels.
À présent, il nous faut situer, pour les lecteurs et lectrices non spécialistes, la schizoanalyse, dont les bases se combinent bien avec la sociopoétique (mais les sociopoètes peuvent s'appuyer sur d'autres références, évidemment).

## La schizoanalyse

Deleuze et Guattari ont appelé leur philosophie « schizoanalyse ». Elle semble bien adaptée pour potentialiser les dispositifs sociopoétiques, encore que j'essaie d'aller plus loin avec le corps et la spiritualité, à partir de sagesses non européennes, en cohérence avec ma perspective contrecoloniale. Voici quelques concepts fondamentaux de la schizoanalyse.

**1) Le plan d'organisation** – il est binaire et hiérarchisé, vertical : il produit et reproduit une logique de micropouvoirs et de domination ; mieux, il agit selon une logique excluante : ou vous êtes ceci, ou vous êtes cela, homme ou femme, Dieu ou diable, etc. C'est un système qui tend à se fermer et se reproduire, en s'adaptant pour mieux perpétuer les dominations et exclusions avec leur logique binaire. Il homogénéise, génère des identités, des cartes d'identité : je suis comme ci, il est comme ça. Le verbe « être » crée dans la langue un point de fixation, il appelle et attire un « Je », substance toujours identique qui se conserve et se ferme à des affects nouveaux, répétant et reproduisant son être sans risque ni aventure. Ignorant également le devenir, de nombreux savoirs théoriques sont territorialisés, reproducteurs et excluants comme le sont les chiens urinant pour marquer leur territoire, face à la concurrence d'autres savoirs, d'autres lignes théoriques.

**2) Le plan de consistance**

Il s'oppose au précédent : sans hiérarchie et horizontal, avec une logique incluante de type « et... et », et non « ou bien... ou bien ». Par exemple, dans la culture afro-brésilienne du candomblé, un fidèle peut être à la fois de Xangô (divinité du tonnerre et de la justice), Oxum (des eaux douces et d'une forme magique de féminité) et Iansã (divinité de l'éclair et de la joie de vivre - et qui règne sur les défunts), à la fois masculin et féminin, feu et eau, humain et divin... En lui se tissent des rapports entre éléments hétérogènes, s'agglomèrent des fragments issus d'aires variées, se créent des rhizomes.

Le plan de consistance est rythmé par des intensités. Au lieu d'être marqué par l'identité et par l'être (par des essences), il fonctionne comme champ de déterritorialisation par rencontres et événements. Il fait fuir ce qui se voudrait « habiter », se ressembler, se fonder, accueillant des confluences, fusions, partitions (au sens musical du mot), intensifications, toutes imprévisibles, qui sont le *désir* lui-même. Il s'agit donc dans la pensée de déterritorialiser, d'arracher les connaissances de leur aire de légitimation institutionnelle et de leurs fondements, pour qu'elles se capturent librement, au gré des rencontres. Il s'agit de créer dans la pratique des « blocs de devenir » révolutionnaires, de vivre des devenirs instituants.

La vie est faite de rencontres et de rendez-vous manqués entre les corps, entre les paroles, entre corps et paroles, qui créent des agencements : « C'est cela, agencer : être au milieu, sur la ligne de rencontre d'un monde intérieur et d'un monde extérieur[1] ». Le désir est constitué « des successions de catatonies et de précipitations, de suspens et de flèches, des coexistences de vitesses variables, des blocs de devenir, des sauts par-dessus des vides [...][2] ».

---

[1] Deleuze et Parnet, *ibid.*, p. 66.

[2] *Ibid.*, p. 114.

### 3) Les agencements machiniques de corps

Nous sommes constitués de multiples corps, au sens de la physique, car nous avons la puissance d'affecter et d'être affectés de multiples manières par de nombreux autres corps. Toujours, nous sommes inscrits, inscrites, dans des agencements supérieurs – par exemple, une saison de l'année, une technologie, une forme d'organisation du travail ou de transport collectif, une famille mono, bi ou multiparentale, etc. Cela est fondamental pour la psychologie communautaire.

Pour comprendre l'importance de la notion d'agencement, il suffit de considérer qu'il y a plus de différences entre un cheval de trait et un cheval de course qu'entre un cheval de trait et un bœuf, ou entre un cheval de course et un taureau. Un animal, un végétal, un être humain sont bien mieux définis par les agencements dans lesquels ils entrent, dans telle ou telle civilisation et dispositif de pouvoir, que par des classifications purement biologiques qui, de fait, naturalisent ce qui est historique et social.

### 4) Les agencements collectifs d'énonciation

Celui qui parle lorsque nous parlons, même quand nous disons « je », est toujours un collectif. Car nous sommes toujours dans un agencement, au milieu d'un dispositif. « J'ai froid » suppose peu de vêtements, du vent peut-être, cela peut exprimer simplement une émotion, et surtout, une culture où il est légitime d'exprimer une sensation personnelle, etc.

Fréquemment, notre parole est capturée par un agencement de pouvoir (publicité, mode, expression d'une identité de classe ou de genre, d'une appartenance symbolique). La télévision, le cinéma de masse et les réseaux sociaux émettent des mots d'ordre subtils et façonnent notre pensée. D'où cette question : comment créer une parole qui libère des flux créatifs au lieu de répéter des mots d'ordre répétitifs de soumission aux maîtres du marché et des organismes institués, de soumission à des désirs déjà codifiés par le capitalisme globalisé ? Comment tisser des paroles qui incluent d'autres règnes (animal, végétal, minéral, spirituel), d'autres groupes sociaux, d'autres mondes, sans reproduire toujours les mêmes mondes, les mêmes pouvoirs, les mêmes dominations et exclusions ?

Dans les agencements, la pratique sociopoétique génère des devenirs. Comme tous les devenirs, ils sont minoritaires : ils intensifient la ligne dominée du plan d'organisation et libèrent un plan de consistance. Ainsi avons-nous un devenir-femme, aussi bien chez la femme que chez l'homme (ce qui est fondamental dans notre civilisation patriarcale), un devenir-Indien et un devenir-Noir (fondamentaux au Brésil, racialement hiérarchisé), un devenir-enfant, un devenir-molécule et un devenir-imperceptible, également de grande importance pour les civilisations dominées qui pratiquent diverses formes de transe, par les plantes de pouvoir et les rituels dansés. Ainsi se désidentifient les êtres, ils se vident de leur substance-sujet et se vivent comme traversés par des flux d'intensités. J'ajoute ici le devenir qui me semble le plus fondamental, le « devenir-vacuité »[1], base de tous les autres, car c'est avec lui que nous commençons à guérir notre ego, nos centrages culturels, nos « verticalisations » instituées, et ainsi, à nous libérer des dualismes, du « ou bien, ou bien », « au-dessus et en dessous », « moi et toi », etc.

La sociopoétique met en mouvement ces devenirs et produit des désirs à partir d'agencements de corps (principalement dans les sessions de production de données), et à partir d'agencements d'énonciation dans toutes les phases de la recherche.

## Sociopoétique de la santé

En 2005 nous avons réalisé une recherche sociopoétique sur la notion de santé avec deux groupes afrodescendants : un groupe-chercheur issu d'un *terreiro* de candomblé de Salvador, Bahia, que nous appellerons le groupe A1, et un groupe-chercheur issu d'une classe d'enseignement du soir pour adultes d'un collège public de la même ville, essentiellement composé de fidèles protestants, le groupe A2 ; et aussi, avec deux groupes indigènes de l'ethnie Pataxó de l'extrême sud de l'État de Bahia : le groupe B1, composé principalement d'anciens

[1] Gauthier J., *ibid.*

d'un village, avec aussi trois jeunes responsables pour l'éducation et la santé communautaires ; le groupe B2, groupe-chercheur de jeunes Amérindiens luttant pour la reprise des traditions et pour l'accès aux formations modernes, et aussi pour la reconquête des terres ancestrales très récemment colonisées[1].

***Nous avons créé les confects suivants de santé, ici énoncés sous forme de rhizomes :***

– Dans le groupe afrodescendant A1 du candomblé : « énergie-respect-équilibre-paix ».

– Dans le groupe afrodescendant A2 du collège public : « tranquillité personnelle et sociale-chaos institutionnel-responsabilité individuelle et collective-jeu ».

L'intéressant, c'est que malgré les différences religieuses (les protestants considérant souvent le candomblé comme satanique), l'aspect *spirituel* de la santé, aussi bien physique que mentale, a été mis en évidence par les deux groupes-chercheurs. Il est fort probable qu'on ne lui donnerait pas une telle force dans une Europe marquée par la culture biomédicale et par le consumérisme matérialiste. Cela montre, au moins sur ces deux cas, la persistance de traits culturels africains dans la conscience collective populaire, indépendamment des appartenances religieuses qui, dans un cas, revendiquent leur origine transatlantique, et dans l'autre, la minimisent ou la nient. Cela nous interpelle dans le sens d'un élargissement de la définition de la santé telle qu'elle est donnée par l'OMS, Organisation Mondiale de la Santé comme bien-être physique, mental et social : ici, nous avons *aussi* le bien-être spirituel, très valorisé.

a) Quand le groupe-chercheur A1 du candomblé a produit son *confect* d'« énergie-respect-équilibre-paix », il l'a commenté lors de la contre-analyse disant que la communauté était à l'écoute du « langage des feuilles, qui nous avertissent quand nous souffrons de déséquilibres » ; également, que le Temps (qui est

[1] *Ibid.* Chap. V - *A vacuidade em ato*, « La vacuité en acte ».

une divinité, « patronne » du *terreiro* en question) participait au soin que l'on se donne, tant du côté du corps que de l'esprit : « L'éducation et l'auto-éducation au soin, la foi en la divinité et l'aide mutuelle au sein de la communauté sont liées, car elles sont parcourues des mêmes énergies ». J'ai noté ce qui suit : « Le fidèle se rencontre soi-même, non seulement en manipulant ces énergies naturelles et spirituelles (ce qui inclut intuitions et visions), mais aussi en faisant meilleur usage de sa raison qu'auparavant, qu'avant la renaissance spirituelle offerte par le candomblé ». Et aussi : « Vivre avec le mystère jour après jour aide à ne pas se laisser emporter par des émotions et à garder la maîtrise de soi ».

Ce qui impressionne, dans ces paroles qui synthétisent les données produites et leur élaboration dialogique par les cochercheur (e) s en interaction avec moi, facilitateur, est l'équilibre entre les aspects intuitifs et rationnels, entre la recherche du langage spirituel direct provenant de la nature et la compréhension rationnelle et critique des choses. Il ne fait aucun doute que les membres du *terreiro* vivent des devenirs en agencements de corps qui incluent les plantes et les esprits aussi bien que la réalité sociopolitique de l'institution « santé » à Bahia. Dans les agencements collectifs d'énonciation, les plantes et les divinités parlent *à l'intérieur* de la parole des gens, de la communauté.

b) Dans le groupe-chercheur A2 du collège public, au côté de l'énorme importance spirituelle de Jésus, le Sauveur, dans la quête de la santé, se détache par le biais du *confect* de « tranquillité personnelle et sociale-chaos institutionnel-responsabilité individuelle et collective-jeu » une grande sensibilité à l'égard des conditions institutionnelles très pénibles du SUS, Système Unique de Santé, avec des attentes interminables et qui vont jusqu'au racisme individuel dans certains cas vécus. Sensibilité, aussi, à l'égard des rapports au sein de la famille, dont l'importance est grande pour la tranquillité personnelle, faite de paix spirituelle. Ici, la recherche a plus mobilisé le côté rationnel-critique de la pensée, mais ce groupe-chercheur essentiellement « évangélique » a souligné la nécessité de l'humour et de la capacité à jouer dans son rapport à la santé : « Qui ne joue pas n'est pas en bonne santé ». De plus, les cochercheur (e) s vécurent lors de la dernière session de recherche un « devenir-enfant » très théâtral, qui a fortement mobilisé le côté intuitif du cerveau.

c) Ainsi, à la fin de la recherche avons-nous pu dire que dans le groupe-chercheur A2 s'était exprimé le *personnage conceptuel* « Responsable qui s'aime et a de l'espoir, malgré de mauvaises conditions », caractérisé par les traits suivants : il est tranquille, informé et attentif, sans honte face au système, il est marqué par l'aide mutuelle et par des énergies qui diminuent les tensions ; il est traversé par une progression sur le chemin de la liberté de s'aimer plus, en vivant sa lutte pour la qualité de la vie et pour un droit aux soins égal pour tous, contre la bureaucratie. Il assume des choix politiques et des choix en faveur du bien-être avec de l'humour, un fort sens ludique et de l'espoir – lequel éclaire le chemin.

d) Dans le *terreiro* de candomblé A1 s'est exprimé le *personnage conceptuel* « Chercheur de soi-même qui se rencontre grâce à la confiance et à la responsabilité », affectueux, calme et marqué par la vie dans la communauté, par l'aide mutuelle et par la foi – qui mobilisent les mêmes énergies – et traversé par la force spirituelle et la paix. Il vit sa lutte contre la « bureaucratie qui est une maladie », et réalise un juste équilibre existentiel entre des énergies intuitives avec des visions d'un côté, et de l'autre, la raison qui favorise le contrôle des émotions.

***Maintenant, nous allons examiner les résultats des recherches effectuées avec les groupes indigènes Pataxó de l'extrême sud de Bahia – à partir des mêmes techniques de recherche :***

- Le groupe-chercheur B1, principalement constitué d'anciens, créa le *confect* de santé comme « terre à habiter-nature avec les feuilles qui soignent-travail (avoir des machines pour l'artisanat, des bateaux pour la pêche) -chasse-art-éducation-corps sain ».
- Le groupe-chercheur B2, constitué de jeunes militants Pataxó, a créé celui de santé comme « amour-union-paix (conformément à la danse sacrée Awê) ».

a) Avec son *confect*, le groupe B1 a élaboré une réflexion critique bien rationnelle sur les nécessités de base qui lui permettent d'atteindre ce qui est pour lui la santé, qui inclut intensément les relations de travail, l'habitat et l'éducation. Ces relations sont constitutives du monde plus ample des rapports avec les Blancs qui contrôlent l'accès à la terre, à l'argent, aux systèmes de santé et d'éducation. On sent l'aspiration et la volonté de devenir le maître de son destin par la conquête de plus d'autonomie et de liberté.

b) Le penseur actif dans ce groupe fut le personnage conceptuel « Marginalisé à la recherche de la terre, du basique, de l'autonomie et du monde extérieur », sûr de son savoir et travailleur, mais avec un manque de fermeté dans la pratique quotidienne à cause de son conflit culturel avec les pratiques des Blancs ; ce personnage est inclus dans une vie communautaire où les savoirs se complètent, à la recherche d'un échange authentique avec les savoirs des blancs ; énergisé par la Nature, avec beaucoup de projets et peu de bases pour exprimer cette énergie, il lutte pour la démarcation de sa terre et contre la bureaucratie blanche de la santé ; d'un point de vue existentiel, il vit entre deux mondes, avec le risque de perdre ses références (mais sans vouloir prendre celles des blancs), ce qui peut le fragiliser dans la vie quotidienne.

Il est important de noter que cette recherche s'est faite il y a plus de 10 ans, et qu'aujourd'hui la terre a été démarquée et reconnue officiellement, ce qui a généré de nombreuses violences de la part des propriétaires blancs (menaces, tirs de balles, un centre culturel Pataxó brûlé) ; le chemin pour le retour de la culture traditionnelle est le même que celui de la reconquête des terres ancestrales, et il conduit aussi à des améliorations significatives en termes d'autonomie et de liberté.

J'ai été étonné par cet aspect très rationnel des données produites et de leur élaboration collective, ainsi que par l'absence de ce que nous savons de la notion de santé dans le monde amérindien, liée aux esprits – les « enchantés ». Je me suis demandé : seraient-ce le lieu (l'école, bien que faite de troncs et de paille), la technique utilisée (des dessins, beaucoup d'anciens étant illettrés) et surtout, mon étrangeté en tant que « gringo » inconnu, qui ont fermé les possibilités d'expression de ce qui est le plus caractéristique et le plus sacré pour l'identité collective indigène face au monde extérieur colonial ?

C'est donc avec ces interrogations à l'esprit que j'ai demandé à de jeunes amis et amies Pataxó de se réunir chez une amie commune pour continuer la recherche, bien sûr avec la même technique, dans le but de continuer mes comparaisons contrastives avec les résultats obtenus par les autres groupes-chercheurs.

c) Ainsi fut créé le *confect* de santé comme « amour-union-paix », directement issu de la danse sacrée Awê. Voici quelques paroles : « Être malade est signe de faiblesse spirituelle » ; « Les enchantés avertissent par des rêves et des visions l'approche ou l'existence de maladies ». Lors de la contre-analyse apparurent les précisions suivantes :

- Ce sont les esprits ancestraux, de la Terre en premier lieu, ainsi que du Feu, de l'Eau et de l'Air, qui se manifestent sous la forme d'animaux, de minéraux et de végétaux. Les indigènes ont perdu une bonne partie de leur relation à ces esprits à cause des religions qui les ont formatés en diabolisant la chamane, vue comme une sorcière. Contre cette colonisation des esprits, la lutte politique et culturelle passe par la création de l'École indigène et de la Pharmacie indigène, toutes deux en cours d'implantation.
- Les Pataxó qui dansent l'Awê, remerciant les générations passées et honorant les éléments-ancêtres, prennent beaucoup plus soin d'eux-mêmes et ont une meilleure estime de soi : « À partir de la lutte [de résistance à la violence des propriétaires blancs], il nous fut possible de voir la souffrance de nos aïeux et de nous changer en tant que personnes. Donc, il nous faut prendre l'Awê au sérieux : changer spirituellement, penser à l'autre. Si nous avions plus d'Awê, tous seraient plus forts spirituellement et les choses politiques changeraient ».

Il me semble que les jeunes Pataxó de ce groupe-chercheur ont raisonné à partir de leur manière de vivre l'ancestralité, totalement intuitive et marquée par la transe corporelle groupale. Toujours le rapport au sacré (avec les mots des ancêtres, peut-être ?) était présent dans leurs paroles, dans l'agencement collectif d'énonciation. C'est ainsi que « amour-union-paix » est plus un *intuicept* qu'un *confect.*

d) Le *personnage conceptuel* qui s'est exprimé ici fut simplement l'Awê sacré lui-même (« amour, union, paix »), contextualisé au présent, avec ses propres agencements machiniques de corps : le « démarqueur de la terre-mère avec une santé et une éducation fondées sur les savoirs des enchantés », fort d'esprit, lutteur et *conscientiseur*[1], vivant à présent un processus de transformation de soi à partir du rappel de la vie communautaire, de la lutte solidaire et du rituel qui procure la force spirituelle ; traversé par l'énergie des ancêtres qui vient de la terre et circule de génération en génération, il est en lutte pour la reconquête de sa terre et de sa culture, pour son éducation et sa santé ; existentiellement, il se retrouve (et trouve le groupe et l'autre) en tant que rituel sacré Awê – Amour, Union et Paix – lequel apporte la santé, la culture, l'éducation et le savoir, contre le préjugé de ceux qui l'assimilent à de la sorcellerie.

Si nous rapprochons ce personnage de celui qui s'est exprimé dans le premier groupe-chercheur Pataxó, il apparaît clairement que, contrairement à ce que l'on pourrait imaginer à partir d'une vision extérieure, y compris théorique, les indigènes co-auteur(e)s de la recherche ne se considèrent pas comme des « survivants », mais comme des lutteurs devant administrer des conflits, à l'intérieur et hors de la communauté comme à l'intérieur et hors de soi-même.

Nous percevons intuitivement un *troisième personnage conceptuel*, à la frontière entre les deux qui se sont exprimés : le « Reconstructeur ritualiste ». Il y a beaucoup à penser, avec et à propos de ce « reconstructeur »...

## Du Corps sans Organes à la Cinquième Dimension

Deleuze et Guattari écrivent[2]) :

> [...] le corps sans organes a remplacé l'organisme, l'expérimentation a remplacé toute interprétation dont elle n'a plus besoin. Les flux d'intensité, leurs fluides, leurs fibres, leurs continuums et leurs conjonctions d'affects, le vent, une segmentation fine, les micro-perceptions ont remplacé le

[1] Celui qui travaille pour la conscientisation.

[2] Deleuze et Guattari, *ibid.*, p. 200.

monde du sujet. Les devenirs, devenirs-animaux, devenirs-moléculaires, remplacent l'histoire, individuelle ou générale.

Nous créons le commun, à partir de la *désorganisation* des corps ! Pas de communauté, pas de communalité... pas de « communisme » sans la destruction du corps autocentré, sans sa subversion, mort et substitution par un corps parcouru de flux énergétiques et lignes de fuite qui font rhizome avec d'autres corps, humains et non-humains, incarnés et non incarnés. Même chose pour ce qui se rapporte à la parole : nous agençons des tissus de paroles, des chevaux de vent, quand nous nous enchantons des rencontres transpersonnelles entre nos propres mots et ceux des autres, ou pour mieux dire, des mots collectivement agencés en nous et filtrés par notre bouche-gorge-lèvre-bec, et collectivement agencés dans d'autres systèmes mobiles, expressions du chakra de la gorge Vishuddha, « bouche-lèvre-bec ».

Je voudrais convaincre qui me lit que lorsque nous faisons des recherches, et même quand nous prenons soin des autres ou de nous-mêmes, nous faisons l'expérience d'une dimension non perceptible de la réalité que nous appellerons la « Cinquième dimension » : outre l'espace en 3D et le temps comme quatrième dimension, nous sentons une dimension autre, intuitivement et seulement en des moments très spéciaux de transe, dans les communautés lorsque nous dansons ou chantons : quand nous faisons de nos corps « autre chose ». D'un simple frémissement à la Grande Paix intérieure nous avons la capacité de nous approcher d'une forme peu commune de connaissance, qui, paradoxalement, se révèle dans le commun, dans des agencements collectifs, communs. Souvent, il faut sentir le frémissement d'un groupe partageant le même espace-temps jusqu'à l'abolition de l'espace et du temps, pour pouvoir créer en soi la vacuité. Par la vacuité nous connaissons. Nous faisons l'expérience directe de « l'entre-être », comme dit Thich Nhat Hahn, du lien universel entre les êtres et, particulièrement (ce qui nous intéresse pour les recherches en général et pour les pratiques de soin, physique, mental et spirituel), de la manière dont se configurent les devenirs locaux, dans l'ici et maintenant de nos pratiques. À partir du sans-forme nous percevons les formes qui ne sont que l'autre face du sans-forme. À partir des flux de l'ancestralité dans la terre, invisibles, silencieux, secrets, les tambours mobilisent les influx du rythme, de la forme, de la danse. La musique exprime le silence, toujours. Le savoir, le non-savoir. Le correct, l'incorrect. La lumière, l'ombre. Le soleil, la lune.

Dans notre recherche de la lumière bipolaire, lunaire autant que solaire, expression de la lumière originaire et du vide (comme dirait Laozi, et aussi les bouddhistes) – expression du silence, comme diraient les Amérindiens – et de la même manière que Bergson a élaboré le concept philosophique d'« intuition comme méthode », nous pouvons penser la *transe* comme méthode.

## La transe comme méthode

Au commencement de la pensée il n'y a ni le verbe ni l'acte, mais un *devenir-vacuité* que Deleuze et Guattari ont presque atteint avec leur *devenir-imperceptible* ; mais il est plus que cela ! Mort de l'ego, du « je ».

L'anarchie politique et cognitive de la vacuité, qui détruit les contenus doctrinaires et les expectatives, même spirituelles, révèle à mon sens la force épistémique du taoïsme et du bouddhisme, et aussi de l'ancestralité amérindienne[1]. Par la vacuité et dans le silence je prends conscience du surgissement interdépendant de tous les êtres, et c'est là que je deviens humain, toujours plus humain, en me désindividualisant dans l'expression spontanée du divin, de l'unité de la vie, de l'humain, de la nature et de l'esprit en « moi », ou plutôt de ce qui était « un moi ». Cela, dans un paradoxe immense : moins vous êtes un « je », un sujet, et plus vous vivez des devenirs-animaux, des devenirs-plantes, minéraux, esprits ancestraux,

[1] Le chamane toltèque, Don Carlos Castillejos, nous enseigna lors de l'initiation aux « Chants de l'éclair » à « anarchiser les hiérarchies célestes » (en exergue de l'initiation, ces vers de René Char : *Nous sommes ingouvernables. Le seul maître qui nous soit propice, c'est l'éclair, qui tantôt nous illumine et tantôt nous pourfend.* « Les Compagnons dans le jardin », in Char, R., *La Parole en Archipel*, Paris, Gallimard, 1962).

orixás et enchantés, plus vous devenez humains, plus vous affirmez et intensifiez votre humanité !

Cela advient en un moment sublime que j'appellerai la « conspiration du ludique ». L'*orixá* Oyá ou Iansã (Bambulusema dans le candomblé angola), énergie des vents et de l'éclair, de la joie de vivre, de la liberté féminine et du mouvement, peut m'aider à expliquer comment advient, de manière cosmique, cette conspiration – qui est la transe elle-même comme méthode.

De fait, fascinante est l'énergie-Oyá comme épistémologie, puisque pour la Physique, l'éclair est un plasma de lumière. Le plasma est le quatrième état de la matière (et constitue probablement 99 % de la matière de l'univers), qui surgit quand s'ajoute de l'énergie à un corps déjà à l'état gazeux : des liaisons internes sont rompues et se créent de nombreuses interactions à longue distance entre les ions et les électrons, d'où l'immense charge électrique de l'éclair et son aptitude, comme Iansã, à canaliser son énergie et, tout à coup, à investir des directions imprévisibles, « par le moyen d'adaptations et de nouveaux commencements[1] », qui donne des informations tout autant *météorologiques* que mythiques sur Oyá). Devenant évanescent et entrant en relation spirituelle avec tous les autres sans exception, je fais l'expérience de l'état plasmatique. Et c'est ainsi que je vois cet agencement collectif d'énonciation (Oyá c'est moi, sur les fragiles et provisoires frontières entre vie et mort ; Xangô c'est moi – le fragile roi dans ce poème que j'écrivis avant-hier et traduis aujourd'hui :

[1] Gleason, J., *Oyá - um louvor à deusa africana*, Rio de Janeiro, Bertrand, Brasil, 1999.

### *Bayanni*[1]

Chapeau de coquillages
Qui n'est pas une couronne
Chapeau de serpents
Délicats

Mais il n'y a pas, il n'y eut pas et il n'y aura pas
Dans mon écriture
De mère mauvaise
Et tous les oiseaux voleront couronne
Feuille
Pierre
Calebasse, tête
Je suis mâle je suis femme
Femme parce que mâle, mâle parce que femme
Gémelle gémeau
Xangô avec seins et fesses
Sperme couleur rubis et utérus
Je suis Xangô Nzaze Keviosô[2] la statue ancienne
Le masque de bélier maître du sperme et de la pluie
La pierre de lumière
La panthère
Et derrière le masque
Ma propre mort, cachée.

Je suis Xangô je suis Oyá
Je suis la forêt et le palais
La mort et la vie entrelacées
L'arrogance toujours menacée
Par les veines du bois

---

[1] Bayanni (Babayanmi, « le père m'a choisi », une forme de Xangô – grand roi, divinité de la justice et du tonnerre – qui montre le côté faible de la royauté, fasciné par l'autosacrifice et l'abnégation. En outre, cette forme lie le pouvoir royal au monde féminin, en une ambiguïté sexuelle que l'on rencontre dans la statuaire, particulièrement à Cuba. Oyá-Iansã peut être considérée comme la polarité féminine de Xangô.

[2] Noms de la divinité du tonnerre et de la justice, respectivement dans les traditions de candomblé Yoruba, dit « nagô », Fon, dit « jéje » et Bantou, dit « Angola ».

Par des pluies d'encre
Par le texte tissé griot eau et feu
Qui convoquent ici même
Le fils Egungun[1]
Le père de nos pères
Qui, tous, eurent une mère bonne
Menstruée

En ce siècle qui sait encore
Où est la mort où est la vie ?
Nous avons tiré les masques
Nous avons vu le vide
Les pères, tous, meurent, quel que soit leur sexe
Par profusion de vie
De menstruation chez le mâle et de sperme chez la femme

Et
Acceptant le vide
Nous fîmes silence.

*Il s'ensuit une tempête comme il y en eut peu en des générations de griots. Le palais détruit, Jean l'apôtre prend une trompe, Jésus le grand roi un batá et Pierre un xerê[2]. Le cabocle[3] Plume Blanche danse, et s'ensuit la procession des Eguns conduite par Oyá Potira. À chaque fois que se fait en vous un profond silence, ce sont les enfants et les petits-enfants de Nana Potira[4] qui fleurissent, profonde paix, fleur éternelle de l'eau.*

Dans le taoïsme et le Yi Jing, le Ciel Antérieur, qui se situe avant le surgissement des êtres, est potentialisé, sur l'axe Ciel

---

[1] Egungun, et les « Eguns » au pluriel : Esprit(s) défunt(s) représentant la lignée ancestrale.
[2] Batá, xerê : instruments rituels africains de percussion.
[3] Cabocle : ici, entité spirituelle de la forêt, issue de la façon dont les Africains déportés voyaient les enchantés indigènes : guerriers et guérisseurs.
[4] Nana Potira : en langue tupi, « Fleur d'eau ». Indienne Tupinambá, fille de mon cœur qui, mal soignée par les services publics de santé, décéda à l'âge de 11 ans d'une pneumonie après 40 jours en service d'UTI.

(totalement Yang) – Terre (totalement Yin), axe qui rappelle l'arbre chamanique qui relie l'inframonde aux puissances célestes, dans la quête de la guérison et de la transmutation ; le Ciel Postérieur, qui va mobiliser les 10 000 êtres, est potentialisé sur l'axe Feu (avec le milieu Yin entouré de Yang) – Eau (avec le milieu Yang entouré de Yin), axe que nous sentons dans la sexualité et dans la germination d'idées (donc dans la recherche et dans toute forme de création), et qui exprime les deux grandes polarités contenues dans l'énergie-Oyá, en même temps fleuve et éclair (Oyá est le fleuve Niger en Afrique de l'Ouest). Éclair qui fracasse comme en René Char et Don Carlos, éclair qui chante, danse et enchante.

Nous avons construit – et je ne sais pas si ce mot est bien adéquat, tant nous avons rencontré des états non solides, mais liquides, gazeux et même plasmatiques, d'énergie-matière – un monde, nous nous sommes offert un monde *transculturel* où spirituellement se font écho chamanisme, candomblé, rationalisme critique, bouddhisme, taoïsme, etc., notamment à partir de disciplines corporelles allant jusqu'à la transe et l'extase. Notre tâche théorique est d'élaborer avec rigueur ce système d'échos, dans le respect de ses différences et hétérogénéité.

Ainsi, la métaphore théorique pertinente me paraît être davantage celle d'onde ou d'éclair que celle de rhizome, choisie par Deleuze et Guattari.

La sociopoétique est une *méthode*, au sens donné à ce terme par Edgar Morin, un chemin ouvert, un dispositif balisé de quelques étapes et exigences. Je le répète, il ne s'agit aucunement de l'arrimer à quelque philosophie ou théorie que ce soit, même si nous pouvons nouer avec Deleuze et Guattari ou avec ma vision de la vacuité selon le taoïsme, le chamanisme toltèque et le bouddhisme, un partenariat théorique fécond.

Après Whitehead, ces auteurs participèrent avec Michel Serres de manière décisive à la libération de la pensée eurodescendante de la dictature du verbe être et du sujet comme substance. L'être est un fantôme, et nous voulons penser avec ces innombrables langues qui ignorent le verbe « être », et où tout est événement, rencontres entre états de corps, de flux, d'ondes et de feux, de plasmas et de vents, conformément à la physique et à la biologie contemporaines qui rencontrent de manière étonnante les sagesses ancestrales. Sans lieu pour « être », sans espace pour un sujet, pour un « je ». Seuls, l'infinitif et l'adverbial, dans la vie. Comme Thich Nhat Hahn[1] intitula l'un de ses livres remarquables où il commente l'œuvre du maître zen Linji, fondateur de l'école Rinzai : « Rien à faire, nulle part où aller » (*Nada fazer, não ir a lugar algum*).

C'est ainsi que je propose de remplacer le Corps sans Organes (CsO), de Deleuze et Guattari par la notion de Corps avec Cœur-Vacuité (CaC-V). Mais cela est une autre histoire...

## Pour conclure : dans la pratique, une inspiration pour une psychologie communautaire transpersonnelle

Pour rester dans le monde bien terre-à-terre des pratiques thérapeutiques, il est possible de s'inspirer de l'idée d'« inconscient productif » selon Deleuze et Guattari, produit en retour dans les expériences de vie ; mais on peut le compléter *aussi* par la méfiance vis-à-vis des causes égocentrées de souffrance, et demander :

1) Quelles sont vos lignes dures comme individu ou groupe, lignes verticales d'ordre et de pouvoir qui structurent votre vie (famille, travail, modèles de comportement...) ? Quels en sont les périls ? Y a-t-il des trous où vous êtes déjà tombés ? Comment courez-vous sur ces lignes ? Pouvez-vous les modifier ?

2) Et les lignes souples, quelles sont-elles ? Là où vous apportez un peu de liberté et de créativité, équilibrant ainsi le poids des obligations et insatisfactions ? Là où vous vous reliez à des espaces et des temps plus vastes ? Quels sont-ils, et quelles sont les limites que vous n'osez pas encore franchir ? Ces lignes ont-elles la forme d'ondes déstructurant le « moi », le sujet qui dit « je » ? Jusqu'à quel point ? Avec des vues sur une autre dimension, de vacuité et de silence ?

---

[1] Nhat Hahn, Th., *Nada fazer, não ir a lugar algum*, Petrópolis, Vozes, 2001.

3) Quels sont les dispositifs de désir (ou plutôt, d'amour et compassion ?) que vous avez déjà expérimentés avec bonheur et qui pourraient magnifier votre satisfaction et votre gratitude envers le présent, l'ici et maintenant ? Ces dispositifs sont-ils risqués ? Comment créer des liens nouveaux, faire de nouvelles alliances avec humains et non-humains ?

Cela peut paraître éloigné du travail sociopoétique réalisé avec les groupes-chercheurs Afro-Brésiliens et Pataxó. Mais il n'en est rien. On voit bien que, dans leurs formes de vie interculturelles, ces collectifs intelligents et sensibles créent des dispositifs instituants reliant des mondes le plus souvent hétérogènes, où le corps et la spiritualité jouent un rôle déterminant.

# ACCORDER LES ÉMOTIONS : CLINIQUE POUR LES JEUNES À LA *FAVELA* DE MANGUEIRA

***Edna Chernicharo***
***Regina Gloria Nunes Andrade***

## Introduction

Cette recherche est le résultat d'un partenariat entre le *Centre Culturel Cartola* et l'Université de l'État de Rio de Janeiro, sous la coordination, respectivement, de la vice-présidente du centre, la professeure docteure Nilcemar Nogueira et la professeure titulaire de l'Université de l'État de Rio de Janeiro (UERJ), Regina Andrade. L'objectif de cette recherche est de discuter le rôle des projets socioculturels dans le combat contre l'exclusion sociale.

Le travail a été réalisé sur deux fronts : la recherche *in loco* de Chernicharo (2010-2014), qui a accueilli et accompagné les personnes de la communauté, et la supervision de Régina Andrade qui a coordonné l'interaction entre les recherches, dans le même espace, ayant comme objectif la formation d'une collection d'informations plus large, à l'aide des échanges entre les données recueillies.

Le *Centre Culturel Cartola* est une organisation sans but lucratif, fondée en 2001, à partir de la volonté de préserver l'œuvre très vaste du poète et compositeur Angenor de Oliveira, connu comme *Cartola*. Son objectif est la promotion de la citoyenneté à travers l'éducation et la culture, stimulant les jeunes de la *Favela de Mangueira* et ses environs pour identifier des valeurs culturelles de la communauté à laquelle ils appartiennent, par la création d'ateliers de théâtre, danse, musique, poésie et des événements socio-éducatifs.

La politique du centre culturel consiste à investir sur la conscientisation de l'usage de la culture[1] ayant en vue une finalité plus grande : préserver la tradition, s'appropriant, en même temps, des effets multiculturels, sans pour autant tomber dans l'assistencialisme ou une autre forme naïve, elle aussi. Ainsi, l'utilisation de l'art et de la culture n'est pas un élément servant tout simplement d'ornement, mais qui vise aussi la valorisation des actions de ceux qui y viennent, soit par la relève et la construction des subjectivités, soit par la possibilité de visibilité médiatique, grâce à la renommée de Cartola, dans la scène brésilienne.

Le *Centre culturel Cartola* devient alors un lieu qui se fait voir parce qu'il possède une richesse et une complexité dues à la diversité culturelle et qui sert à différents usages. On peut affirmer qu'il s'y réalise, depuis sa fondation, un travail de promotion d'estime de soi de ceux qui se trouvent dans la zone de vulnérabilité socioculturelle ; ils ont la possibilité d'occuper une autre place, différente de celle réservée à ceux qui ne s'inscrivent pas « comme il faut » dans les temps de la mondialisation[2].

Toutefois, il faut se demander si cette stratégie est suffisante pour garantir, en fait, la promotion sociale du sujet, pour qu'il puisse finalement quitter son statut d'« être socialement exclu ».

## Discussion

Dans son œuvre, Sodré[3] observe qu'être Noir au Brésil ne se définit pas « seulement par la couleur, mais aussi par le lieu, par la position occupée, non pas le lieu physique, mais un lieu mathématique, topologique, un *topos*, une position dans l'entrecroisement des relations sociales ».

Comme exemple, Sodré cite un passage raconté par Mario Filho, en 2003 :

---

[1] Yúdice, G., *A conveniência da cultura: usos da cultura na era global*, Belo Horizonte, UFMG, 2004.

[2] Franco, C., Cartola, *Revista Plurale*, ano 1, n° 4, jan/fev, 2008, p. 10-12.

[3] Sodré, M., "Depoimento", *in* Costa, H. (org.), *Fala crioulo, o que é ser negro no Brasil*, Rio de Janeiro, Record, 2009.

> Il y a une histoire très intéressante et significative racontée par Mario Filho dans son livre *O negro no futebol brasileiro* : Robson, qui était un très bon joueur de l'équipe du *Fluminense*, a fait une carrière de prestige et a gagné beaucoup d'argent. Un jour, il était dans la voiture du président du club quand, à un carrefour, le président a failli écraser un jeune noir. Du coup, il a crié : « connard de nègre ! » En même temps il s'est rappelé que Robson, un Noir, était là et s'est excusé. Le joueur lui a répondu : « Ça ne fait rien, "docteur" [...] ; j'ai déjà été nègre, je comprends ». C'est-à-dire qu'il avait du pognon, il ne se voyait plus comme Noir. Il avait changé de place[1].

On peut dire qu'être Noir au Brésil signifie être placé dans un lieu auquel on a été destiné, non pas comme choix, mais par une série de restrictions socioéconomiques, difficiles, qui ne sont pas impossibles à rompre.

Après l'Abolition de l'Esclavage, en mai 1888, la population noire s'est vue, devant le manque d'emploi légal, comme un synonyme de main-d'œuvre éternellement disponible, flottante, sans définition entre la campagne et la ville. Le « manque de qualification technique et culturelle est donc un phénomène historique, provenant, entre autres facteurs, de l'absence d'une politique publique qui reconnaisse ceux qui ont été libérés comme des citoyens en droit, avec des connaissances diverses, principalement dans l'agriculture, la médecine naturelle, la façon de traiter les animaux, entre autres. C'est-à-dire, le fait qu'ils ne soient pas passés par le système formel de l'éducation ne signifiait pas qu'il leur manquait des compétences, bien qu'elles ne soient pas reconnues par le système économique. Selon Martins[2],

> le système économique ne se sent pas obligé de payer pour les problèmes sociaux qu'il crée. La contrepartie du travail libre est, aujourd'hui, la contrepartie des bénéfices libres et socialement irresponsables.

Il est, alors, possible d'affirmer que la contemporanéité possède encore quelques aspects de la généalogie de l'exclusion

---

[1] Sodré M., *ibid.*, p. 251.

[2] Martins, J. de S., *Os Camponeses e a política no Brasil: as lutas sociais no campo e seu lugar no processo político*, Petrópolis, Vozes, 1981.

sociale qui est, en même temps, la cause et la conséquence de cette logique du modèle d'industrialisation qui se nourrit de la discrimination et de l'exclusion sociale pour gérer son excédent économique.

La compréhension du concept d'exclusion sociale dans ce travail ne se fait pas de manière naïve, ou bien moins critique que celui considéré par les sciences sociales, dont la représentation de l'exclusion sociale est configurée par l'ensemble des valeurs liées à la participation dans le marché. Par ailleurs, nous reconnaissons aussi que toutes les conquêtes obtenues sont venues des disputes entre les moins favorisés qui cherchaient de plus grandes possibilités, en même temps qu'ils voulaient élargir les limites de cette condition de liberté et d'égalité obtenue dans la période de la post-abolition.

Les lois du marché se superposent à toutes les autres lois sociales, de manière « à déraciner, à détruire les relations sociales traditionnelles et, donc, à exclure les personnes par rapport à ce qu'elles étaient, ce qu'elles avaient l'habitude d'être »[1].

> À la rigueur, dans la société capitaliste l'exclusion est impossible ; une société capitaliste ne peut pas exister si elle est fondée sur l'exclusion. Toute la dynamique de cette société est fondée sur des processus d'exclusion pour inclure [...]. L'exclusion, c'est-à-dire, le déracinement, est caractéristique de la société capitaliste depuis son origine. Détruire les relations sociales qui ne sont pas capitalistes, c'est une caractéristique de la société capitaliste[2].

Ayant en vue les contradictions propres aux demandes du marché, nous pouvons dire que, aussi bien dans le passé qu'aujourd'hui, les exclus agissent dans le système comme les Noirs à l'époque de la post-abolition. Ils entreprennent des stratégies de rupture avec le *statu quo* de la misérabilité et ils essaient de se faire remarquer par leur inscription soit dans le système scolaire formel, soit dans le marché légal du travail, soit encore par leur qualification, à travers des cours et des

---

[1] *Ibid.*, p. 120.
[2] *Ibid.*, p. 119.

ateliers, comme ceux qui sont offerts par le *Centre Culturel Cartola.*

Nous voudrions présenter les expériences du travail fait auprès de cette population accueillie dans des projets socioculturels. Pour cela, nous parlerons des questions s'appuyant sur des savoirs qui règlent la *praxis* des psychologues ou des psychanalystes[1] et aussi des actions vécues par cette population qui ne recule pas devant les défis – que nous classons comme des exclus, tels que des pauvres, des habitants des bidonvilles, des Noirs, des gens sans domicile fixe, bref, des populations marginales. De cette façon, la perspective passe d'une question systémique sociale, sans qu'on l'ignore, à un discours délimité venant d'une *praxis* vécue, construite de façon critique.

## Praxis

La première fois où Chernicharo, qui agissait comme chercheuse sur le terrain, s'est trouvée face à face avec la dure réalité des enfants accueillis par le *Centre Culturel Cartola,* c'était pendant la présentation du film « *Orquestra dos meninos*[2] », en 2010.

Quand elle a proposé la psychothérapie analytique aux enfants et aux jeunes de la *Favela* Mangueira, Chernicharo, sous la supervision d'Andrade[3], croyait qu'elle allait vivre un processus semblable à celui de l'écoute des clients dans des cabinets privés. On avait l'illusion que cela se passerait de la même manière, parce que le sujet de l'inconscient est ponctuel et évanescent[4]. Et aussi parce que les liens sociaux qui le constituent peuvent être transmutés et favoriser d'autres

---

[1] Baurus, J *et al.*, *Dicionário de psicossociologia*, Lisboa, Editoteres, 2002.

[2] Film brésilien de Paulo Tiago, 2008, "L´Orchestre de garçons" (NdT).

[3] Andrade, R. G. N., *Personalidade e cultura: Construções do imaginário*, Rio de Janeiro, Revan, 2003.

[4] Freud, S., "Psicologia de grupo e a análise do ego" [1920], *in Obras completas*, Rio de Janeiro, Imago, vol. IV, 1987. – *O mal-estar na civilização.* [1930 (1929), vol. XXI.

possibilités de devenir, comme, par exemple, celles qui se présentent aux jeunes des milieux favorisés[1].

Cependant, les habitants des *favelas* sont beaucoup plus exposés à la violence. Il est sûr que cette violence doit être discutée pour différencier l'agent et celui qui la subit, c'est-à-dire que dans les communautés la violence est présente dans les horaires de pointe à la télé aussi bien qu'à l'intérieur des foyers de ceux qui la pratiquent/subissent.

La réalité de l'environnement des habitants de la *favela* est différente, comme on peut le voir dans cet exemple d'une petite fille, soignée dans le centre qui dit :

> Je suis arrivée un peu en retard, parce j'ai vu un type qui était en train de mourir sur mon chemin ; j'ai attendu, alors, parce qu'il pourrait y avoir les flics (*sic*).

Comment peut-on analyser le retard avec un sujet de onze, douze ans à peine, qui n'arrive pas à l'heure à sa session de psychothérapie parce qu'il attendait qu'une personne blessée sur son chemin finisse de mourir pour pouvoir passer en toute sécurité ?

Si, d'un côté, dans ce contexte, les adultes ont été surpris de voir le fou rire des enfants devant une scène du film où un jeune avait été violé et jeté dans la poubelle, d'un autre côté, cette surprise a déclenché le désir de témoigner par écrit de l'importance d'initiatives comme celles du *Centre Culturel Cartola* – un lieu où l'espoir se présente comme une meilleure issue que celle du fou rire en tant que défense.

Enriquez[2] montre que « le passage effectué par le sujet du drame individuel au drame commun permet de diluer le poids de l'angoisse » ; le fou rire des enfants, malgré notre surprise première, n'était rien d'autre qu'une défense contre ce qu'il n'est pas possible de nommer : la dure réalité qu'il faut affronter tous les jours.

Finalement, un peu avant la conclusion de la première étape de la recherche, un nouvel espace s'est ouvert à l'intérieur de l'Institution, avec l'inauguration de la salle « Afinando as

---

[1] Žižek, S., *Um mapa da ideologia*, Rio de Janeiro, Contraponto, 1996.

[2] Enriquez, E. *Da horda ao Estado: Psicanálise do vínculo social*, Rio de Janeiro, Jorge Zahar, 1990.

emoções[1] ». De cette manière, un espace de parole a été offert aux animateurs culturels pour leur permettre de répondre avec efficacité aux problèmes du quotidien. Cela était aussi valable pour les animateurs que pour les enfants et les adolescents de l'Orchestre de violons Cartola-Petrobras qui auraient par hasard besoin d'assistance d'ordre personnel ou dans le cas de mauvaise conduite dans le groupe.

Nilcemar Nogueira, présidente du *Centre Culturel Cartola*, a confirmé les attentes, quand elle a formulé la proposition d'intervention auprès de l'équipe administrative :

> Le travail de recherche établi entre le *Centre Culturel Cartola* et l'UERJ doit être une occasion de créer un espace de parole pour tous ceux qui en ont envie, de manière qu'ils puissent se sentir à l'aise pour dire du mal de moi ; je sais que le travail proposé est confidentiel. J'ai été nutritionniste dans une grande entreprise et j'ai réalisé des enquêtes sur les relations entre les employés. Ce travail qui était fondé sur des *feedbacks* a été réalisé pour aider à améliorer la performance et a très bien marché. Je veux améliorer ma propre performance, mais dans les réunions le personnel parle peu, quand je demande ce qui peut changer, etc. Alors, j'ai proposé à Regina Andrade de faire une recherche scientifique pour que nous puissions avancer dans le Centre. Je sais qu'ils ont besoin d'espace pour dire ce qui ne va pas et pour que je m'améliore. Notre projet est très difficile, c'est un travail acharné et je ne peux pas répéter tout le temps ce que chacun doit faire et le surveiller (*sic*).

Devant cette demande de Nilcemar, concernant l'écoute des employés, on a mis en route un accueil clinique-organisationnel pour les animateurs culturels qui travaillaient avec toute l'infrastructure culturelle et administrative. Dans un second moment, Nilcemar a sollicité une nouvelle intervention spécifique : la réalisation d'un travail avec les enfants de l'Orchestre de Violons Cartola-Petrobrás, mais de façon plus spécifique. À plusieurs reprises, les coordinateurs des projets demandaient plus d'attention pour certains enfants qui, selon eux, avaient besoin de « correction ». Dans la mesure du

[1] « Accorder/affiner les émotions » : un jeu de mots avec le verbe *afinar* qui signifie, à la fois, accorder (un instrument musical) et affiner (rendre plus fin). (NdT).

possible, cette conception éducative correctionnelle a dû être déconstruite et, à sa place, on a offert un espace de parole et d'écoute pour ces enfants, qui se rendaient aussitôt compte que ce n'était pas un travail correctionnel[1].

## Des souvenirs *sui generis*

Une fille qui jouait dans l'orchestre avait été envoyée par la professeure. À la fin de la consultation, il y avait une petite queue à la porte : c'étaient des filles curieuses qui voulaient savoir ce qui se passait dans cette salle et qui voulaient se faire consulter. Elles s'asseyaient une à une et nous leur demandions ce qu'elles voulaient. L'une d'elles, le sac en bandoulière comme une adulte, a répondu : « Je suis venue parce que ma copine est venue et je veux savoir de quoi vous avez parlé » (*sic*). Une autre qui était habillée en rose, a dit : « Je déteste le rose, j'aime le noir. Je trouve les filles de mon âge très ennuyeuses, pleines des chichis, je préfère bavarder avec les garçons » (*sic*).

Un garçon de la communauté est venu accompagner son neveu à une activité et il a demandé à Chernicharo : « Vous êtes psychologue ? Je peux vous dire un petit mot ». Il cherchait une consultation parce qu'il avait failli quitter la maison à cause de maltraitances dès sa première enfance. Il attribuait ce fait à la révolte contre les personnes qui en ce moment s'occupaient de lui et le traitaient bien. Il a dit que les vêtements et les baskets chers ne sont pas suffisants pour effacer les ressentiments. Ce jeune homme est venu à cinq ou six séances et a disparu ensuite. Quelque temps plus tard, il est revenu et a raconté qu'il avait décidé de quitter la maison, mais tout en arrivant au *Largo do Pedregulho* (localité à proximité de Mangueira) il s'est rappelé qu'il n'avait pas parlé à la « psychologue ». Il a donc changé d'avis et il est rentré parce qu'il avait oublié la consultation (*sic*).

---

[1] Hall, S., *A identidade cultural na pós-modernidade*, Rio de Janeiro, DP&A, 2000.

Quelques semaines se sont passées et il est apparu de nouveau, on lui a demandé s'il avait renoncé à quitter la maison, il a répondu : « J'ai décidé de rester parce que, maintenant, j'ai une petite amie ». Ce récit concerne le temps nécessaire au sujet : le temps d'élaboration qui a demandé une écoute et un lieu de parole[1].

## Considérations finales

Entre l'espace qui a été créé pour écouter les plaintes des employés, tel que Nilcemar l'avait demandé jusqu'à la sollicitation de l'Institution pour l'accueil des enfants, il y a eu un temps de travail qui s'est éloigné de la première demande. Mais c'était la plaque offerte par Nilcemar, à la veille de la clôture de la recherche, où il est écrit « *Afinando as emoções* », qui est venue confirmer que cet espace représente aujourd'hui un lieu particulier destiné à donner la parole à tous ceux qui y arrivent. Point de coupure, moment de conclusion, marque du résultat d'un travail d'intervention qui a modifié le terrain, la recherche et le chercheur. « C'est comme si "Afinando as emoções" était, symboliquement, devenu officiel », a dit Nilcemar quand elle nous a offert ce cadeau.

Il faut signaler que l'espace qui a été construit en fonction du développement de la recherche ne dépend pas du chercheur (Bourdieu, 1996)[2]. Il est reconnu comme un service de plus offert par le centre culturel à tous ceux qui en auront besoin ; il existe, pourtant, une priorité pour les habitués des projets et les animateurs.

La proposition de cette étude devient, alors, plus solide. Elle prévoit que chacun qui se dispose à décrire l'expérience d'une recherche participative devra partir des perceptions du vécu, dans les allées et venues des chemins parcourus.

Plusieurs questions restent sans réponse, quoique la dissertation « Cartola-grafia : causa do Centro Cultural

---

[1] Freud, S., *O Futuro de uma ilusão* [1927], *ibid.*, vol. XXI.

[2] Bourdieu, P., *Razões Práticas: sobre a Teoria da Ação*, Campinas, Papirus, 1996.

Cartola[1] » ait montré l'existence d'une cause soutenue autour de la préservation de l'héritage de Cartola et de sa lutte pour la reconnaissance de la samba.

Il y a des enfants et des jeunes qui vivent à la frontière entre le crime et l'art. Qu'est-ce qui leur fait choisir l'un ou l'autre ? À nous, la tâche de ne laisser mourir ni l'espoir ni la samba !

Nilcemar, elle-même, a envoyé ce message aux chercheuses, par email : « Le mystère de la samba et maintenant un autre mystère – quelle est la cause Cartola ? Cette cause est-elle exactement ce que vous cherchiez ? »

Et la cause défendue ici a commencé quand on a mis à la porte de l'espace destiné à l'assistance clinique la plaque « *Afinando as emoções* »[2].

---

[1] Chernicharo, E. de A. M. et Nogueira, N., "Centro Cultural Cartola: lugar que acontece", in Andrade, R Et Macedo, C., *Território Verde e Rosa*: *construções psicossociais no Centro Cultural Cartola*, Rio de Janeiro, Companhia de Freud, Faperj, 2012, p. 53-66. Macedo, C. M. V., Causa Cartola: causa sociocultural, *in* Andrade, R.; Macedo, C. M. V., *Território Verde e Rosa: construções psicossociais no Centro Cultural Cartol*a. Rio de Janeiro, Companhia de Freud, Faperj, 2012, p.103-117. Macedo, C. M. V., Cartola-Grafia: causa do Centro Cultural Cartola. Dissertação (Master en Psychologie Sociale). Programme de Master, Doctorat et post-doctorat en Psychologie Sociale de l'Université de l'Etat de Rio de Janeiro, 2010.

[2] Mangueira est une *favela* où la richesse de la culture musicale est très présente. Cette phrase « *Afinando as emoções* » est un hommage à cette culture, et essaie de rendre compte à la fois de la singularité du travail du musicien qui accorde son instrument et de celui du psychologue qui travaille avec le psychisme, avec le sujet et ses émotions.

## REMERCIEMENTS

Je remercie infiniment le professeur François Léger pour sa révision, faite avec amour, de ce travail.

Les communautés pauvres de Rio de Janeiro, appelées également *favelas*, comme ressource.

Gaston Pineau, un vrai enthousiaste de notre travail.

Tous les compagnons de route qui ont participé à ce livre.

Hortência Lencastre, notre traductrice des textes du portugais au français.

Joëlle Chassin qui, en tant que directrice de cette collection, stimule toujours notre travail.

# LES AUTEURS

**Annie Couëdel**
e-mail : annie.couedel@wanadoo.fr
Maîtresse de Conférences honoraire en Sciences de l'éducation à Paris 8. Ses recherches portent sur les facteurs psycho et sociocognitifs intervenant dans l'acquisition d'une langue et sur la communication interculturelle, ce qui l'a conduite à l'élaboration d'un Dispositif de Pédagogie de Projet : intervention/insertion (le DPP : i/i). En sont issus le Centre Interculturel à Paris 8 (CIVD) et l'ONG Amitié des peuples du monde (L'AMAP) ainsi que de nombreuses publications et communications dans des colloques internationaux en collaboration avec Nicole Blondeau.

**Assane Diakhte**
e-mail : diambare2@gmail.com
Docteur en Sciences de l'Éducation. Enseignant Chercheur à l'UFR des Sciences de l'Éducation, de la Formation et du Sport (SEFS) au Département des Sciences de l'Éducation à l'Université Gaston Berger (UGB) à Saint-Louis, Sénégal. Il est Directeur adjoint de l'UFR - SEFS. Pendant sept ans, instituteur au Sénégal avant de reprendre des études à l'université de Paris 8-Vincennes où il obtient son doctorat en 2010. Il est recruté à l'UGB en 2012 et est membre du Laboratoire de recherche CREFS. Ses thèmes de recherche sont : pédagogie de projet, pédagogie de l'enseignement supérieur, pédagogie interculturelle et pratiques professionnelles des enseignants. Assane Diakhaté est engagé dans la politique et la vie associative depuis les années 1988 où il a participé aux différents mouvements des jeunes qui ont massivement contribué à la première alternance démocratique au Sénégal en mars 2000. Il continue actuellement son militantisme dans les associations et différents mouvements de lutte contre toute forme d'oppression.

**Benyounès Bellagnech**
e-mail : bellagnechbenyounes797@gmail.com
Artisan de l'interculturalité, docteur en Sciences de l'Éducation, philosophe, professeur, rédacteur en chef de la revue *Les IrrAIductibles*, Université Paris 8. Directeur de la Collection « Transductions » Université Paris 8, Saint-Denis, France. Directeur du Blog de Benyounès Bellagnech, spécialisé en analyse institutionnelle. Il a participé à plusieurs associations et mouvements de lutte contre toutes les formes d'oppression qui se reproduisent dans les institutions. Chercheur des nouveaux langages utopiques de notre présent.

**Christian Leray**
e-mail : christianleray56@gmail.com
Chercheur associé au CERESIF (Centre de Recherche sur la Diversité de la Francophonie) a notamment publié aux Presses Universitaires de Rennes *Histoire de Vie & Dynamique langagière* (2000). Son premier livre *Brésil, le défi des communautés* (L'Harmattan, Logiques Sociales, 1985) basé sur des récits de vie dans des favelas brésiliennes transformées par leurs habitants en « communautés de base citoyenne » l'a conduit à diriger des recherches-actions notamment au Brésil et en France, principalement sur « Biographie et Citoyenneté » dont rendent compte plusieurs de ses livres et articles universitaires en français et portugais. Il est membre du CA et du Bureau ASIHVIF de l'Association Internationale sur les Histoires de Vie en Formation.

**Christine Delory-Momberger**
e-mail : christine.delory@lesujetdanslacite.com
Professeure des universités à l'Université Paris 13 Sorbonne Paris Nord, professeure associée à l'UNEB (Université d'État de Bahia, Brésil), présidente du Collège international de la recherche biographique en éducation (CIRBE), directrice de la revue *Le sujet dans la Cité. Revue internationale de recherche biographique en éducation*, auteure de nombreuses publications dans le domaine des histoires de vie en formation et de la recherche biographique en éducation. Derniers ouvrages parus : (2019) (dir.) *Vocabulaire des histoires de vie et de la recherche*

*biographique* ; 2019 (en coll. avec Béatrice Mabilon-Bonfils) (dir.). *À quoi servent les sciences de l'éducation ?* ESF éditions ; 2019. *EXILS/REMINISCENCES.* Arnaud Bizalion éditeur ; 2019. Klavdij Sluban par Christine Delory-Momberger. André Frère éditeur ; 2020. (en coll. avec Valentin Bardawil) *Le pouvoir de l'intime dans la photographie documentaire.* Arnaud Bizalion éditeur.

**Edna de Assunção Melo Chernicharo**
e-mail : ednaamc@gmail.com
Doctorat en psychologie sociale de l'UERJ et de l'Université Charles de Gaulle - Lille3 France. Coordinatrice psychanalyste de la Clinique Laços - Centre d'études et de recherche et service de psychanalyse.

**Edson Luiz André de Sousa**
e-mail : edsonlasousa@uol.com.br
Fils d'un *cearense* (natif de l'État du Ceará - Brésil) qui lui a appris l'art du nomadisme. Formation académique en psychologie, maîtrise en philosophie, professeur à PPG en arts visuels et PPG en psychologie sociale et institutionnelle à l'UFRGS. Actuellement professeur au PPG de Psychanalyse - Clinique et Culture à l'UFRGS. Doctorat et PostDoctorat en psychanalyse à Paris. Professeur invité à Melbourne, Chicago, Limerick et Mexico. Chercheur au CNPQ et professeur titulaire à l'Institut de psychologie de l'Université fédérale de Rio Grande do Sul. Travaille depuis de nombreuses années sur l'histoire et l'actualité des utopies.

**Fernanda Nogueira Campos Rizzi**
e-mail:fnocam@gmail.com
Psychologue, docteure en santé mentale de l'EERP-Université de São Paulo (USP), master en psychologie de l'Université fédérale d'Uberlândia (UFU). Professeure au Département de Psychologie de l'Université de l'État du Minas Gerais (UEMG-Ituiutaba), professeur dans le cursus de médecine FAMED-UFU (axe Santé Collective). Vice-présidente de SOS Mullher e Família (Femme et Famille) de Uberlândia. Coordinatrice de la Résidence Multiprofessionnelle de Santé Mentale au FAMED-

UFU. Actrice, joker du Théâtre de l'Opprimé. Militante du mouvement de lutte anti-asile. Poète, dramaturge et chanteuse, quand le temps crie pour le temps.

**Gaston Pineau**
e-mail : gaston.pineau@univ-tours.fr
Il a commencé sa vie professionnelle comme ouvrier agricole en France et en Espagne. En 1968, il est devenu conseiller d'orientation des adultes au *Centre Universitaire de Coopération Économique et Sociale (CUCES)* de l'Université de Nancy ; puis responsable de recherche à la Faculté de l'Éducation Permanente (FEP) de l'Université de Montréal (1969-1985). De 1985 à 2007, un poste de professeur-chercheur en Sciences de l'éducation et formation à l'Université de Tours, en France, lui a permis de tisser des liens heuristiques, principalement entre l'Europe et les trois Amériques, pour faire émerger, grâce aux histoires de vie, l'alternance et la transdisciplinarité, une *théorie de la formation en deux temps* – expérientiel/formel – *et trois mouvements* – auto, socio et écoformation. Depuis 2013 chercheur émérite au Centre de recherche en Éducation et formation relatives à l'Environnement et à l'Éco-citoyenneté (Centr'Ère) de l'Université du Québec à Montréal.

**Jacques Gauthier**
e-mail : jacques.jupaty@gmail.com
S'est formé en philosophie et sciences politiques, avec un doctorat en sciences de l'éducation sur les Écoles Populaires Kanak. Sa rencontre avec le peuple kanak, fils de l'igname en lutte pour son indépendance, fut déterminante. Au Brésil, il s'initia au candomblé et aux sagesses amérindiennes, et créa la *Sociopoétique*, méthode inter et transculturelle de recherche, dans la continuation de l'Analyse Institutionnelle et de la Schizoanalyse, mais avec une forte teneur corporelle/spirituelle contrecoloniale.

**Julie Lourau**
e-mail : juliesarahba@gmail.com
Anthropologue française : elle vit depuis 12 ans à Salvador de Bahia au Brésil où elle a d'abord réalisé sa thèse de doctorat sur le commerce de rue en temps de fête à Salvador ; puis fait un stage de postdoctorat sur la violence qui touche les jeunes Noirs et métis de la périphérie de Salvador ; depuis 2017, elle a intégré en tant que professeure le département interdisciplinaire de Politiques sociales et citoyenneté de l'Université Catholique de Salvador. Ses recherches récentes portent sur les droits culturels. Julie est mère de deux jeunes garçons franco-brésiliens, métis, et vit dans un quartier périphérique de Salvador.

**Lúcia Ozório**
e-mail : lozorio@gmail.com
Lúcia est fille de la violente Seconde Guerre mondiale : son père s'est donné la mort que cette guerre voulait lui/leur donner ; et deux femmes volontaires, sa mère et sa tante, ont fait face aux inégalités politico-sociales. Ces expériences ont provoqué et provoquent toujours son implication viscérale avec les périphéries et sa problématique, source de ses recherches et ouvrages. Professionnellement, elle a débuté comme professeure des écoles publiques à Rio avec des enfants défavorisés, puis elle a exercé comme psychologue de Système Unifié de Santé (SUS/RJ). Titulaire d'um master en santé collective (UERJ/Brésil), d'un doctorat en Sciences de l'Éducation (Université Paris 8, France) et d'un postdoctorat (UERJ/FAPERJ), elle est professeure, psychanalyste, photographe et chercheuse. Elle est membre des laboratoires EXPERICE (Expérience, Ressources culturelles, Éducation-France) et LIPIS (Laboratoire Interdisciplinaire de Recherche et Intervention Sociale, RJ) ; du Réseau international de chercheurs en études sur la fête, nation et culture ; elle fait partie du Groupe de travail en psychologie communautaire de l'Association nationale de recherche et d'études supérieures en psychologie (ANPPEP/Brésil.) et de l'Association Amitié des peuples du monde (AMAP/France).

**Maria Conceição O. Viana**
e-mail : mcov44@gmail.com
Études de philosophie et de pédagogie. A fait ses études de philosophie à l'Université fédérale de Rio de Janeiro (UFRJ), un master à l'Université catholique-PUC/RJ. A donné des cours de méthodologie scientifique dans les universités pendant quinze ans et à Fiocruz pendant 16 ans ; a été chargée de cours de méthodologie des recherches en santé à Rio de Janeiro et dans d'autres États du Brésil. En plus de ces activités académiques, depuis quelques années, elle mène des ateliers portant sur la philosophie. Depuis 2000, elle coordonne des ateliers de création littéraire, notamment de poésie.

Monalisa Barbosa Alves
e-mail : monalisabarbosa@yahoo.com.br
Doctorat et master dans le programme de troisième cycle en psychosociologie communautaire et écologie sociale, Université Fédérale de Rio de Janeiro (EICOS/IP/UFRJ). Diplômée en gestion environnementale des problèmes urbains. Diplômée en tourisme de l'Université Fédérale de Juiz de Fora (UFJF). Chercheuse au sein du Groupe de recherche sur les communautés, le développement, l'environnement et l'inclusion sociale (EICOS/UFRJ). Tout au long de sa carrière, elle s'est consacrée à des études liées au tourisme communautaire, au développement local, à l'économie solidaire, au développement durable et à la psychologie sociale communautaire.

**Nicole Blondeau**
e-mail : nicole.blondeau@wanadoo.fr
Maître de conférences en Sciences de l'éducation, Université Paris 8. Laboratoire EXPERICE (Expérience, Ressources culturelles, Éducation). Responsable du Diplôme universitaire FLE pour les étudiants réfugiés en insertion universitaire. Ses recherches portent sur les problématiques de plurilinguisme/pluriculturalisme, d'inter/transcultarité, d'identités hybrides dans le cadre des migrations mondialisées. Elle interroge les démarches pédagogiques pertinentes pour l'insertion des personnes allophones et met en place des dispositifs pédagogiques qui œuvrent pour leur insertion, dont

ceux des biographies langagières et de la Pédagogie de projet qu'elle développe, depuis 1997, avec Annie Couëdel. Dernier ouvrage paru aux éditions L'Harmattan (en collaboration avec V. Boy et A. Potolia) en 2019 : *L'école sans murs. Une école de la reliance*.

**Pedro Paulo Gastalho de Bicalho**
e-mail : ppbicalho@gmail.com
Professeur agrégé à l'Institut de psychologie de l'Université fédérale de Rio de Janeiro, a étudié la psychologie à l'UFF, spécialisation en psychologie juridique à l'UERJ, master et doctorat en psychologie à l'UFRJ. Son premier emploi a été celui d'emballeur de supermarché, mais il a également travaillé en tant que météorologue, officier de police, psychologue, professeur d'enseignement supérieur privé, conseiller du Conseil Régional de Psychologie et coordinateur national des droits de l'homme du Conseil Fédéral de Psychologie. Pendant 15 ans, il a été *commissão de frente* dans les défilés d'école de samba. Aujourd'hui, en plus de directeur de master et doctorat (et superviseur postdoctoral) du Programme d'études supérieures en psychologie de l'UFRJ, il est boursier en productivité de la recherche au CNPQ et président du Conseil Régional de Psychologie.

**Regina Glória Nunes Andrade**
e- mail: reginagna@terra.com.br
Docteure en communication sociale et psychologie sociale. Professeure titulaire à l'Université de l'État de Rio de Janeiro. Chercheuse émérite de l'UERJ-FAPERJ (2018-2022). Conseillère au master, au doctorat et au postdoctorat, sur les thèmes de la communauté, de la jeunesse, des réfugiés et des migrations. Coordinatrice du projet CAPES - COFECUB -Projet Vie Parallèle Migrante - UNB-UERJ - PARIS 13 (2017-2020). Ancienne professeure visiteuse de Bayonne - Université de Pau et des Pays de l'Adour. Ancienne professeure de l'Université Agostinho Neto-Angola.

**René Lourau**

René Lourau fut un sociologue impliqué. Né le 26 août 1933, il a développé avec George Lapassade la théorie de l'analyse institutionnelle, appliquée entre autres domaines aux sciences de l'éducation, à la santé mentale et aux sciences politiques. Né à Gélos dans le Béarn, il est d'abord étudiant à l'École Normale Supérieure de Cachan, puis professeur de lettres dans plusieurs lycées où il met en place la pédagogie non directive et l'autogestion. En 1969 il fait sa thèse sur l'analyse institutionnelle à Nanterre sous la direction d'Henri Lefebvre. Après six ans comme assistant à l'Université de Nanterre (1966-1972), il est nommé professeur de Sociologie à l'Université de Poitiers puis à l'Université Paris 8, à Saint-Denis, où il forme plusieurs générations d'étudiants originaires d'Amérique latine, du continent africain et de France. Nombre d'entre eux continuent de travailler à partir des fondements de l'analyse institutionnelle et de ses écrits. René Lourau est décédé le 11 janvier 2000. Il est l'auteur de nombreux livres et articles : *L'analyse institutionnelle*, *Sociologue à plein temps*, *L'auto-dissolution des avant-gardes*, etc.

**Tania Barros Maciel**

e-mail : taniabm@gmail.com

Professeure titulaire à l'Université fédérale de Rio de Janeiro (UFRJ). Chercheuse et professeure en troisième cycle en psychosociologie communautaire et écologie sociale (programme EICOS/IP/UFRJ). Master et doctorat en sciences de l'éducation de l'Université René Descartes, Paris V. Sorbonne. Postdoctorat de l'Institut d'Études Politiques de Paris - Sciences Po. Membre du Réseau Mondial Serge Moscovici de la Maison des Sciences de L'Homme. Leader du groupe de recherche : Communautés, développement et environnement, de l'équipe de direction des groupes de recherches du CNPQ. Membre de l'Association nationale de recherche et d'études supérieures en psychologie-ANPPEP, en tant que vice-coordinatrice du groupe de travail sur la psychologie communautaire.

## TRADUCTION

**Hortencia Santos Lencastre**
e-mail : horlenca@hotmail.com
Professeure de FLE, elle a enseigné pendant 48 ans à l'Alliance française de Rio. Elle a une spécialisation en TIC et gestion de médiathèques au CLA de Besançon, en France. Depuis les années 80, elle s'est aussi consacrée à la traduction, surtout dans le domaine de la philosophie, ayant traduit, entre autres, *Les fragments du discours amoureux*, de Roland Barthes et des œuvres de G. Deleuze, Klossovski, D. Lapoujade, Didi-Hubermann, ainsi que, récemment, *Ritournelles*, de F. Guattari et la *Correspondance entre Descartes et la princesse Elisabeth de Bavière.* Du côté des traductions françaises, elle a préparé et traduit des dizaines de textes pour publications dans des revues ou des présentations dans des congrès internationaux. Elle vit à Rio de Janeiro.

## RÉVISION

**François Léger**
e-mail : francoisleger7@hotmail.com
Musicien (notamment membre d'un groupe de samba pendant 10 ans), auteur texte du jeu vidéo *La Geste d'Artillac,* réalisé avec l'entreprise Infogrames, 1987, 30 000 exemplaires vendus. Auteur de romans et de dizaines de scénarios de jeux de rôle à buts ludiques et éducatifs. Maîtrise en psychologie, DESS et DEA en ergonomie (anciens master). Ergonome chargé de mission en entreprise, orienté sur l'ergonomie des salles de contrôle et l'ergonomie informatique. Formation universitaire en FLE, puis professeur de FLE, 20 ans d'expérience comme professeur (notamment à l'Alliance française de Rio et comme professeur titulaire de l'Éducation nationale).

## Structures éditoriales du groupe L'Harmattan


**L'Harmattan Italie**
Via degli Artisti, 15
10124 Torino
harmattan.italia@gmail.com

**L'Harmattan Hongrie**
Kossuth l. u. 14-16.
1053 Budapest
harmattan@harmattan.hu

**L'Harmattan Sénégal**
10 VDN en face Mermoz
BP 45034 Dakar-Fann
senharmattan@gmail.com

**L'Harmattan Cameroun**
TSINGA/FECAFOOT
BP 11486 Yaoundé
inkoukam@gmail.com

**L'Harmattan Burkina Faso**
Achille Somé – tengnule@hotmail.fr

**L'Harmattan Guinée**
Almamya, rue KA 028 OKB Agency
BP 3470 Conakry
harmattanguinee@yahoo.fr

**L'Harmattan RDC**
185, avenue Nyangwe
Commune de Lingwala – Kinshasa
matangilamusadila@yahoo.fr

**L'Harmattan Congo**
67, boulevard Denis-Sassou-N'Guesso
BP 2874 Brazzaville
harmattan.congo@yahoo.fr

**L'Harmattan Mali**
ACI 2000 - Immeuble Mgr Jean Marie Cisse
Bureau 10
BP 145 Bamako-Mali
mali@harmattan.fr

**L'Harmattan Togo**
Djidjole – Lomé
Maison Amela
face EPP BATOME
ddamela@aol.com

**L'Harmattan Côte d'Ivoire**
Résidence Karl – Cité des Arts
Abidjan-Cocody
03 BP 1588 Abidjan
espace_harmattan.ci@hotmail.fr


## Nos librairies en France


**Librairie internationale**
16, rue des Écoles
75005 Paris
librairie.internationale@harmattan.fr
01 40 46 79 11
www.librairieharmattan.com

**Librairie des savoirs**
21, rue des Écoles
75005 Paris
librairie.sh@harmattan.fr
01 46 34 13 71
www.librairieharmattansh.com

**Librairie Le Lucernaire**
53, rue Notre-Dame-des-Champs
75006 Paris
librairie@lucernaire.fr
01 42 22 67 13

www.ingramcontent.com/pod-product-compliance
Lightning Source LLC
LaVergne TN
LVHW011306061026
849535LV00005B/1427
*9782343222356*